D1641335

Recherches sur l'universalisme logique

Bibliothèque scientifique Payot

François Rivenc
Recherches
sur l'universalisme logique
Russell et Carnap

Publié avec le concours du Centre national du livre

PRÉFACE

Un long fragment de vie n'est pas de trop pour apprivoiser quelques idées philosophiques. À tel qui aimerait savoir comment a pu mûrir ce livre, je pourrais cependant répondre en peu de mots, sans aller à plus de fiction que n'en comporte tout récit.

Je devrais tout d'abord évoquer la mémoire d'un absent, la mémoire de celui qui fut mon premier maître en philosophie. Sans doute n'était-il pas écrit là-haut, dans le Grand Rouleau, que Jean Choski, débarqué à Oran jeune agrégé en philosophie, doive un jour me venir frapper d'étonnement ; mais le hasard et la force des choses décidèrent que je serais élève du lycée où, rentré en France en 1962, Jean Choski devait poursuivre son enseignement. À l'amoureux de littérature que j'étais, Jean Choski raconta ceci (je rapporte ce qu'alors j'en compris, qui me noua à la philosophie) : des ondes lumineuses frappant les surfaces des corps dans l'environnement sont diversement absorbées et diversement réfléchies ; du bombardement de photons auquel est soumise la paroi de la rétine, il résulte quelque transmission d'information le long du nerf optique, jusqu'en certains centres du cerveau. Et parfois, au lieu d'un simple ébranlement consécutif de circuits efférents s'épanchant en mouvements appropriés, naît une « image » : la sensation du rouge, là-bas, sur la chose même, la vision du ciel bleu, le vert tendre de l'herbe. Au lycéen qui ne comprenait pas comment une telle chose était possible ni même pensable, Jean Choski fit lire Descartes, Hume, Kant, d'autres encore : Husserl, et aussi le jeune Marx.

L'énigme des rapports entre l'âme et le corps est plus dangereuse qu'on ne le pense ordinairement. Ayant lu que les concepts de la praxis avaient depuis longtemps dissous ce faux problème et permettaient désormais de penser l'unité du sujet et de l'objet, je crus honnêtement à la fin de la philosophie. Je tairai les égarements où me jeta, vers la fin des années soixante, cette croyance.

Tard revenu sur les bancs de l'école, je tâchai donc de remédier à cet usage déréglé de la pensée, ayant cru voir dans la logique mathématique un grand rasoir d'Occam contre les illusions de la raison pratique. Ce n'est sans doute pas là une bonne raison *philosophique* de faire de la logique, mais après tout peu importent les commencements. Ce que j'espère, c'est que les résultats – à vrai dire, les perplexités nouvelles où je tombai – sont cette fois de *bonnes* perplexités philosophiques.

C'est qu'en effet, apprendre la logique mathématique n'est pas chose aisée quand, sans y prendre garde, on s'affronte à deux traditions que tout oppose ; quand à la fois on tâche de maîtriser la manière contemporaine standard de « faire de la logique », c'est-à-dire les techniques de pensée de la « théorie des modèles », tout en s'efforçant de ressaisir l'élan originel qui présida à la naissance de la logique moderne, tel qu'il est inscrit dans les textes des pères fondateurs, Frege, Russell – par excellence. Du moins dois-je avouer qu'il me fallut quelques années pour transformer l'inquiétude que je ressentais quand je tentais de « recoller les morceaux » en thème d'une recherche articulée. Ce livre est l'inégal enfant de ce souci.

Sous le pluriel auquel sont vouées, selon la tradition, les « recherches logiques », il y a le duel de deux études sur Russell et Carnap et une unité d'intention que l'introduction s'efforce d'expliciter. Cette intention peut être résumée ainsi : l'esprit qui préside à la manière contemporaine dominante de faire de la logique, l'esprit donc de la théorie des modèles, aussi incorporé soit-il à la connaissance commune logique, *ne va pas de soi* : il est passible d'une élucidation philosophique qui en dégage les gestes fondateurs et les oublis qui en composent « d'ombre une morne moitié » ; oublis principalement d'une perspective originellement universelle selon laquelle la Logique, théorie des théories, théorie de l'élément théorétique en général tel qu'il est investi dans les figures particulières de telle ou telle théorie régionale, héritait de quelque façon du statut problématique depuis toujours reconnu à la philosophie première. Or cette universalité de la logique et ses corrélats – absence de présuppositions du côté du discours comme du côté de l'être, « précédence » à soi-même –, des penseurs comme Frege et Russell vivaient dans son évidence, ou du moins dans son exigence. Entre la tradition où ils s'inscrivent et la construction du dispositif conceptuel propre à la théorie des modèles s'efforçant à la conscience d'elle-même, beaucoup d'événements théoriques ont dû avoir lieu : une histoire de la théorie des modèles reste à écrire. Mais à lire quelques travaux des derniers temps (je pense ici aux textes désormais classiques de Jean Van Heijenoort et à l'exégèse critique dont ils ont été l'objet sous la plume de Philippe de Rouilhan, aux réflexions de Hintikka, au grand ouvrage de Peter Hylton sur Russell et, quoique d'un autre biais, aux récentes analyses d'Etchemendy concernant le concept de conséquence logique), il me semble que ce livre s'inscrit à sa mesure dans une orientation plus générale de la pensée logique actuelle. C'est là, évidemment, une idée réconfortante.

Associer Russell et Carnap ne surprendra personne : ils sont tous deux des modèles reconnus d'intégrité intellectuelle, de ces rares philosophes, comme le remarque Putnam, capables de changer d'avis. J'ai cru qu'on pouvait aller plus loin que les envelopper dans cet éloge mérité ; que des *Principles of Mathematics* à *Logische Syntax der Sprache*, dans l'écart même qui les sépare, on pouvait reconnaître comme une itération d'une pensée aux limites : sous des formes certes différentes, l'exploration des possibilités d'un rapport interne de la logique à elle-même.

De Russell, auteur profus, il n'était pas question de tout dire ! J'ai tenté (tel est l'objet de la première partie) de tirer *un* sillon dans le cheminement de l'œuvre, de 1903 à la première édition des *Principia* : suivre les inscriptions des exigences universalistes dans les choix successifs de Russell. Peut-on faire des concepts les objets du discours ? L'abstraction fonctionnelle est-elle légitime ? Ou bien encore : quel est l'être du Multiple ? Un principe heuristique valide ou invalide *a priori* les arguments qui se disputent les réponses à de telles questions : la logique, théorie des éléments du discours (on voudrait dire : « apophantique formelle »), ne saurait être muette sur ses attendus en tant que théorie. Il en découle quelques conséquences remarquables concernant l'universalité de « la » variable, la coextensivité à l'être de toute totalité légitime concevable... On devine déjà que cette philosophie était la moins accueillante de toutes les conceptions possibles à quelque chose comme le Principe du cercle vicieux, qui enjoint précisément de restreindre les totalités de manière suffisamment serrée pour que telle ou telle forme d'imprédicativité, bientôt identifiée comme la source radicale des « paradoxes », soit désormais exclue. Inscrire le Principe du cercle vicieux dans la logique universelle, tel fut pourtant le pari hasardeux de Russell entre 1905 et 1908 : on conçoit que ce geste ait donné à ses textes d'alors une tension inégalable.

Un exemple montrera la fécondité de ce point de vue : interpréter les textes à la lumière du souci russellien de préserver l'universalité de la logique. Longtemps j'ai cru que la construction pas à pas des types supérieurs telle qu'on la trouve dans l'introduction aux *Principia* témoignait d'un point de vue « constructiviste » incorporé dans la théorie des types logiques de 1910 (il faut dire à titre d'excuse que l'idée était de Gödel !). Je pense à présent que cette procédure d'exposition relève éssentiellement de la volonté de ne pas prêter le flanc à quelque accusation dans l'esprit de la remarque moqueuse de Poincaré, selon laquelle la théorie des types présupposerait quelque théorie antérieure, l'arithmétique ordinale en l'espèce ; de la volonté encore vivante, donc, de garder à la logique sa place de théorie absolument première. Au prix d'une abjuration, je dois le reconnaître, je défends à présent une interprétation « réaliste » de la hiérarchie des fonctions. Cette décision, que je sais discutable, s'appuie fondamentalement sur une vision très générale de la philosophie de Russell : le « fictionnalisme » – mot né d'un scrupule de Gödel – ne s'oppose pas au réalisme ; il peut modifier l'extension de l'existence, il ne touche pas à son concept. Le constructivisme, au contraire, infléchit la compréhension du concept d'existence ; et son concept de l'existence est en fait inconciliable avec l'intention qui présidait au logicisme, depuis toujours : en finir avec l'idéalisme, atteindre la chose même.

Mais au bout du compte, qu'est devenu l'universalisme

logique dans la pensée de Russell ? À cette question, me semble-t-il, il n'est pas de réponse claire. Les incertitudes exprimées dans l'introduction au *Tractatus* montrent assez que Russell s'est résigné à la perplexité et à l'irrésolution. Et par la suite, comme chacun sait, il ne s'est pas privé d'écrire sans s'embarrasser de ce problème !

Là où Russell, donc, était prêt à passer la main en 1910, Carnap reprend, avec quelle rigueur – au prix de quelle ascèse ! –, le projet d'une élucidation de l'« essence de la logique ». L'essence de la logique : le mot n'est pas trop fort, puisqu'il s'agit de définir formellement le concept absolument central de conséquence logique dans toute son extension (ou, alternativement, le concept de validité) ; puisqu'il s'agit bien de dire, dans le mode théorique et non pas musical du discours, ce qu'il en est de la logicité ; de résister aux séductions du mythe de l'inexprimable, auxquelles Wittgenstein a succombé ; mieux, d'administrer la preuve de la possibilité de la syntaxe logique du langage en la construisant pas à pas, définition après définition. Au prix, il est vrai, de quelle ascèse : le mode contentuel du discours, qui croyait parler de choses, d'objets, de concepts, de nombres, est banni au profit du mode purement formel, qui ne connaît que signes, enchaînements de signes, enchaînements de ces enchaînements suivant des règles de construction et de transformation. Mais le profit est immédiat ; non seulement les conflits métaphysiques séculaires n'étaient que du verbiage, mais surtout les limites à l'expressivité que toute théorie des types logiques semble entraîner se révèlent une illusion solidaire de ce mode contentuel : la théorie des types, devenue « théorie des symboles, non des choses », comme l'avait dit Russell en 1918, peut s'exposer enfin dans le cadre du langage approprié à la logique.

Mais bien sûr, insister sur l'importance de ce mode formel ne suffit pas à caractériser le projet de Carnap tant que n'est pas spécifié le lieu de langage investi par ce mode. Il faut ici opposer aux facilités de Russell, cédant souvent à l'illusion de pouvoir bâtir des théories *externes* – qu'on pense à ses esquisses d'une théorie de la vérité –, la rigueur avec laquelle Carnap conduit ce qu'on peut appeler l'internalisation de la syntaxe, c'est-à-dire l'internalisation du peu qui reste de philosophie sensée. Le « métalangage » dans lequel la construction de la syntaxe s'est d'abord effectuée s'avère un simple moment pédagogique lié aux contraintes anthropologiques de la compréhension. L'arithmétisation de la syntaxe, suivant la méthode que Gödel a enseignée à Carnap, permet d'effacer ce « méta » qui semblait affecter le langage d'une division aussi essentielle que troublante d'avec lui-même. J'ai tenté, au risque de l'aridité, de décrire quelques traits frappants de la construction carnapienne des prédicats syntaxiques pertinents – les concepts de la dérivabilité et de la prouvabilité, les « d-concepts » – à partir des notions et opérations primitives de l'arithmétique : zéro, successeur, etc. Dans la seconde partie de l'ouvrage, j'ai voulu ainsi montrer comment Carnap a vu dans ce succès des méthodes gödeliennes une réfutation en acte des thèses négatives de Wittgenstein.

Mais faut-il pour autant parler, à propos de ce livre hautement paradoxal qu'est *La Syntaxe logique du langage*, de victoire de Gödel sur Wittgenstein par Carnap interposé ? Les considérations suivantes – je tâcherai d'être bref – montrent que les choses sont beaucoup plus complexes dès qu'on regarde du côté des règles appropriées à la syntaxe de l'analyticité.

Depuis les journées de Könisberg à la fin de l'été 1930, Carnap savait que le concept de prouvabilité tel que défini dans le cadre d'une syntaxe, disons simplement ici, limitée au point de vue « finitiste », n'épuisait pas la notion intuitive d'énoncé mathématiquement vrai ; ce qui pour Carnap, héritier direct de la tradition logiciste, revenait à dire que le concept de logiquement vrai – l'essence de la logique – n'était nullement atteint par les constructions ordinaires de la théorie syntaxique. Curieusement, Carnap ne vit pas dans le premier résultat d'incomplétude de Gödel un coup fatal porté au projet de la syntaxe logique, mais plutôt un motif pour élargir le concept de syntaxe à des procédures non effectives, certes, mais toujours formulables en termes de *règles*. Or le point décisif n'est pas tant la correction du concept d'énoncé « analytique » ainsi réduit à des règles, que le recensement exact des ressources mises en œuvre dans sa construction. L'échange de lettres régulier entre Carnap et Gödel, contemporain de la rédaction de *La Syntaxe logique*, est à cet égard extrêmement instructif : face à Gödel qui lui fait remarquer que sa construction fait fond sur la donnée d'intuitions ensemblistes puissantes, si bien que l'intérêt du travail réside beaucoup moins dans la clarification du concept de vérité que dans l'administration de la preuve du caractère relatif de la notion d'énoncé indécidable (lettre du 28 novembre 1932), Carnap fait manifestement la sourde oreille. La terminologie de la « règle » lui paraît immuniser sa construction contre tout apport contentuel, contre toute intuition conceptuelle qui viendrait fonder ou légitimer les procédures décrites. Gödel a peut-être contribué à convaincre Carnap que la syntaxe logique pouvait « ne pas aller sans dire », en dépit des affirmations du *Tractatus* : il reste que la thématique des règles, des procédures, des conventions définissant un espace théorique est pour une large part l'héritière de l'influence qu'a exercée Wittgenstein sur Carnap à la suite des « conversations » avec le cercle de Vienne. J'ai tenté de montrer, en guise de conclusion, les confusions à l'œuvre dans cette notion de règle que Carnap a utilisée de manière quasiment magique pour conjurer, littéralement, tout contenu. Ces confusions sont en partie à la source de la réduction ultérieure de l'analyticité à l'idée de « vrai par convention ».

Syntaxique ou pas, un concept d'analyticité relatif à un langage (supposé non contradictoire) ne peut, sous peine de paradoxe analogue au Menteur, être défini à l'intérieur de ce langage ; il y a là, selon l'expression de Gödel, une incomplétude conceptuelle de tout langage approprié à exprimer les mathématiques. Carnap en tira la conclusion suivante : puisque par principe ce langage, comme celui des *Principia*, avait vocation à être universel, c'est qu'il n'y a rien de tel qu'un langage universel. La hiérarchie des niveaux de langage, la suite indéfinie des degrés de formalisation, telle fut la leçon que Carnap, avant Tarski, tira de cette histoire. Plus jamais il ne devait être question de « faire avec un seul langage » sans renoncer à l'idéal d'expressivité. Comment le relativisme carnapien a pu se tirer de ce mauvais pas, les dernières pages de l'ouvrage tentent de le raconter, car il s'agit justement de l'une des multiples voies par lesquelles s'est abîmé l'élan universaliste originel. Philosophiquement, cet héritage n'apparaîtra plus chez Carnap que sous la forme de l'arbitraire ultime des choix de schèmes conceptuels.

Puisque, selon Dennett, « la tâche fondamentale du cerveau est de produire du futur », on est en droit de me demander si ce livre est plus qu'un ouvrage d'histoire. Peut-on y trouver quelque enseignement, du point de vue de la pensée active, de la pensée en devenir ? C'est évidemment au lecteur d'en décider. Qu'on me permette néanmoins d'exprimer mon point de vue : sans doute il ne saurait s'agir aujourd'hui de revenir à l'universalisme logique, au sens où les grands anciens de la logique moderne le comprenaient ; mais on ne saurait se dispenser de faire droit à un certain type de questions dont la critique (au sens philosophique) de la théorie des modèles et de son auto-interprétation n'est qu'un exemple parmi d'autres. À l'heure où le « tournant naturaliste » a l'air général en philosophie, il convient de rappeler qu'il n'y a de réalisme qu'interne, à l'intérieur de cadres conceptuels dans lesquels nous vivons avant, dans de rares occasions, de les choisir. Il n'y a peut-être pas de philosophie première, mais la faute n'est pas à chercher du côté de « philosophie » : c'est plutôt que rien ne vient en premier hormis, de manière paradoxale, les cadres de langage dans lesquels nous tentons obstinément de construire la réalité.

Que reçoivent ici l'expression de ma gratitude celles et ceux qui ont contribué, à divers titres, à la rédaction de ce livre, et en particulier : MM. les professeurs Jacques Bouveresse, mon directeur de thèse, et Jean-Claude Pariente, qui m'ont permis, par leurs généreuses critiques, d'améliorer une première version de ce travail présentée à titre de thèse de doctorat de l'université (nouveau régime) en octobre 1992 ; M. Philippe de Rouilhan, à l'égard de qui mes dettes théoriques ont, au cours d'une amitié de plus de dix ans, cessé d'être dénombrables. Tous trois furent, le jour de la soutenance, les juges dont la sévérité reconnue m'a permis de réclamer quelque indulgence en toute liberté.

M. Gerald Heverly, des Archives of Scientific Philosophy, University of Pittsburgh, qui m'a donné l'aimable autorisation de citer des fragments de la correspondance entre Carnap et Gödel. M. Preston, de la Firestone Library, Princeton University, pour l'autorisation analogue en ce qui concerne les lettres de Gödel à Carnap.

Mme Joëlle Proust et M. Gerhard Heinzmann, qui m'ont permis d'utiliser leur traduction française de cette correspondance.

M. Dominique Colas et les éditions Payot, qui ont voulu la publication de ce travail.

M. Michel Bard, qui me donna la solitude de sa terre et de ses pins, durant quelques étés accordés à l'écriture.

Et Sylvie Kipen, *sine qua non.*

INTRODUCTION

0.0. *Théorie des modèles et point de vue « modèle-théorétique »*

Une dizaine d'années après l'apparition de l'expression « théorie des modèles » (le terme, selon Chang et Keisler, serait dû à Tarski, qui l'aurait introduit lors d'un séminaire tenu en 1954 à Berkeley), il était naturel de voir s'opérer un retour réflexif vers une discipline qui, depuis le premier résultat dont on la crédite ordinairement – le fameux théorème de Löwenheim, 1915 –, était désormais bien assise et clairement identifiable. C'est ainsi qu'en 1962-1963, un recueil de textes intitulé *The Theory of Models* faisait le point sur les avancées, les applications et les perspectives de la théorie ; et Addison, l'un des éditeurs, se risquait en guise de postface à en tenter une définition à la fois précise et compréhensive, non sans avoir, précise-t-il, longuement sollicité les avis de Tarski lui-même et de Léon Henkin. On est donc fondé à penser que la caractérisation qu'il propose exprime pour une large part la pensée de deux parmi les plus éminents fondateurs de ladite théorie, d'où son intérêt.

Une recherche logique commençant ordinairement, rappelle Addison, par la spécification d'une grammaire, il faut distinguer l'approche dite *proof-theoretic* (théorie de la démonstration) et l'approche « sémantique », où « les grammaires sont converties en des langages interprétés ». Cependant, il convient de réserver le nom de « Théorie des modèles » à une partie propre des recherches sémantiques, et la définition qui finalement se dégage est celle d'une *« concrete, pure, predicate seman-*

tics[1] ». Le caractère plus ou moins concret ou abstrait, reconnaît Addison, est quelque chose de plutôt vague et subjectif ; mais le trait de concrétude est illustré, par exemple, par le fait que le point de vue algébrique pur n'est pas dominant en Théorie des modèles proprement dite (les signes logiques y ont leur sens « attendu » et ne désignent pas simplement des opérations formelles sur des objets quelconques ; les symboles de prédicats sont interprétés par de véritables propriétés et relations, celles dont il est question dans les théories concrètes qu'on formalise, etc. Bref, il s'agit bien d'exprimer le genre de choses qu'un langage, en un sens ordinaire de ce mot, peut exprimer). Jean Van Heijenoort, à qui l'on doit de profondes analyses sur la tradition dont s'inspire, selon lui, la Théorie des modèles, a proposé d'inscrire l'opposition entre cette tradition et une autre conception, dite de l'« universalité de la logique », dans les termes de la fameuse distinction : logique comme calcul, logique comme langage. On sait que Frege, en particulier, opposait à la visée de sa « notation conceptuelle » la logique de Boole, simple calcul, incapable de représenter, dans l'unité d'un même symbolisme, un contenu et le « ciment logique » approprié ; et Van Heijenoort estime qu'on peut réactualiser cette terminologie, tout en enrichissant sa signification, en rattachant la Théorie des modèles au courant de la logique comme calcul. Mais si l'on en considère l'aspect relativement concret, souligné par Addison, la Théorie des modèles est tout sauf un calcul (ce qui ne veut pas dire, bien sûr, qu'elle n'ait pas d'applications importantes comme métathéorie des systèmes algébriques). La suggestion de Van Heijenoort est au mieux terminologiquement contestable, au pire philosophiquement malheureuse[2].

Les autres critères proposés par Addison sont, de son propre aveu, plus précis. Qu'il s'agisse de sémantique « pure », par exemple, signifie que sont en général exclus les langages « appliqués », c'est-à-dire comportant des constantes extra-logiques ou

1. *The Theory of Models*, Addison, Henkin, Tarski (éditeurs), 1965. Le texte d'Addison en question se trouve pp. 438-441 sous le titre : « Some notes on the theory of models » (ultérieurement : Addison 1963).
2. Les deux articles clés sur la question sont : « Logic as calculus and logic as language » (1967) et « Absolutism and relativism in logic » (1979), *in* Jean Van Heijenoort, *Selected Essays*, 1985. Van Heijenoort suggère que si nous tentons de comprendre à fond l'opposition entre langue et calcul, nous tombons sur l'opposition « absolutisme » *versus* « relativisme ».

descriptives, et un univers d'interprétation entièrement déterminé. Ici apparaît un des traits les plus marquants de la Théorie des modèles : non seulement on a le droit de faire varier *ad libitum* l'univers du discours, c'est-à-dire la totalité des objets qui constitue, dans le cadre d'une tâche logique particulière, le parcours de valeurs des variables (ce qui en soi, et sous certaines réserves, ne caractérise pas la Théorie des modèles), mais il est essentiel de pouvoir puiser dans un « monde », dont la nature n'est jamais au reste spécifiée, tous les « domaines » et « univers d'interprétation » possibles constitués d'éléments absolument quelconques, qui peuvent être aussi bien des hommes, des nombres ou, plus étonnant encore, des ensembles. Non seulement le concept central de « formule valide », c'est-à-dire vraie pour toutes les interprétations dans tous les univers, fait usage de cette réserve illimitée d'univers, mais il semble que rien ne caractérise plus proprement la Théorie des modèles que la généralité avec laquelle on y considère les rapports entre théories et structures relationnelles et algébriques. En ce sens, il s'agit bien d'une sorte de Théorie des théories, comme Hintikka le souligne avec insistance dans une série de remarques sur lesquelles nous reviendrons, c'est-à-dire d'un point de vue général de construction et d'investigation des propriétés de n'importe quelle théorie. Et déjà ici s'annonce un paradoxe typique de notre modernité : « Théorie des théories » ou encore « Science des sciences », c'est ainsi qu'on a pu, il n'y a pas si longtemps encore, déterminer la vraie nature de la Logique. Mais que dire si la logique elle-même est construite avec les ressources et les méthodes de la Théorie des modèles ? Que dire, d'abord, d'une logique ainsi construite, à l'aide des concepts et des instruments fournis par une autre théorie, qui semble entretenir avec elle un rapport de fondement ? Et que dire, semblablement, de cette autre théorie, qui s'en vient occuper la place jusqu'ici considérée comme la place *par excellence* de la logique, celle d'une science première ? Ou peut-être faut-il abandonner le mythe réputé dangereux d'une science absolument première, et penser que la Théorie des modèles est solidaire, en essence, d'un tel renoncement ? Ou encore, faisant un pas de plus, saluer l'aurore d'une libération ?

Avant d'instruire ces questions, revenons au troisième trait

pertinent relevé par Addison : sémantique « des prédicats »
dans la mesure où « la division entre langages propositionnels
et langages du premier ordre tend à être une frontière bien définie [1] ». L'important, ici, réside dans la mise au premier plan de
la notion d'expressivité et de recherches tendant pour ainsi dire
à mesurer les capacités expressives de tel ou tel langage. La
délimitation de la théorie des modèles au sein des recherches
sémantiques en général s'effectue en effet selon un axe sur
lequel

> nous pouvons mesurer le pouvoir logique relatif des langages qui
> sous-tendent une recherche, depuis le langage propositionnel jus-
> qu'aux langages des prédicats du premier ordre, du second
> ordre, et d'ordre supérieur [2].

C'est ainsi que quelques théorèmes fondamentaux de la
Théorie des modèles établissent ce qu'on appelle des « faits de
limitation » concernant le pouvoir d'expression de la logique
des prédicats du premier ordre. Mais une limitation d'un tout
autre ordre, proprement méthodologique en ce qu'elle est présupposée à titre de cadre général de toute recherche, pèse sur
ces langages qui font l'objet de l'investigation ; et, bien sûr, sur
la « logique » de ces langages, si l'on entend par « logique d'un
langage » le « système » extrait d'une théorie par remplacement
des constantes propres à la théorie par des variables et mise à
l'écart des axiomes spécifiques de la théorie, les lois
« logiques » restant formulées selon les modes de construction
propres à ce langage (ou s'il s'agit de règles d'inférence, formu-

---

1. Addison 1963, p. 440.
2. *Ibid.*, p. 439. Cette notion de « pouvoir logique relatif » est éclairée par certains théorèmes fondamentaux, à propos desquels Chang et Keisler notent :
« Ces théorèmes disent quelque chose de négatif sur le "pouvoir d'expression"
de la logique des prédicats du premier ordre. Le théorème de Löwenheim
montre qu'un énoncé consistant ne peut impliquer qu'un modèle soit non
dénombrable. Le théorème de Morley montre que la logique des prédicats du
premier ordre ne peut exprimer, pour autant que la catégoricité est concernée, la
différence entre puissances du non-dénombrable. Et le théorème de compacité a
servi à montrer que de nombreuses et intéressantes propriétés des modèles ne
peuvent être exprimées par un ensemble d'énoncés du premier ordre – il n'y a
pas, par exemple, d'ensemble d'énoncés dont les modèles soient précisément
tous les modèles finis » (Chang et Keisler, *Model Theory*, 1973, chapitre premier, p. 3).

lées de manière à permettre des transformations des constructions autorisées dans ce langage). Ces langages ne sont pas seulement comme bordés de toutes parts par l'élément du « méta » dans lequel sont menées lesdites recherches : après tout, la « métathéorie » d'une théorie donnée ou de théories en général pourrait bien s'exprimer (aurait-on naïvement envie de penser) dans le cadre du même langage, pourvu qu'il soit suffisamment riche, puisque les langages sont justement faits pour qu'on y couche des théories, et peut-être même avec les seules ressources logiques d'un tel langage. « Métalangage » pourrait bien désigner, comme chez les linguistes, une certaine fonction, liée à certains aspects, d'un langage, et non pas forcément indiquer une différence numérique entre deux langages distincts. Mais justement : la limitation essentielle à laquelle sont soumis les langages-objets, c'est que la Théorie des modèles s'effectue dans un autre langage que ceux dont elle étudie les capacités, mi-langage ordinaire mi-langage « ensembliste », et qu'elle fait fond sur des ressources conceptuelles et logiques (parfois analogues, parfois plus fortes que celles qu'elle est censée construire) qu'elle pense avoir sans problème à sa disposition, dans le registre, disons, de la positivité scientifique.

Bien sûr, en tant qu'activité mathématique (en tant que positivité scientifique, justement), la Théorie des modèles est irréprochable, sa fécondité a fait ses preuves. La question n'est pas là ! La question surgit plutôt au moment où l'on tente de réfléchir sur la portée exacte des résultats obtenus, ou plus précisément sur le rapport entre les résultats obtenus et les ressources mises en œuvre. Car, pour ne prendre qu'un exemple, à la fois fondateur et fondamental, quand Hilbert et Ackermann, en 1928, proposent une définition de « formule universellement valide » *(allgemeingültig)* et posent, serait-ce en des termes dont la rigueur laisse aujourd'hui à désirer, la question de la complétude d'un certain système qu'ils viennent de construire (ledit « calcul fonctionnel restreint »), ils visent bien une certaine idée de la logique « théorique », et la question qu'ils posent est celle de savoir si, en un certain sens, le système construit en donne une représentation adéquate et exhaustive. Mais la preuve de complétude apportée par Gödel un an après met en œuvre toutes les ressources appropriées à une telle démonstration : construction arithmétique d'une assignation falsifiante dans l'ensemble des entiers pour les non-théorèmes, loi du tiers exclu, etc. Une certaine représentation de la logicité, au sens de la validité dans l'ensemble des entiers, est ainsi prouvablement reflétée par un système d'axiomes et de règles, mais par ailleurs selon une logique investie dans la preuve ; ne faut-il pas en revenir à un étonnement « naturel » devant toutes les apparences d'un tel dédoublement de la logique ? Et quel est le rapport entre les contenus investis d'un côté, obtenus de l'autre, qui leur vaut de porter le même nom ?

Dès que l'on pose ce genre de difficile question, on sort évidemment de la Théorie des modèles proprement dite. Mais il y a différentes manières d'y répondre (ou d'occulter la question), qui appartiennent toutes à ce qu'on peut appeler le « point de vue » ou l'« esprit modèle-théorétique ». En voici une, qui se satisfait à peu de frais de la distinction entre logique « au sens étroit » et logique « au sens large », pour désigner, respectivement, la logique du (ou des) langage(s)-objet(s), la logique interne aux systèmes construits, et la logique présente dans les considérations métasystémiques : c'est par une telle distinction qu'Addison évacue toute inquiétude quant au statut de la Théorie des modèles qu'il vient de caractériser :

> La Théorie des modèles doit être considérée comme une branche de la logique au sens large, qui inclut la métalogique et la métamathématique [1].

La pauvreté philosophique de cette réponse justifierait à elle seule qu'on réactualise la critique husserlienne de la positivité naïve, fût-ce de cette « naïveté de niveau supérieur » dans laquelle, selon lui, la logique en tant que science est vouée à se déployer.

Plus récemment, un certain nombre de travaux ont vu le jour, qui ont en commun de chercher à dessiner les traits de cette manière « moderne » de présenter la logique, en contrastant l'esprit modèle-théorétique avec la conception qu'avaient de leur science les pères fondateurs de la logique mathématique : citons les deux grands articles de Jean Van Heijenoort, à qui l'on doit l'introduction du terme « universalisme logique »

---

1. Addison 1963, p. 438.

(ou « universalité de la logique ») pour caractériser l'autre tradition contre laquelle l'esprit modèle-théorétique s'est édifié, et qu'il était destiné à supplanter ; ainsi qu'un texte de Hintikka, « On the development of the model-theoretic viewpoint in logical theory », qui réinterprète cette opposition [1]. Pour résumer : dans la tradition de l'universalisme logique, celle de Frege, de Russell ou de Wittgenstein (à ne citer que les représentants incontestables de cette conception), il n'y a qu'une logique, parce qu'il n'y a qu'un langage, dans lequel nous sommes enfermés (comment en effet pourrions-nous sortir du langage, pour prétendre encore *parler* du langage ?). Mais par ailleurs, cette logique est universelle au sens où elle s'applique à tout domaine d'objets pensables, au sens où les relations logiques se retrouvent partout : ce qu'on peut exprimer en disant que selon cette conception, le seul « univers du discours » est l'Univers tout court, le Monde, la totalité de l'être (ou, si l'on préfère, de l'étant). Mais notons déjà cette présentation tendancieuse des choses qui consiste à appliquer les catégories pertinentes pour la Théorie des modèles à la description de l'autre tradition de la pensée logique : en disant que l'universalisme logique ne connaît qu'un univers alors qu'il est de l'esprit modèle-théorétique d'envisager une variabilité infinie des univers, on fait en sorte que la richesse illimitée paraisse être du côté de la théorie moderne, l'étroitesse et la particularité du côté de la logique universelle [2]. On pourrait tout aussi bien – sinon mieux

1. Pour les textes de Jean Van Heijenoort, *cf*. note 2, p. 2. L'article de Hintikka est publié dans *Synthèse*, 77, n° 1, octobre 1980. À propos de l'« intérêt philosophique » de la Théorie des modèles, de sa « généralité » et de son caractère de « théorie des théories », Hintikka écrit de manière très expressive : « La théorie des modèles n'est pas une théorie mathématique parmi d'autres, à côté de la théorie des groupes ou de l'arithmétique. Ce qui le montre, c'est que pour toute théorie mathématique particulière, nous pouvons et devons développer sa propre théorie des modèles. En fait, il existe une théorie des modèles pour la théorie des groupes, une théorie des modèles pour l'arithmétique, une théorie des modèles pour la théorie axiomatique des ensembles, une théorie des modèles pour la logique modale, etc. » Dans l'esprit de Hintikka, il semble que la théorie des modèles prenne la place de « langage universel » souvent accordée à la théorie des ensembles.
2. Ce thème est mis en avant dans le bel article de Philippe de Rouilhan, « De l'universalité de la logique » (*L'Âge de la science*, 4, Philosophie de la logique et philosophie du langage, 1991), au point que le « particularisme logique » (l'opposé de l'universalisme) y apparaît comme lié bien souvent à un traitement sophistique de l'universel qui « tombe dans le particulier ».

– présenter les choses à l'inverse. En effet, l'universalisme
logique peut parfaitement intégrer l'idée et la pratique des univers du discours limités et variables (par relativisation conventionnelle des quantificateurs dans le cadre d'une recherche
déterminée, pour construire une théorie locale), tout en soutenant que de manière ultime et pour déployer la logique en toute
rigueur, chaque quantificateur devrait être dé-relativisé moyennant l'ajout de clauses spécifiant la catégorie d'objets concernés
par la théorie locale, sous la forme d'antécédents d'implications
formelles ; les univers de discours limités et temporairement au
centre de l'attention seraient au bout du compte absorbés dans
la considération de la totalité de la réalité, qui justement n'a
pas le statut d'univers d'*un* discours. On verra plus loin que
cette manœuvre était tout à fait familière à Russell, par
exemple. Mais l'histoire est toujours écrite par les vainqueurs,
et c'est l'esprit modèle-théorétique qui raconte à sa façon les
rapports qu'il entretient avec la tradition rivale : rapports
d'élargissement, de desserrement des contraintes et d'enve-
loppement.

Ce trait du récit est particulièrement sensible à propos des
questions métasystémiques. Ici, l'universalisme logique aurait
pour conséquence nécessaire des interdits et des prohibitions, il
se serait mis avec ses préjugés dans le mauvais pas de s'empê-
cher d'explorer un vaste champ de problèmes. Au bout du
compte, c'est sa stérilité face à la démarche conquérante de la
rigueur scientifique qui le condamne. L'expression « démarche
conquérante » n'est pas une formule ironique ! Un Tarski, un
Carnap avaient bien, dans les premiers temps, le sentiment de
gagner à la rigueur scientifique de nouveaux domaines dans le
sillage de la métamathématique hilbertienne : les recherches en
« méthodologie des sciences déductives », la « métalogique »
occupaient progressivement des territoires jusqu'ici laissés aux
considérations informelles ou intuitives, cette conquête était
partie prenante du projet général de la science unifiée[1]. Mais

---

1. À propos d'une procédure axiomatique qui consisterait à introduire des
termes sémantiques *primitifs* pour construire la théorie de la vérité (procédure
que Tarski présente comme une *alternative* possible à la théorie dite « sémantique » du Vrai), Tarski écrit : « Il me semble qu'il serait difficile de mettre cette
méthode en harmonie avec les postulats de l'unité de la science et du physica-
lisme (puisque les concepts de la sémantique ne seraient ni des concepts
logiques ni des concepts physiques) » (« The establishment of scientific seman-

par la suite, cet ensemble de gestes, en eux-mêmes philosophiquement neutres, ont fait l'objet d'une réinterprétation
(d'un détournement de sens au profit de l'esprit modèle-
théorétique).

Or il y a là une source de confusion : en effet, ce n'est pas
parce qu'aucune considération métasystémique ne peut avoir
lieu du dehors du système (du point de vue de la logique universelle, il n'y a bien sûr rien de tel qu'un dehors !) que toute
considération de ce type est en droit impossible, comme semble
le conclure hâtivement Van Heijenoort du fait que Frege, par
exemple, ne s'est pas spécialement occupé de ce type de
recherche [1]. La question reste tout à fait ouverte de savoir dans
quelle mesure des considérations métasystémiques menées de
l'intérieur du système, des théories internes, donc, peuvent traiter de questions dites « métathéoriques ». Deux remarques sont
ici dans l'ordre : premièrement, rien ne s'oppose, *prima facie,* à
ce que des théories particulières, c'est-à-dire locales, fassent
l'objet d'une étude rigoureuse, de nature d'abord « syntaxique »
et même – pourquoi pas ? – « sémantique » au sens qui s'est
progressivement imposé de ce mot ; la rigueur provenant en
particulier de l'usage, à ces fins, d'un langage à la fois logiquement parfait et potentiellement universel : tel est le langage des
Principia Mathematica, qui hérite d'une certaine manière de
l'universalité du langage naturel (à ceci près qu'il n'en conserve,
tel quel, que le « squelette » logique), et qui donc peut être tenu
pour le représentant par excellence du Langage. Et l'expression
« rien ne s'oppose » est une litote, puisque c'est exactement le
genre de choses que fait Tarski dans la partie positive du
« Wahrheitsbegriff » : construire un concept adéquat de vérité
pour des théories limitées (relatives à certains objets, ne dispo-
sant que de certains moyens d'expression), dans un métalangage qui n'est rien d'autre (à la lumière des remarques pré-

---

tics », 1935, *in* Tarski, *Logic, Semantics, Metamathematics,* 1956 [ultérieure-
ment : Tarski 1956]).
1. Un tel flottement de pensée – un tel lien établi entre l'absence de point de
vue extérieur ou supérieur au système et l'absence de considération métasystématique – s'exprime clairement dans ces lignes de Jean Van Heijenoort :
« Une autre conséquence importante de l'universalité de la logique est le fait
que rien ne peut être, ou n'a à être, dit de l'extérieur du système. Et, de fait,
Frege ne soulève jamais aucune question métasystématique (consistance, indé-
pendance des axiomes, complétude). » (*Selected Essays,* op. cit., p. 13.)

cédentes) que le langage universel convenablement mis en ordre et clarifié (en particulier enrégimenté selon la théorie des catégories sémantiques ; mais cette dernière est « si profondément enracinée » dans la nature de la pensée que ce langage, tout « artificiel » qu'il soit, en garde quelque chose d'essentiellement naturel). Aussi paradoxale que cette affirmation puisse paraître (mais l'esprit modèle-théorétique n'a-t-il pas si insidieusement pénétré la *doxa* que toute autre manière d'écrire l'histoire que la sienne doit paraître paradoxale ?), cet aspect du travail de Tarski est entièrement à mettre au compte de la fécondité scientifique de l'universalisme logique, en tant que cadre ou horizon des recherches métasystémiques (pour ne rien dire encore de l'autre versant de l'article de 1936, et abstraction faite, naturellement, du post-scriptum ajouté à la traduction en allemand). Au reste, même un auteur comme Hintikka, qui a pourtant tendance à insister sur « ce que ne peut pas faire » l'universalisme logique, est pris de scrupule au moment d'endosser le jugement de Van Heijenoort selon lequel la conception de l'universalité de la logique interdit toute considération métalogique ; c'est ainsi qu'Hintikka écrit :

> De même que la métalogique est impossible, de même le métalangage. Ou, plutôt, le langage-objet *[the subject langage]* et le métalangage doivent être compris localement, puisque tous les deux doivent faire partie du langage, le seul et unique langage que nous ayons [1].

Tel est le contenu de la première remarque, que des recherches peuvent bien concerner des théories particulières ou des fragments du langage sans du tout que ce geste nous fasse sortir de l'horizon universaliste. Notons simplement que dans cet horizon, il n'y a en fait aucune raison d'entendre le métalangage localement : l'attribution au métalangage même, sous la plume de Hintikka, de ce caractère, est seulement emblématique du refus absolu propre à la tradition dont il se réclame d'admettre qu'on puisse retrouver, à quelque niveau que ce soit, une totalité du langage. Le parti pris du fragmentaire, du

---

1. Hintikka, « On the development of the model-theoretic viewpoint in logical theory », *in Synthèse (cit. loc.)*, p. 1-2.

relatif, du particularisme, est le dogme philosophique de ce mode de pensée.

Cependant, le déploiement progressif des recherches méta-théoriques (ce qui motive la deuxième remarque) conduit natu-rellement à considérer des fragments de langage de plus en plus riches, jusqu'à une sorte de « passage à la limite », au moment où c'est le représentant artificiel du langage universel qui devient l'objet de l'investigation : moment crucial, où le lan-gage-objet et le métalangage cessent d'être dans un rapport d'in-clusion propre ou de traductibilité partielle, pour se confondre numériquement ou du moins s'équivaloir en richesse de moyens expressifs. C'est exactement ce mouvement qui anime, dans le grand article de Tarski, le passage de l'étude de langages d'ordre fini à celle d'un langage d'ordre infini. Mais il est bien connu que c'est précisément en ce point qu'achoppent les considérations métasystémiques : le théorème de Tarski (dans sa première version) indique que sous peine de reproduction d'une réplique du paradoxe du Menteur, le concept central de la sémantique, le prédicat de vérité, ne peut être défini ni même figurer dans ce langage [1]. Dès lors, l'esprit modèle-théorétique peut triompher : vous voyez bien que l'universa-lisme logique s'interdisait l'accès aux recherches métasysté-miques ; théorie de la vérité, avec comme corollaire une preuve immédiate de cohérence, position des problèmes de complé-tude, etc. ; puisque ces recherches exigent un autre langage que le langage-objet, il faut donc qu'il y ait *des* langages.

Or il y a déjà quelque chose de curieux dans la leçon qu'on croit pouvoir tirer de cet arrêt : l'universalisme logique aurait été réfuté (par le théorème de Tarski, ou par son analogue de style gödelien dans la *Syntaxe logique* de Carnap [2]) en son point le plus nodal. Son concept de langage, c'est-à-dire précisément son concept *du* langage, sa croyance en l'existence d'un seul et unique langage dont on pourrait bien isoler des « niveaux » ou

1. C'est la thèse B du § 6 de « The concept of truth in formalized languages » : « Pour des langages formalisés d'ordre infini, la construction d'une telle défini-tion [formellement correcte et matériellement adéquate du concept d'énoncé vrai] est impossible » (Tarski 1956, p. 265).
2. Théorème 60c.1 : pour aucun langage S (non contradictoire), la définition de « analytique dans S » n'est formulable dans S lui-même comme langage de syntaxe.

des « ordres » sans que ce découpage abolisse l'idée d'une totalité de ces langages, ce concept se serait en quelque manière révélé inconsistant (un peu comme le paradoxe de Cantor montrerait qu'il n'y a rien de tel que l'« ensemble de tous les ensembles »). C'est ce que Hintikka appelle l'« idée du langage comme le *medium* universel », que nous devrions une fois pour toutes abandonner. La manœuvre d'une itération transfinie grâce à laquelle nous pouvons toujours passer à des langages d'ordre supérieur telle qu'elle est légitimée par Tarski dans le post-scriptum de l'article de 1936 n'est au fond qu'une des formes que peut prendre ce renoncement à l'idée d'une totalité du langage.

Mais l'analogie avec l'« ensemble de tous les ensembles » est purement superficielle. On peut faire remarquer qu'un tel « ensemble » serait déjà bizarre indépendamment des antinomies puisque, se contenant lui-même, il ne correspondrait pas à l'idée naturelle qu'un ensemble est formé à partir d'éléments préexistants. L'idée qu'il existe, pour nous autres hommes, quelque chose comme *le* langage en tant que mode de rapport fondamental au monde à travers la variété des formes linguistiques (mode qui nous permet de référer à l'absent ou à l'abstrait, ou d'inférer selon des règles), est au contraire si naturelle qu'on pourrait retourner la charge de la preuve, et demander à l'adepte de l'esprit modèle-théorétique ce qu'il entend au juste quand il nie qu'il existe quelque chose comme le langage : Russell a ainsi exprimé, dans sa préface au *Tractatus*, sa perplexité devant le sens exact de l'hypothèse qui « consisterait à nier qu'il y ait une telle totalité » du langage [1]. On peut aussi faire valoir qu'avant que nous construisions des langages « formels », le langage nous est d'abord donné comme un fait en tant que langage naturel qui possède la propriété que nous vivons en lui, qu'il nous déborde en raison de sa puissance d'expression et d'expansion illimitée ; et qu'il ne dépend pas de nous d'en modifier ou d'en récuser le concept. Parler de réfutation du concept central de l'universalisme repose en fait sur une confusion entre le langage naturel et les langages artificiels, ou plus exactement entre le langage naturel (qui n'est pas une

---

1. Ludwig Wittgenstein, *Tractatus Logico-Philosophicus* (introduction de Bertrand Russell), 1961.

théorie) et les théories formelles, qui seules peuvent être consistantes ou inconsistantes, exiger une théorie plus forte pour leur sémantique, etc. Il semble qu'on ait ici tendance à oublier que les travaux de Tarski concernent d'abord le concept de vérité dans les langages formalisés, qui sont en fait des théories formalisées (Tarski renonce explicitement, en plusieurs passages de l'article de 1936, à s'occuper du langage naturel ou même à appliquer l'idée d'une hiérarchie de langages au langage naturel : un tel traitement, suggère-t-il, lui ferait perdre justement sa naturalité). On peut parfaitement soutenir que la validité du concept du langage n'est nullement affectée par le théorème de Tarski (ni par aucun résultat de même portée), parce que celui-ci ne concerne qu'une théorie dans laquelle valent non seulement les « lois générales de la logique », mais également l'Axiome du Vrai (qui dit que toutes les équivalences T sont valides) sans restriction ; admettre des exceptions à l'Axiome du Vrai, c'est-à-dire modifier la théorie, est une piste que Tarski, on le sait, n'a pas explorée. Enfin, il se pourrait que quelque chose comme le langage existe, bien qu'on ne puisse construire de métathéorie que relativement à des fragments de langage ou à des langages spécifiés de manière particulière : ce serait un bien curieux argument que de prétendre conclure, du fait qu'une théorie exhaustive d'un certain objet est ou paraît impossible, à l'inexistence dudit objet !

Le plaidoyer en faveur du renoncement à ce concept du langage prend parfois également la forme d'un argument insidieux, qui là encore repose sur une confusion. L'argument est le suivant : si vous prétendez parler du langage comme d'une totalité, vous allez tomber dans l'illusion d'« apporter dans la discussion la chose même », ou vous devrez vous taire si l'illusion s'est dissipée. En particulier, le concept de vérité, parce qu'il concerne les rapports du langage et de la réalité, doit être ineffable (indépendamment de tout paradoxe) pour quiconque croit à un concept « absolu » de vérité, c'est-à-dire susceptible de s'appliquer au langage en général (par opposition à un concept de vérité relativisé à des langages), dans la mesure où celui qui vise un tel concept ne dispose plus du tout de langage pour exprimer ce concept. Bien sûr, l'argument n'est pas formulé exactement en ces termes ; mais il est sous-jacent à bien des réflexions visant à disqualifier l'universalisme logique. Il me semble qu'on peut le repérer, par exemple, dans les remarques suivantes de Hintikka :

> La principale victime de la prohibition à l'égard de la métalogique est le concept de vérité. Car le concept de vérité concerne les relations de nos énoncés au monde, et donc doit être ineffable pour quiconque croit au langage comme le medium universel. Il ne peut être « dit » (exprimé) que dans un métalangage, ce qui est une autre impossibilité (« another nono ») pour le même universaliste [1].

La confusion est double : elle consiste à amalgamer théorie externe et théorie interne et à attribuer à l'universalisme logique *en tant que tel* le projet ou le rêve d'une théorie externe. Comme il est facile de faire remarquer qu'une théorie externe, c'est-à-dire qui surplombe du dehors le langage, est impossible (dans quel non-langage s'exprimerait-elle ?), on croit avoir montré, par un argument tout à fait général, que l'universalisme logique, en raison de son concept du langage, s'interdisait des points de vue théoriques féconds (que l'admission de métalangages *ad libitum* libérerait).

Mais ici il faut distinguer. Les représentants typiques de l'universalisme, Frege et Russell, héritaient sans doute d'une tradition philosophique où le propos d'une théorie de la vérité était de dire, d'un point de vue absolu – où le philosophe, après s'être comme tel autre tiré par les cheveux, croyait se tenir à égale distance du langage et du monde –, de dire, donc, quel est le rapport entre le monde d'un côté et nos énoncés vrais de l'autre ; lorsqu'on évoque le « problème philosophique de la vérité », c'est le rêve d'une telle théorie externe qu'on agite, et d'une certaine manière Frege et Russell avaient en vue cette idée de la vérité. Bien plus, on peut reprocher à Russell d'être tombé dans l'illusion de croire « apporter dans la discussion les choses mêmes », quand dans ses œuvres de la deuxième période il confie à l'épistémologie le soin de dire ce qu'est le Vrai : quels sont pour un sujet, compte tenu de sa position à l'égard des faits, le ou les « vérificateur(s) » de ses affirmations [2]. Le

---

1. Hintikka, *loc. cit.*, p. 2.
2. *Cf.* sur ce point François Rivenc, « Russell, Tarski et le concept de vérité », *Philosophie*, 25, 1990, p. 21-38.

vérificateur est bien sûr décrit dans un langage, mais qui est supposé totalement transparent, montrant « la chose même » (la structure onto-logique du fait), et là réside l'illusion de croire être passé de l'autre côté du mur du langage. Avec sa rigueur coutumière, Frege était plus lucide : reprenant un argument de style cartésien (Descartes fait remarquer que nous ne pouvons donner d'autre définition de la vérité que justement le critère de l'évidence, parce que toute définition du vrai devant être exprimée par une proposition suppose que les locuteurs vivent déjà dans la compréhension du vrai), il affirme en plusieurs passages que le concept de vérité est indéfinissable, étant de quelque manière inéliminable de l'usage et à l'œuvre dans la « force assertive » de nos affirmations « sérieuses »[1]. Mais avec ou sans lucidité, qu'on relève cet incertain pari ou qu'on le répute perdu d'avance, la visée est dans les deux cas la même : une théorie externe, ou transcendante, de la vérité.

Mais l'universalisme logique n'a pas, en essence, partie liée avec ce rêve métaphysique ; il peut se livrer de manière consciente à des recherches internes, dans le cadre du langage qui dessine l'horizon du discours sensé et portant néanmoins sur ce langage. C'est même un trait remarquable de cette histoire que les impossibilités ou les limitations qu'on peut finir par rencontrer aient été reconnues de l'intérieur, à la manière de l'exploration kantienne des limites de la Raison, et précisément au cours de la tentative pour exprimer de plus en plus de contenus dans un langage qui définissait le cercle du dicible (quelque variante des *Principia*) : dans le cadre d'une manœuvre genérale que j'appellerai la manœuvre d'internalisation. Cette manœuvre est caractéristique de l'un des deux courants qu'il faut distinguer à l'intérieur de la pensée universaliste, celui de l'universalisme positif : j'y reviendrai. Mais donnons sans attendre des exemples évidents de recherches internes ou de découvertes obtenues par des méthodes internes.

L'arithmétisation de la syntaxe d'un système logique (avec les axiomes de Peano comme formules primitives – mais ce point est sans incidence ici) était une façon particulière liée à

---

1. Frege, *Logische Untersuchungen*, I : *Der Gedanke*. On trouve des remarques du même ordre dans un texte de 1897, « Logik », publié dans les *Nachgelassene Schriften*, 1969.

l'emploi de ressources purement logiques ou, disons, arithmétiques, d'exprimer la syntaxe du langage (la syntaxe en un sens large de morphologie proprement dite, mais aussi la syntaxe « logique ») à l'intérieur du langage lui-même, sans avoir à enrichir le squelette logico-arithmétique par des constantes primitives extra-logiques. Ce mouvement d'internalisation n'est peut-être pas au premier plan dans l'article de Gödel paru en 1931, parce que les définitions syntaxiques-arithmétiques sont d'abord construites dans l'arithmétique intuitive ou à contenu, et que le métalangage utilisé à cette fin est le langage presque ordinaire du mathématicien (avec ses abréviations et ses tournures usuelles), et en tant que tel, distinct du langage dans lequel est construit le système formel. Encore que le « Théorème de représentation », qui montre qu'à toute fonction et relation récursive (primitive) correspond une certaine formule-théorème du système formel, formule qu'on pourrait écrire explicitement (note Gödel), opère « en masse », selon le terme imagé de Kleene, cette internalisation[1]. Mais ce même mouvement apparaît en pleine lumière dans la *Syntaxe logique* de Carnap au moment où la syntaxe arithmétisée est construite pas à pas, définition après définition, dans le langage-objet, qui est une partie limitée du langage artificiel et universel capable d'exprimer non seulement les mathématiques classiques, mais potentiellement la totalité de la science empirique moyennant l'adjonction de constantes physiques. On verra que cette formalisation du langage-objet dans le langage-objet lui-même, cette confusion du langage-objet et du métalangage (peut-être devrait-on au contraire parler du refus de la confusion des langues, c'est-à-dire de leur dispersion et de leur distinction, l'une des malédictions qui pèsent sur l'homme selon la tradition biblique !), est motivée chez Carnap par une claire prise en compte des exigences universalistes. Et à l'objection qui ferait remarquer que cette construction interne ne peut aller au bout de sa visée parce qu'elle échoue fatalement dans son projet de définir un concept syntaxique de « mathématiquement vrai » (« analytique » se révèle indéfinissable dans le Langage II sous

---

1. Kleene, introduction à « Über formal unentscheidbare Sätze der *Principia Mathematica* und verwandter Systeme I », *in* Kurt Gödel, *Collected Works*, t. I, 1986.

peine d'antinomie), il faudrait répondre dans un premier temps que le premier théorème d'incomplétude de Gödel est l'aboutissement d'une démarche essentiellement interne : c'est parce qu'on peut montrer que la classe des énoncés arithmétiques *démontrables* est définissable à l'intérieur de l'arithmétique (ou du langage formel qui l'exprime), alors que la classe des énoncés vrais ne l'est pas, que l'on peut inférer qu'il doit y avoir des énoncés vrais mais indémontrables (sous réserve que les énoncés démontrables soient considérés comme vrais). Cette considération heuristique avancée par Gödel pour souligner le fait que le résultat d'incomplétude était un résultat auquel on pouvait s'attendre [1] a l'intérêt de mettre en évidence le fait que l'internalisation a fonctionné comme une condition à la fois nécessaire et suffisante de la découverte de Gödel : nécessaire dans la mesure où il fallait être guidé par l'exigence d'exprimer la métathéorie syntaxique dans le système lui-même ; suffisante parce qu'elle ne présuppose pas la construction préalable effective d'un concept transcendant, « objectif », de la vérité mathématique qui requiert d'autres ressources, hautement problématiques (il suffit de dire : supposons quelque concept arithmétique qui opère à la manière du concept de vérité, alors on peut reproduire l'antinomie du Menteur...). Bien sûr, on peut aussi faire remarquer que la construction effective par Gödel d'un énoncé « prouvablement » indécidable met en œuvre une démarche d'allure encore plus « interne », au sens où elle évite de prendre appui sur un concept intuitif de vérité mathématique (un tel concept, comme toutes les notions contentuelles, n'avait pas bonne presse à l'époque, ni dans les milieux hilbertiens ni dans ceux du cercle de Vienne).

Des remarques du même ordre (je l'ai laissé entendre plus haut) vaudraient évidemment pour la théorie de la vérité de Tarski, qui est une théorie interne ou intralinguistique de la vérité (de là sans doute son aspect « philosophiquement » déconcertant, le fait qu'elle semble se résoudre en une menue monnaie de truismes du style : l'énoncé « il pleut » est vrai si et seulement s'il pleut !). Certes, Tarski a présenté en maints endroits les contraintes auxquelles doit être soumise toute défi-

---

1. Cette considération est formulée en particulier dans une lettre de Gödel à Zermelo, citée *in* Hao Wang, *Reflections on Kurt Gödel*, 1987.

nition matériellement adéquate du prédicat de vérité (la fameuse Convention T), comme retenant l'héritage d'une conception traditionnelle et philosophique de la vérité, la vérité comme correspondance avec le fait. Cette considération est même l'une des justifications invoquées en faveur du choix terminologique : « théorie sémantique du vrai » (non la seule du reste, mais le caractère problématique des autres justifications nous entraînerait trop loin). Mais à aucun moment la théorie ne tombe dans l'illusion typique du discours philosophique sur la vérité : celle de croire être sortie du langage pour donner à voir le fait censé rendre vrai l'énoncé mentionné à gauche d'une équivalence T, déshabillé pour ainsi dire de tout revêtement linguistique. Ce qu'on trouve à droite d'une telle équivalence, c'est bien sûr l'énoncé lui-même ou sa traduction dans un langage dont le statut est clairement spécifié (et non, au mieux, comme dans les prétendues théories externes, un discours sans lieu assignable : le discours ultime et dévoilant de la philosophie). Non seulement, donc, la théorie de Tarski ne prétend pas nous faire sortir du langage, mais elle suppose un recensement exact des ressources linguistiques exigées du métalangage pour qu'y soit non plus simplement exprimé, mais défini, le concept de vérité relatif à un langage convenablement délimité : qu'on puisse y exprimer les mêmes concepts que dans le langage-objet, qu'y figurent des termes « descriptifs-structuraux » pour mentionner les expressions du langage-objet et leurs relations, que l'appareil logico-mathématique général y soit disponible, qu'enfin on y trouve des variables d'ordre supérieur à l'ordre le plus élevé des variables du langage-objet. C'est dans un tel langage, dont le statut n'a rien de mystérieux, que peut se construire la théorie de la vérité. Qu'il s'agisse bien d'une théorie interne, le point suivant le montre clairement : la théorie nous dit peut-être quelque chose concernant le sens de l'affirmation que *p* est vrai, elle ne nous dit rien sur les conditions mondaines qui légitimeraient l'affirmation que *p*. Ou encore : elle parle bien d'une corrélation nécessaire entre deux faits linguistiques (l'affirmation que *p* est vrai, et l'affirmation de *p*), elle est muette au sujet d'une hypothétique corrélation entre le monde et notre affirmation que *p*, qui rendrait vraie celle-ci. Du monde, elle ne parle qu'au sens où l'énoncé *p* en parle, comme c'est ordinairement le cas avec la plupart de nos discours, censés décrire la réalité. On peut dire que de l'idée philosophique de correspondance, les équivalences T ne retiennent que le minimum intralinguistique en deçà duquel tout sens assignable du mot « vrai » serait perdu ; mais elles ont renoncé à confondre ce sens avec une explication de la « nature » de la vérité, en entendant par là une sorte de mécanisme causal par lequel le monde rendrait vrais certains de nos énoncés.

L'idée que la théorie tarskienne est une théorie interne, alors que Tarski est réputé avoir presque définitivement montré que le prédicat de vérité devait être rejeté hors du langage auquel il s'applique, peut paraître étrange ; mais il me semble que les remarques précédentes sont rigoureusement contraignantes. C'est aussi que l'œuvre de Tarski a fait l'objet d'une réappropriation par l'esprit modèle-théorétique (il est vrai que Tarski lui-même, par certaines de ses formulations, a pu favoriser cette relecture). Cependant, même compte tenu de la volte-face qu'opère le post-scriptum de 1936, où Tarski tourne le dos à l'universalisme logique, il faut dire que c'est toujours de théorie interne de la vérité qu'il s'agit. Le problème est qu'il n'est pas sûr que les défenseurs de l'esprit modèle-théorétique, dans leur promptitude à accuser l'universalisme de s'interdire de sortir du système, ne cultivent sourdement l'illusion qu'une véritable sémantique scientifique, parce que construite hors du langage-objet et dans un métalangage qui semble aller de soi, ses ressources étant empruntées au discours commun des mathématiques, est en fait une véritable théorie externe, une théorie des rapports entre le langage vrai et la réalité elle-même. C'est du moins en ces termes qu'on explique le plus communément la nature « sémantique » de tel ou tel concept, qui est celle d'exprimer une relation entre les mots et les choses. Même Carnap, le second Carnap de l'*Introduction à la sémantique*, présente parfois la restauration de la légitimité du mode matériel du discours dans le cadre des recherches sémantiques, comme si Tarski nous avait montré la voie d'un retour non métaphysique au parler des choses mêmes (une sorte de victoire posthume sur le premier Wittgenstein). Bien sûr, la prudence s'impose en matière d'imputation de croyances plus ou moins implicites ; la naïveté enthousiaste avec laquelle Carnap fait souvent l'apologie de la sémantique « à la Tarski » est par ailleurs annulée par la doctrine de la nature conventionnelle et largement arbitraire des choix de « schèmes conceptuels » ou « linguistiques », y compris dans les recherches sémantiques qui n'engageraient aucune ontologie[1]. Et il ne faudrait pas croire non plus que tout logicien qui use des concepts de la théorie des modèles conçoive nécessairement la sémantique dans l'illusion d'une théorie externe : les remarques de Church sur la possibilité d'une réduction conceptuelle de la sémantique à la syntaxe (à une syntaxe suffisamment compréhensive pour admettre des méthodes non « effectives ») sont exemplaires de la lucidité dont est capable un très grand logicien : la sémantique n'est qu'une théorie mathématique[2]. Reste qu'il n'est sans doute pas abusif de penser, à la lumière du procès ordinairement fait à l'universalisme (« vous êtes selon lui prisonnier de votre langage »), que toute confusion n'est pas dissipée sur la portée exacte de la sémantique. Le partisan de l'esprit modèle-théorétique a tendance à se croire (comme le philosophe, mais c'est un redoutable philosophe que le sophiste qui prétend en avoir fini avec la philosophie !) dans le « non-lieu » de ses métalangages : comme si lui non plus n'était pas, malgré sa stratégie de repli de langages en métalangages, au bout du compte prisonnier du langage.

J'ai évoqué plus haut une réponse à faire dans un premier temps. Mais pour finir, face aux faits ultimes de limitation (aucun langage ne peut contenir son propre prédicat de vérité, à supposer que le fait soit avéré ; vous ne pouvez pas prouver la cohérence d'une théorie avec les seules ressources de cette théorie ; la validité logique – l'analyticité au sens de Carnap – n'admet pas de caractérisation formelle connue dans sa pleine extension, etc.), que faut-il répondre ? L'esprit modèle-théorétique a-t-il surmonté les impossibilités reconnues, après les

---

1. Carnap, « Empiricism, semantics and ontology » (1950), publié en supplément à *Meaning and Necessity* dans l'édition augmentée de 1956.
2. Church, *Introduction to Mathematical Logic*, 1956, § 9. De son côté, Van Heijenoort critique explicitement l'idée que « la sémantique ensembliste est fondée sur le réalisme » en conclusion de l'article « Absolutism and relativism in logic » (*Selected Essays, op. cit.*, p. 83), sous l'argument que les domaines considérés sont des « domaines abstraits » bien éloignés de l'univers réel.

avoir baptisées « interdits et prohibitions » pour les besoins de la cause ? Et par là même, l'idée de la logique dont était porteur l'universalisme a-t-elle été réfutée ? Telle, on vient de le voir, est la présentation de soi qu'offre en matière de justification la conception de la logique qui, historiquement, a remplacé l'universalisme. Mais cette présentation n'est qu'une représentation, qui ne gagne sa crédibilité que de la confusion entretenue sur la portée des démarches et des résultats obtenus dans le style de la Théorie des modèles. D'un côté on nie qu'il existe quelque chose comme l'universel, la totalité, la logique, le langage, ce qui en toute rigueur devrait nous conduire à admettre que les théories particulières et relatives ne coïncident pas avec l'objet de la visée de l'universalisme ; d'un autre côté les résultats, définitions et théorèmes sont régulièrement présentés comme *tenant lieu* des définitions (de la logicité, de la validité logique, etc.) recherchées, ou comme porteurs d'une universalité supérieure parce que les démarches y sont sujettes à une possibilité d'itération indéfinie[1]. C'est ce double jeu qui est philosophiquement répréhensible. Contre lui, je voudrais faire valoir la grandeur, la radicalité et le caractère « incontournable » des questions liées à la fondation de la logique que s'est posées la tradition universaliste.

0.1. Les deux figures de l'universalisme logique

Peut-on évacuer une fois pour toutes le trait d'universalité traditionnellement attribué à la logique ? Doit-on oublier les problèmes que pose son caractère principiel, sa position de discipline première qu'une réflexion radicale est naturellement inclinée à lui accorder ?

Les deux traits sont étroitement liés. Si les connexions logiques sont à l'œuvre dans tout domaine d'objets offrant matière à l'activité théorique, alors la théorie logique est, à la

---

1. La notion de validité comme « vérité pour toutes les interprétations dans des univers non vides » ou « dans l'univers des entiers naturels » remonte à Hilbert et Ackermann (*Grundzüge der theoretischen Logik*, 1928). Sur cette notion comme « tenant lieu » ou « réplique » du concept visé par l'idée de « logiquement vrai », *cf.* Philippe de Rouilhan, « Sur la formation de la notion de validité », *in Acta Universalis Lodziensis*, Folia Philosophica, 7, 1990.

différence des autres théories, une théorie universelle, comme Frege le fait remarquer dans la préface à la *Begriffsschrift* pour signaler que le mode d'analyse conceptuelle solidaire des notations introduites est susceptible d'une application étendue, au-delà de l'Arithmétique, à la totalité de la science. Mais ces connexions logiques, en tant qu'objets de la théorie logique, président également au déploiement de la logique en tant que théorie particulière. D'où la position spéciale de la logique dans l'ensemble des théories : en tant que recherche générale sur les conditions et les formes du discours sensé, sur le mode théorique du discours, elle apparaît comme une discipline première puisqu'elle ne peut présupposer ni des traits généraux de la réalité (une « ontologie formelle » ou, pour le dire à la manière piquante de Russell, une « zoologie générale »), ni des principes d'articulation du discours (« apophantique formelle ») qui lui seraient donnés par une théorie antérieure. Toute recherche logique contient, d'une manière ou d'une autre, un « Traité des catégories », une « Grammaire philosophique », elle doit tendre à se confondre avec la Philosophie première, la Science « désirée ». Par ailleurs, en tant que Théorie rigoureusement construite, elle tombe sous sa propre juridiction, elle doit se présenter conformément aux normes du mode théorique du discours qu'elle est en charge de fonder et de décrire. Au moment de dire quelles sont les formes d'enchaînement du discours sensé, elle est déjà soumise à ces formes, et doit donc les prescrire dans un langage qui obéisse à ces règles : un langage *déjà* logiquement parfait. Telle est ce qu'on pourrait appeler l'Idée rationnelle de la Logique ; qu'on ne puisse pas effectuer jusqu'au bout sa réalisation ne signifie pas *ipso facto* qu'il s'agissait d'une idée fausse, d'une simple chimère de l'imagination.

Les fondateurs de la logique mathématique moderne héritaient de cette idée de la logique – non certes sous une forme explicite et thématisée pour elle-même. On ne peut même pas dire qu'elle ait été au centre de leurs préoccupations ni l'objet propre de leurs recherches, à l'exception de Husserl – mais Husserl peut-il être rangé au nombre des fondateurs de la logique mathématique ? Frege et Russell avaient des préoccupations plus immédiates, si l'on peut dire, qui concernaient la philosophie des mathématiques ; et tandis qu'ils s'attachaient à démontrer l'essentielle logicité des mathématiques, la nature de la logicité elle-même est dans un sens demeurée l'horizon de leurs travaux plus que leur thème. Mais en un autre sens, confrontés aux exigences du *faire,* ils ont sans doute plus que d'autres contribué à faire surgir au premier plan les sévères contraintes qu'impose à la science logique la nature de la discipline, à la mesure des problèmes que soulève l'effectuation de telles exigences. Et ils ont dû prendre position à l'égard de ces contraintes : Frege en se résignant à une scission radicale entre deux modes du discours (qui, on s'en doute, n'a rien à voir avec la distinction entre « langage » et « métalangage » !) ; Russell, on le verra, en tournant en « fiction logique », aussi loin qu'il était possible, tout ce qui d'une manière ou d'une autre semblait faire obstacle à ce que la théorie puisse se *dire* dans les formes de discours qu'elle réputait sensées. L'universalisme logique n'est devenu conscient de lui-même, à la fin du XIXe siècle et dans les premières décennies du XXe, qu'en surgissant comme un *problème posé* à la pensée logique (de là à penser qu'il y a dans l'esprit modèle-théorétique le soulagement de pouvoir détendre l'arc trop tendu qu'évoque Nietzsche...).

Il peut être cependant utile de confirmer, à travers quelques textes tirés de l'histoire de la philosophie, la permanence de l'attribution à la logique des trois traits que je viens d'évoquer : son universalité, sa parenté avec la Philosophie première, sa subordination à elle-même. Que la logique, parce qu'universelle, soit première en tant que science du fondement formel de toute pensée possible, c'est ce qu'affirme Kant au début de sa *Logique* :

> Si nous mettons de côté toute connaissance que nous devons emprunter aux seuls objets, et si nous réfléchissons seulement à l'usage de l'entendement en général, nous découvrons ces règles qui sont absolument nécessaires à tous égards et sans considération des objets particuliers de la pensée, puisque sans elles nous ne pourrions pas penser du tout [...]. Ces règles [...] renferment simplement les conditions de l'usage de l'entendement en général[1].

---

1. Kant, *Logique*, 1970, p. 10.

Le caractère de la logique d'être le « fondement de toutes les autres sciences », ou encore « une propédeutique universelle de tout usage de l'entendement et de la raison en général », implique le trait « principiel » au sens où l'exposition de la doctrine de la logique doit être soumise aux règles, lois et normes qu'elle se donne pour but d'établir. Bien que Kant ne s'attarde pas sur ce point, et bien que la réalisation ne soit pas, dans l'ouvrage de Kant, à la hauteur de l'idéal proclamé, je crois qu'on peut comprendre ainsi ces lignes :

> En qualité de science rationnelle selon la matière et la forme, la logique est également :
> 5) une *doctrine* ou *théorie démontrée*. Comme elle s'occupe [...] uniquement des lois nécessaires et universelles de la pensée, elle repose sur des principes *a priori* qui permettent de déduire et de démontrer toutes ses règles[1].

Bien que la *Logique* de Kant ne se présente évidemment pas sous forme d'une théorie déductive au sens strict du terme, l'idée est nettement exprimée que l'exposition de la théorie logique (sa « forme ») est sujette à la juridiction de la logicité (sa « matière »). La même idée a été exprimée, comme on peut s'y attendre, par Husserl, d'une manière entièrement explicite :

> En ce qui concerne la logique, il résulte de sa nature spéciale cette particularité, que les connexions idéales qui constituent son unité théorique sont soumises, comme cas spéciaux, aux lois qu'elle-même établit. Les lois logiques sont à la fois des parties et des règles de ces connexions, elles appartiennent à la *contexture théorique* et cependant aussi, conjointement, au *domaine* de la science logique[2].

Enfin, l'étroite proximité de la logique à l'égard de la philosophie première a été remarquée par Leibniz quand il oppose à une logique qui ne serait qu'un instrument (déjà !) la « logique plus sublime » caractérisée par le fait que « la vraie Métaphysique n'est guère différente de la vraie Logique ». Par exemple, dans ces lignes citées par Couturat :

1. Id., *ibid.*, p. 13. Les termes soulignés le sont par Kant.
2. Husserl, *Recherches logiques*, t. I. Prolégomènes à la Logique pure, 1959, p. 194.

Logicam veram non tantum instrumentum esse, sed et quodam modo principia ac veram philosophandi rationem continere, quia generales illas regulas tradit, ex quibus vera falsaque dijudicari [...] possunt[1].

Cette possible rivalité quant à la place de discipline absolument première entre la logique et la « philosophie » prend même un caractère aigu dans la problématique de la phénoménologie husserlienne. La phénoménologie, en tant que discipline transcendantale, a vocation à décrire dans quelles intentions de signification, et éventuellement dans quels « remplissements », se constitue notre accès aux idéalités logiques. Mais par ailleurs, la philosophie phénoménologique doit s'exposer dans un discours qui en un sens doit être déjà soumis aux règles d'une logique dont la théorie resterait à faire. Le thème de cette inévitable précédence de la logique à elle-même est évoqué sur un mode dramatique dans ce texte de Husserl qui développe l'aporie du commencement radical :

> Mais si les études sur l'origine de la logique sont transcendantales et si elles sont elles-mêmes des études scientifiques, alors nous tombons sur un fait surprenant concernant à la fois, d'une manière essentiellement fondamentale, le sens de la logique et celui de la science. Toutes les sciences positives sont « mondaines », la science transcendantale ne l'est pas. La logique naïvement naturelle, la logique qui pourrait être rapportée uniquement aux sciences positives, est « mondaine » [...]. *Qu'en est-il de cette logique aux normes de laquelle sont soumises les études transcendantales, les études qui élucident la logique positive*[2] *?*

Le problème est ici réfléchi à travers les concepts propres à la problématique husserlienne, mais il ne faudrait pas croire pour autant qu'il est lié à une philosophie particulière : il naît, comme aurait dit Russell, « sur le terrain du sens commun » philosophique. Pour prendre une autre école de pensée, des questions analogues animent l'inquiétude de Wittgenstein en passe de tirer des conclusions radicales de la leçon de Frege,

---

1. Leibniz, préface à Nizolius, 1670, cité par Couturat, *La Logique de Leibniz*, 1969, p. 280.
2. Husserl, *Logique formelle et logique transcendantale*, 1957, p. 359. Souligné par Husserl.

quand il double l'aphorisme célèbre, « *Die Logik muss für sich selber sorgen* » (« La logique doit prendre soin d'elle-même », première ligne des *Carnets de 1914-1918* notée à la date du 22 août 1914), du commentaire suivant : « Comment le fait que la logique doive prendre soin d'elle-même peut-il être réconcilié avec la tâche de la philosophie ? »

Découvrant progressivement la complexité de la situation, Frege s'orienta vers une position qu'on peut appeler l'universalisme *négatif*, et qui trouve sa pleine expression dans le *Tractatus* de Wittgenstein. Très sommairement décrite, cette position consiste à prendre son parti du fait que les fondements de la logicité, les lois du discours doué de sens, la nature de la vérité logique ne peuvent être formulés dans le mode authentiquement théorique du discours ; ou du moins, à tirer d'un certain nombre de faits troublants une telle conclusion. Frege a d'abord reconnu les limites du langage dans les limites des procédures définitionnelles, dans la rencontre, au terme de l'analyse régressive, avec l'absolument simple (ici le logiquement simple : les concepts d'Objet, de Fonction, de Concept), les atomes véritables du discours, qui ne peuvent être décomposés en éléments plus simples, et donc ne sont pas susceptibles de définition au sens d'une reconstruction. Puisqu'on ne peut les définir, on peut tout au plus les désigner par un terme (un symbole), en espérant que le lecteur mettra le même sens sous le même mot et parviendra à l'intuition de l'élément ; on l'aidera, à cette fin, de toutes les suggestions disponibles, comparaisons et métaphores, élucidations *(Erlaüterungen)* et commentaires explicatifs. Mais en elle-même, la reconnaissance d'une préface ou d'une propédeutique à la Science n'est pas caractéristique de l'universalisme négatif (après tout, le logicien a dû faire pour lui-même le chemin, s'aidant de la grammaire comme d'« un guide », s'exposant au moment hasardeux de l'analyse dans sa recherche des Indéfinissables). Non : le geste décisif est celui qui attribue un statut définitivement insensé, parce que transgressif eu égard aux lois du sens qu'impose la nature de ces éléments simples, au discours qui voudrait parler de ces éléments (parce que justement on ne peut les nommer, en faire les sujets logiques du discours théorique, leur nature par exemple « prédicative » s'y oppose : Frege), ou plus généralement au discours qui tenterait d'énoncer ces lois (parce qu'il contrevient aux lois qu'il pose ; Wittgenstein : « La THÉORIE des types est impossible »). Le contenu des *Erlaüterungen* devra donc rester l'objet de propositions élucidantes, certes, mais telles qu'une élucidation réussie doit les faire reconnaître pour ce qu'elles sont : des énoncés du mode non théorique du discours, des affirmations dénuées de sens (non-sens ô combien important !). On aura reconnu la thématique pathétique du *Tractatus*, radicalisation du *Zwangslage der Sprache* auquel Frege s'est résigné.

La logique peut se déployer : enchaînement des lois fondamentales, des définitions de concepts logiques, puis arithmétiques, dans la *Hilfssprache*. Mais la théorie de la logique (l'ontologie, la « sémantique » des symboles primitifs, les lois qui président à l'écriture de ces lois) n'est pas matière à science, puisqu'elle ne peut s'exprimer dans le langage de la Science, avec ses formes valides universellement : telle est la figure de l'universalisme négatif. Si la logique est encore, pour lui, une discipline première, c'est que ce qui est véritablement premier, le fondement logique du discours, n'est pas objet de science.

Mais l'universalisme logique admet une autre figure (curieusement, la re-lecture de l'histoire par l'esprit modèle-théorétique la passe sous silence : sans doute prête-t-elle moins bien le flanc à l'accusation de stérilité !), que j'appellerai, faute de mieux, l'universalisme *positif*. Deux traits peuvent le caractériser provisoirement. D'abord, la tendance à voir dans une hypothèse qui a pour conséquence sa propre inexprimabilité une hypothèse autoréfutante. Peu de commentateurs, par exemple, s'étonnent que Russell, qui avait en main dès 1902-1903 l'idée d'une théorie des types logiques, n'ait relancé véritablement qu'en 1908 le projet de « baser » la logique mathématique sur la théorie des types ; il est patent que dans l'intervalle, d'autres voies ont été explorées, mais pourquoi ? Nous verrons que le désir de Russell d'éviter le plus longtemps possible une stratification de la réalité en domaines *(ranges)* disjoints provient de la difficulté reconnue à décrire cette stratification dans la grammaire logique qu'elle impose et, conjointement, de l'exigence d'exprimer dans le langage construit selon cette grammaire les lois de cette stratification : dire que les parcours de valeurs des variables sont restreints à certaines « totalités légitimes » passe par une transgression du principe du cercle vicieux, qui est pourtant au fondement de toute grammaire logique. Il faut donc que, de quelque manière, les variables retrouvent une généralité illimitée... Ce n'est pas forcer la pensée de Russell entre 1903 et 1908 que de lui faire endosser le jugement négatif de Gödel sur la vraisemblance intrinsèque de la théorie des types, en raison précisément de son caractère inexprimable, qui est l'une de ses conséquences les plus paradoxales. À propos de l'idée de base de la théorie, selon laquelle « chaque concept est doué de sens seulement pour les arguments appartenant à l'un de ces domaines, c'est-à-dire pour une portion infiniment petite de la totalité des objets », Gödel écrit :

> Ce qui rend ce principe particulièrement suspect, néanmoins, c'est que le simple fait de l'admettre rend sa formulation en tant que proposition douée de sens impossible, car x et y doivent être confinés à des domaines de signification déterminés qui sont soit les mêmes, soit distincts, et que dans les deux cas ce qu'on dit n'exprime pas le principe ni même une part de son contenu. Une autre conséquence en est que le fait qu'un objet x soit (ou ne soit pas) d'un type donné ne peut non plus être exprimé par une proposition douée de sens [1].

Gödel ajoute en note que bien sûr cet argument ne joue pas contre une interprétation « symbolique » de la théorie des types, c'est-à-dire pour une interprétation qui décide que « la théorie des types est une théorie des symboles, non des choses ». Et c'est en effet dans cette direction que Russell a d'abord cherché une issue, mais selon une version très originale de cette idée (le « fictionnalisme » sous-jacent à la *no-type theory* explorée en 1904-1906 n'a pas grand-chose à voir avec la résolution de la théorie des types dans le mode formel du discours, solution défendue par Carnap à l'époque de la *Syntaxe logique*). Nous aurons l'occasion, dans la première partie, de rencontrer plusieurs occurrences de ce mouvement de pensée, qui consiste à prendre le caractère exprimable ou non d'une théorie selon son propre concept d'expression sensée comme un *critère* de validité de ladite théorie.

1. Gödel, « Russell's mathematical logic » (1944), *in* Gödel, *Collected Works*, t. II, 1990, p. 138.

L'autre trait de l'universalisme positif (étroitement lié bien sûr au premier) est le statut « ultimement disparaissant » qu'il accorde aux explications et éclaircissements préliminaires. Certes, pour une part on peut admettre qu'il y a un « reste » irréductible où l'on peut faire flèche de tout le bois du langage ordinaire, logiquement imparfait, mais familier : temps de l'analyse, mouvement de la recherche vers les termes primitifs, « exhortation » (selon le mot de Russell) adressée au lecteur. Mais dès que l'exposition suivant l'ordre de la synthèse est, au moins idéalement, à même de se déployer, le moment de l'explication informelle, de la *Darlegung*, n'obéit qu'à des nécessités anthropologiques : comme tout langage nouveau, le langage logiquement parfait doit bien être appris. Mais cette pédagogie accomplie, ce qui a été une première fois exprimé doit être reformulé dans le système, suivant la manœuvre déjà évoquée de l'internalisation. C'est sans doute dans la *Syntaxe logique* que cette exigence, au lieu de rester au stade (comme souvent chez Russell) de la déclaration d'intention, est le plus rigoureusement réalisée, sous la forme de deux « formalisations » successives de la syntaxe du langage. Suivant un concept « faible » de la formalisation, le langage objet est d'abord formalisé dans un langage semi-ordinaire, le langage naturel enrichi de symboles « gothiques » (qui jouent à peu près le rôle de variables syntaxiques, mais fonctionnent encore à la manière des termes généraux dans les contextes de quantification ordinaire) et de termes mathématiques. Dans un deuxième temps, l'arithmétisation de la syntaxe est accomplie, non dans la métamathématique intuitive ou contentuelle, c'est-à-dire dans l'arithmétique « naïve », mais dans le langage-objet, dans son symbolisme et selon les modes de construction prescrits par ses règles de formation (concept « fort » de la formalisation). Carnap a expressément indiqué la nature purement pédagogique du discours intuitif qui peut alors venir doubler l'exposition interne de la métathéorie :

> Nous allons à présent formuler la construction de la syntaxe du Langage I, présentée dans I comme un système de définitions arithmétiques. Les explications, qui indiquent l'interprétation des termes concernés en tant que termes syntaxiques, sont ajoutées aux définitions (en petits caractères). Pour des raisons de

brièveté, les explications sont souvent inexactenent et incorrectement formulées. *La présentation exacte de la syntaxe consiste seulement dans les définitions formulées symboliquement* [1].

On le verra, la position de Russell à partir de 1908 à l'égard des contraintes de l'universalisme positif est loin d'être claire. Mais même si la destination immédiate du système des *Principia* est d'être un système purement logique parce qu'il s'agit d'abord d'y reconstruire les mathématiques, le système garde une universalité potentielle, parce que sa « syntaxe » (au sens que lui donne Russell) est capable d'accueillir tout « vocabulaire » possible, donc des contenus qualifiables d'extra-logiques, par exemple syntaxiques ou sémantiques, dont l'expression dans le système ne donnerait plus lieu à antinomie. Russell le remarque dans *The Philosophy of Logical Atomism*, c'est cette possibilité, au moins idéale, d'enrichir le squelette logique des *Principia* par des termes descriptifs (le « vocabulaire ») éventuellement munis d'axiomes appropriés, c'est donc son universalité, qui en fait un langage proprement dit, un langage logiquement parfait. C'est qu'à la différence de l'universalisme négatif de Frege ou de Wittgenstein, avec ses renoncements tranchés et définitifs, l'universalisme positif se présente plutôt comme un mouvement, une tendance ; on pourrait dire qu'il est essentiellement animé par l'intention de l'internalisation ou qu'il est guidé par l'idéal heuristique de tout dire dans le langage artificiel, en tant que représentant parfait du langage, sans préjuger par avance du point où la chose s'avérera (éventuellement) impossible, sans se sentir tenu non plus d'accomplir toutes les démarches en une seule fois. Ce trait de progressivité, si l'on peut dire, est l'un des aspects de la croyance généralement partagée par les tenants de l'universalisme positif que la « philosophie » est susceptible de progrès comme la science, qu'elle n'est pas essentiellement différente de la science, et que la démarche *piecemal*, fragmentaire et locale de la science est l'une des conditions générales de l'avancement des connaissances. Quand l'universalisme positif affirme que la Logique est une science première, l'accent doit aussi être mis sur le mot

---

1. Carnap, *The Logical Syntax of Language*, 1937, § 20, p. 58. Souligné par Carnap (ainsi que dans les citations à venir du même auteur).

« science » : il ne s'agit pas d'un mode plus élevé de connaissance, métaphysique ou ineffable, obéissant à d'autres lois et tirant son origine d'autres sources que la connaissance scientifique. C'est pourquoi la tradition de l'universalisme positif admet des étapes provisoires, des rectifications et des élaborations encore à venir ; elle peut donc admettre pour un temps qu'on puisse passer par le détour d'un métalangage, qu'on puisse faire fond sur des contenus déjà donnés, dans la mesure où l'internalisation peut n'être qu'un horizon ou une perspective (on peut tout simplement ne pas savoir encore comment faire !). C'est pourquoi aussi le diagnostic devant un texte donné est parfois délicat : appartient-il encore à la tradition universaliste ? La présence du « méta » (métalangage, métathéorie) est-elle déjà l'indice d'une rupture avec l'universalisme, ou au contraire s'inscrit-elle encore dans cette tradition ? On a vu tout à l'heure, à propos de Tarski en particulier, à quel point une réponse naïve qui prendrait la présence du « méta » comme critère serait source de confusion. L'usage de quelque métalangage peut n'être qu'un détour vers le langage ! Mais on comprend aussi pourquoi, au nom peut-être de l'idéal de scientificité, l'universalisme logique a pu se fondre, les apparences sauves mais l'oubli grandissant, comme par degrés insensibles, dans le passé de l'esprit modèle-théorétique lui-même. L'allure extérieure des recherches pouvait un temps rester la même : leur interprétation logique avait changé, sans qu'aucune modification assignable rendît nécessairement visible le passage d'un monde à un autre. Et sans doute, pour les grands représentants eux-mêmes de la tradition universaliste positive, Russell, Carnap, Tarski peut-être, le sens originel de leur horizon de pensée s'est-il progressivement obscurci. En 1944, il fallait toute la lucidité géniale de Gödel pour être encore sensible au fait qu'en raison de la position quasiment « transcendantale » des mathématiques (que Frege faisait remarquer à titre d'argument heuristique en faveur de leur logicité pure [1]), la logique mathématique n'était pas seulement une branche spéciale d'une positivité scientifique parmi d'autres. C'est en introduction à son grand texte sur Russell qu'il écrit ces lignes :

---

1. « Über formale Theorien der Arithmetik », 1885, *in* Gottlob Frege, *Kleine Schriften*, 1967, p. 103.

La logique mathématique, qui n'est rien d'autre qu'une formulation précise et complète de la logique formelle, a deux aspects tout à fait différents. D'un côté c'est une section des Mathématiques traitant de classes, de relations, de combinaisons de symboles, etc., au lieu de nombres, de fonctions, de figures géométriques, etc. D'un autre côté c'est une science qui précède toutes les autres *[prior to all others]*, qui contient les idées et les principes sous-jacents à toutes les sciences. C'est en ce second sens que la Logique mathématique fut d'abord conçue par Leibniz dans sa *Characterisca Universalis*, dont elle aurait constitué une partie centrale[1].

Mais ces remarques ouvrent à un problème plus vaste, le crépuscule au cours du xxe siècle de l'universalisme logique – ou l'histoire de l'esprit de la Théorie des modèles...

0.2. *Où il est question de la suite*

L'histoire ou, mieux, la généalogie de l'esprit modèle-théorétique reste à écrire. Il faudrait d'abord y faire la part du succès des recherches métathéoriques, résultats dont un temps la nature fondationnelle est reconnue explicitement comme problématique ou ne devant pas être « surestimée » (parce qu'ils présupposent une logique plus haute[2]), puis des interprétations philosophiques auxquelles ils ont pu donner lieu. Il faudrait y faire sa juste place à l'influence profonde, durable, de Hilbert et de son école : non seulement, comme le souligne à juste titre Hintikka, l'habitude du point de vue des axiomatiques formelles ouvrant aux recherches sur les rapports entre les théories

1. Gödel, « Russell's mathematical logic », *op. cit.*, p. 119.
2. Ce genre de réserve est exprimé par Post en 1921 : « Nous avons considéré constamment le système des *Principia* et ses généralisations comme des développements purement formels, et dans l'étude de ces développements nous avons employé toutes les techniques logiques ou mathématiques jugées par nous appropriées. Le fait que l'une des interprétations du système des *Principia* soit incluse dans la logique informelle que nous avons employée dans la présente étude rend incertaine la portée de cette *interprétation*, du moins en ce qui concerne les démonstrations de consistance... » (Post, « Introduction to a general theory of elementary propositions », *in Logique mathématique. Textes*, 1972, p. 31.) Des remarques analogues sont formulées par Carnap dans la *Syntaxe logique*, § 34, à propos d'une certaine preuve de non-contradiction du Langage II.

et leurs modèles, mais plus généralement le prestige dont a joui le « paradigme » scientifique de la métamathématique, immédiatement reconnu comme susceptible de s'élargir à la « métalogique ». Il faudrait enfin montrer comment les grands faits de limitation, reconnus au début des années trente, ont conduit à l'oubli de l'horizon universaliste, afin que ne soit pas perdu le bénéfice de la scientificité nouvellement acquise ; soit qu'on permette une itération transfinie concernant l'ordre des variables disponibles dans un langage, ouvrant la voie à l'admission de langages d'ordre toujours plus élevé ; soit qu'on « abaisse les enchères » et que la considération privilégiée du premier ordre aille de pair avec l'utilisation d'un métalangage ensembliste où les hiérarchies étaient effacées [1]. Enfin, le *Zeitgeist*, l'esprit du temps dont se plaignait Gödel, c'est-à-dire l'ensemble des paradigmes régnant en épistémologie générale, était par ailleurs favorable au relativisme (en tant qu'opposé à *l'absolutisme* logique, qui a les plus grandes affinités avec l'universalisme même s'ils doivent être conceptuellement distingués), au conventionnalisme et à la conception « syntaxique » des mathématiques (Gödel, dans les esquisses de son article non publié contre Carnap, identifie plus ou moins les deux), toutes conceptions qui tentent d'éloigner ou de conjurer la problématique de la philosophie première. Finalement, l'esprit de la Théorie des modèles est en harmonie avec la modernité d'une épistémologie « éclatée ».

Mon ambition est plus modeste. Sous la forme de deux recherches consacrées à Russell puis à Carnap, je voudrais suivre la marque que l'universalisme positif a inscrite dans l'œuvre de ces deux grands auteurs. D'une part parce que cette figure de l'universalisme a été dans l'ensemble moins étudiée que celle dont Frege et Wittgenstein portent témoignage, au point qu'elle a été rarement identifiée comme une pensée logique à part entière ; d'autre part dans la mesure où cette étude est aussi une contribution à l'histoire que j'évoquais à l'instant. Car il y a finalement quelque chose d'énigmatique dans l'évolution de Russell comme de Carnap vis-à-vis de l'universalisme : sans jamais s'en expliquer vraiment, le premier

---

1. L'importance de l'œuvre de Skolem dans cette histoire est longuement soulignée par Philippe de Rouilhan dans « De l'universalité de la logique », *op. cit.*

semble avoir cessé de s'en inquiéter, le second l'a répudié dans le cadre d'une philosophie dont le dernier mot est le principe de tolérance. Paradoxalement, le destin de l'universalisme positif fut de contribuer à sa façon à la victoire de l'esprit modèle-théorétique.

Première partie

RUSSELL

Tout problème philosophique, après analyse et
purification, se révèle ou bien purement et simplement non philosophique, ou bien logique au sens où
nous comprenons ce mot.

Russell, *Our Knowledge of the External World*,
Lecture II, 1914

Chapitre premier

LE LOGICISME ET LES INDÉFINISSABLES

1.0. Les deux parties de la logique

L'essentielle identité des mathématiques et de la logique : telle est, la chose est bien connue, la philosophie des mathématiques qui fut celle de Russell et que l'histoire a épinglée du nom de *logicisme*. Dans l'ensemble, le mouvement des idées au xxe siècle n'a pas été tendre à l'égard de cette thèse. De ses deux affirmations solidaires, « que toutes les mathématiques pures traitent exclusivement de concepts définissables en termes d'un très petit nombre de concepts logiques fondamentaux, et que toutes leurs propositions sont déductibles d'un très petit nombre de principes logiques fondamentaux [1] », la seconde a été très vite reconnue comme un problème, même par les auteurs dont la pensée s'inscrivait dans l'espace ouvert par les *Principia Mathematica* (Wittgenstein, Ramsey, Carnap) et, à vrai dire, par Russell lui-même. La logicité pure de certaines affirmations d'existence telles que contenues, par exemple, dans l'Axiome de l'Infini, n'était pas de prime abord au-dessus de tout soupçon [2]. En 1960, dans sa communication au Congrès international de logique, méthodologie et philosophie des

---

1. Russell, *The Principles of Mathematics* (ultérieurement : *P. of M.*), 1964, préface, p. xv.
2. Frege a également écrit à la fin de sa vie, à propos de la « source logique de la connaissance », qu'« elle semble incapable par elle-même de nous donner aucun objet » (Frege, *Nachgelassene Schriften*, Hamburg, Felix Meiner, 1969). Pour Carnap, *cf.* l'article « The logicist foundations of mathematics » (1931), *in Philosophy of Mathematics* (1983).

sciences tenu à Stanford, Church se repliait sur une ligne de défense d'un logicisme « modéré » qui consistait à renoncer à cette seconde thèse[1].

Quant à l'aspect conceptuel de la philosophie logiciste, innombrables sont les textes qui tournent autour des remarques suivantes : ce n'est certainement pas à la logique élémentaire que les mathématiques sont démonstrativement « réduites » (pour reprendre l'expression usuelle) dans les *Principia,* mais à une logique d'ordre supérieur, substantiellement aussi forte qu'une théorie des ensembles standard ; et la question (peut-être oiseuse) est de savoir dans quelle mesure la théorie des ensembles est encore de la logique, la notion « mathématique » d'ensemble comme « collection » ou « réunion en un tout » d'objets donnés, identifiable ou non à la notion logique de classe ou d'extension de concept, ou encore dans quelle mesure la relation d'appartenance est proche parente de la notion logique de prédication[2]. Bref, les difficultés paraissent de ce côté si grandes qu'on peut finir par trouver, avec Hao Wang, énigmatique *(puzzling)* la constance ou l'obstination avec laquelle Russell a persisté dans sa croyance en la valeur du logicisme[3]. Car c'est un fait que Russell ne l'a jamais répudié, tout au contraire : « La thèse fondamentale soutenue dans les pages qui suivent, selon laquelle les mathématiques et la logique sont identiques, est une position telle que je n'ai jamais vu depuis aucune raison de la modifier », écrivait-il en 1937, soit plus de trente ans après la parution des *Principles of Mathematics*[4]. Mais c'est que vouloir évaluer le logicisme à l'aune de la logique et de la théorie des ensembles telles qu'elles ont fini par se comprendre au cours du siècle ne peut justement que rendre *incompréhensible* la fidélité de Russell à sa position philosophique primordiale. Pour concevoir, ne serait-ce qu'un instant, la possibilité et la valeur rationnelle d'une telle fidélité, il faut au contraire s'efforcer de retrouver l'*idée* que se faisait Rus-

1. Le fait est rapporté par Henryk Mehlberg, « The present situation in the philosophy of mathematics », *in Logic and Language. Studies Dedicated to Pr. Rudolf Carnap on the Occasion of his Seventieth Birthday,* 1962.
2. Le § 4, « Logicism », de l'introduction à *Philosophy of Mathematics* de Benacerraf et Putnam résume quelques-uns des attendus classiques de cette discussion.
3. Hao Wang, *From Mathematics to Philosophy,* 1974, p. 121.
4. *P. of M.,* « Introduction to the second edition », 1937.

sell de *cela même* dont il pensait avoir montré l'identité ; que devait être cette mathématique d'un côté, cette logique de l'autre, pour que l'affirmation de leur immédiate connexion puisse valoir comme l'élucidation enfin précise de « ce que les philosophes ont voulu dire en soutenant que les mathématiques sont *a priori* [1] » ? Ou encore : de quelle intuition radicale concernant le statut aussi bien de la logique que des mathématiques la thèse logiciste est-elle solidaire ?

Au fond, la vraie question est celle-ci : quel est au juste l'enjeu de la démonstration de l'identité conceptuelle de la logique et des mathématiques (je reviendrai dans un instant sur la primauté de l'aspect conceptuel du logicisme, liée à la conception russellienne de la nature de la vérité mathématique) ? Trop d'études de la logique de Russell font tomber la sentence avant d'avoir seulement saisi l'objet du procès. S'il importe tant de montrer que les mathématiques ne sont que de la logique, c'est qu'ainsi la philosophie des mathématiques de Kant est « réfutée par la réalisation moderne de la caractéristique universelle de Leibniz [2] ». Du moins, retrouver la portée anti-idéaliste, et tout spécialement antikantienne, de la démarche de Russell dans les *Principles* est un premier pas absolument préalable à toute intelligence vraie du logicisme [3].

Mais ce n'est qu'un premier pas. Bien sûr, il est juste de faire remarquer qu'en détachant les mathématiques des sources subjectives de connaissance que sont les formes *a priori* de la sensibilité, et en les ramenant à des contenus purement logiques, on peut rendre aux mathématiques un statut de vérité absolue et inconditionnée dont la validité n'est pas confinée au cadre de l'expérience spatio-temporelle ni soumise aux formes de l'intuition du sujet connaissant : même un partisan de la philosophie kantienne peut être sensible à cette argumentation, si du moins il est prêt à admettre une certaine interprétation de la portée de la logique, selon laquelle les formes logiques régissant aussi bien

---

1. *P. of M.*, § 10.
2. *Ibid.* § 436.
3. L'admirable ouvrage de Peter Hylton, *Russell, Idealism and the Emergence of Analytic Philosophy*, 1990, replace ainsi le logicisme dans sa perspective originelle : réfutation de l'idéalisme de Creen et Bradley et de la philosophie des mathématiques de Kant (p. 168 à 200 en particulier). Le chapitre LII de *P. of M.* montre comment la double avancée des mathématiques au cours du XIXᵉ siècle, et plus récemment de la « Logique symbolique », ruine l'édifice kantien.

l'exercice de l'entendement que celui de la raison, les modes du connaître, mais aussi celui du penser, valent d'une certaine manière pour la sphère de la chose-en-soi, et possèdent ainsi une valeur inconditionnée. Sans doute, la *Critique de la raison pure* peut permettre une telle interprétation de la logique[1]. Mais il ne faudrait pas non plus réduire le logicisme à un argument *ad hominem* à l'usage du philosophe kantien ou postkantien (selon *votre* conception de la logique, si vous suivez la reconstruction des mathématiques opérée par les *Principles*, vous devez admettre qu'il n'y a rien de particulièrement subjectif dans la connaissance mathématique, la « notion d'esprit est totalement sans pertinence[2] » ici). Même si le logicisme est susceptible de mettre le kantisme en difficulté de son propre point de vue en lui présentant au sujet du statut de la logique des prémisses qu'il peut accepter, il est clair que Russell ne s'est pas contenté de reprendre à son compte une conception kantienne de la logique comme ensemble de vérités inconditionnées, indépendantes des formes de l'espace et du temps (à supposer qu'il y ait une telle conception !). C'est à une Logique déterminée de manière proprement russellienne, même si cette détermination est héritière d'une certaine tradition « leibnizienne », que les mathématiques sont démonstrativement réduites ; et comme on va le voir, l'analyse des concepts mathématiques usuels comme la construction de nouveaux concepts exacts destinés à remplacer des notions vagues à partir des éléments dégagés par l'analyse vont contribuer à clarifier en retour la nature de la logique. Il s'agit d'une part de tenter le décompte exact des notions logiques réellement primitives (tous les indéfinissables mathématiques ne sont pas absolument indéfinissables !) et, dans le même mouvement de pensée, de clarifier ce qu'on veut dire quand on parle de la nature proprement *logique* de ces notions.

En fait, alors même que l'essentielle logicité des mathéma-

---

1. *Cf.* en particulier la préface à la seconde édition de la *Critique* : « Pour connaître un objet, il faut pouvoir prouver sa possibilité (soit par le témoignage de l'expérience de sa réalité, soit *a priori* par la raison). Mais je puis penser ce que je veux, pourvu que je ne tombe pas en contradiction avec moi-même, c'est-à-dire pourvu que mon concept soit une pensée possible », écrit Kant en note à propos de la distinction penser-connaître. La logique générale et pure est dite également un « canon de l'entendement et de la raison » dans l'introduction à la seconde partie, « Idée d'une logique transcendantale ».

2. *P. of M.*, § 3.

tiques est d'emblée proclamée comme l'objet d'une certitude analogue « à celle dont les démonstrations mathématiques sont capables[1] », le contenu de cette certitude – la détermination du concept de la logicité, si l'on veut – est dans une large mesure l'Objet (la matière et le but) des *Principles*. La logique est sans nul doute une science absolument première, mais ce qui est premier en soi n'est manifestement pas premier pour nous. L'« explication des concepts fondamentaux que les mathématiques acceptent comme indéfinissables[2] » – la première partie des *Principles* – est vouée à une démarche régressive, tâtonnante, où « il est souvent plus facile de savoir que telles entités sont requises que de les percevoir directement[3] » et, de l'aveu de Russell, la réponse aux problèmes proprement mathématiques (qu'on peut considérer comme résolus) « consiste à réduire ces problèmes à des problèmes de logique pure pour lesquels on ne trouvera pas finalement de solution satisfaisante dans les pages suivantes[4] ». On ne saurait plus clairement indiquer que la théorie de la logique reste à faire, qu'elle demeure l'objet d'une recherche insatisfaite. « Je laisse aux logiciens philosophes le soin de résoudre la question » : c'est une formule qui revient souvent sous la plume de Russell dans la première partie des *Principles*. L'essence de la logique ne nous est pas donnée d'emblée, dans une sorte de connaissance intuitive primordiale, c'est au contraire l'analyse des concepts mathématiques fondamentaux et des propositions mathématiques primitives (par exemple celles qui sont rangées sous le titre de « logique symbolique ») qui peut nous permettre de clarifier l'idée de la logique. Cette remarque de Russell à propos de Peano et Frege : « Tous les deux sont parvenus à leurs résultats logiques grâce à une analyse des mathématiques[5] », s'applique *aussi* et de manière essentielle à son auteur, qui a fait de cette démarche une méthode générale en philosophie[6]. Accessoirement, ce point nous autorise à aller chercher dans des textes postérieurs de

1. *Ibid.*, préface.
2. *Ibid.*
3. *Ibid.*
4. *Ibid.*, § 2.
5. Russell, *Our Knowledge of the External World* (1914), 1980, p. 50.
6. *Cf.* par exemple la conférence de 1907 : « The regressive method of discovering the premises of mathematics », *in* Russell, *Essays in Analysis* (ultérieurement : *E.A.*), 1973.

Russell (de la période 1912-1914) des formulations plus articulées concernant la nature de la logique : il est naturel qu'avec le temps notre compréhension de la logique progresse.

Voici donc comment Russell présente, en 1914, la sphère de la logique :

> La philosophie (...) et la logique au sens maintenant usuel de ce mot ne peuvent plus être distinguées. L'étude de la logique consiste, approximativement, en deux parties qui ne se différencient pas nettement. D'une part la logique s'occupe de ces affirmations générales qu'on peut formuler au sujet de tout [*everything*] sans mentionner aucune chose, prédicat ou relation, par exemple : « Si *x* est un élément de la classe α et tout élément de α est un élément de β, alors *x* est un élément de la classe β, quels que soient *x*, α et β.» D'autre part elle s'occupe de l'analyse et de l'énumération des formes logiques, c'est-à-dire des différents genres de propositions qu'on peut rencontrer, des différents types de faits, et de la classification des constituants des faits[1].

Un autre texte de la même époque précise, à propos de la première partie de la logique mentionnée ici (qui, dans l'ordre véritable ou synthétique des choses, correspond en fait à la deuxième partie de l'exposition de la logique), que « cette partie est immergée dans les mathématiques pures, dont les propositions se révèlent, après analyse, de telles vérités formelles générales[2]».

Le caractère déconcertant de cette caractérisation de la logique (et des mathématiques) ne peut être passé sous silence : en quel sens peut-on dire des mathématiques, dont on s'attendrait à penser qu'elles traitent de nombres, de fonctions, d'ensembles, etc., qu'elles sont finalement « concernées seulement par les formes» des propositions[3]? C'est de cette idée énigmatique que je voudrais tenter une interprétation qui me semble solidement étayée par les textes.

Deux remarques préalables : les vérités logiques et mathématiques ne sont pas caractérisées, au sein de l'ensemble des pro-

---

1. «On scientific method in philosophy», The Herbert Spencer lecture, Oxford, 1914, *in Mysticism and Logic*, 1963.
2. Russell, *op. cit.*, p. 67. *Our Knowledge of the External World.*
3. Russell, *Introduction to Mathematical Philosophy*, 1919, chapitre xviii.

positions vraies, par quelque attribut épistémologique (un type particulier de certitude ou d'évidence), non plus que par quelque trait métaphysique spécial (leur nécessité).

Qu'elles soient « obvies » ou potentiellement telles n'est pour Russell qu'une caractéristique extrinsèque liée aux rapports qu'un esprit connaissant peut entretenir avec elles, mais ne permet certainement pas de les définir : n'y eût-il pas de connaissance mathématique, cela n'affecterait nullement la réalité en-soi des mathématiques, qui sont un corps de vérités objectives et absolues avant d'être un savoir. En ce sens, le problème de Russell ne porte pas sur la connaissance mathématique, mais sur la constitution ou, mieux (ce terme étant philosophiquement trop chargé de sens), sur la composition de certaines réalités complexes que sont les propositions mathématiques. Et, parmi toutes les propositions vraies, ce n'est pas quelque modalité spéciale qui peut distinguer les propositions mathématiques : peut-être toutes les propositions vraies sont-elles nécessaires[1]. On peut bien dire que les vérités logico-mathématiques sont « vraies dans tous les mondes possibles » : ce n'est là qu'un parler métaphorique, parce que le possible n'est pas une sphère disposée quelque part à côté de la réalité et la doublant de quelque façon, mais simplement une manière de distinguer les traits les plus constants, c'est-à-dire les plus généraux, de la réalité. Cette réduction de la modalité à la généralité s'exprime dans les lignes suivantes :

> Nous pouvons résumer les deux caractéristiques des propositions philosophiques en disant que la philosophie est la science du possible. Mais cette formulation par elle-même prête à malentendu, puisqu'on peut penser que le possible est quelque chose d'autre que le général, alors que les deux ne peuvent être en fait distingués.[2]

Ce qui distingue à première vue les propositions mathématiques (encore que cette « première vue » suppose déjà un travail d'analyse : *2 + 2 = 4* semble au tout premier regard parler

---

1. Russell écrit : « On peut se demander si cette distinction [entre propositions nécessaires et contingentes] est soutenable, et si en fait cela a un sens de dire d'une proposition vraie qu'elle aurait pu être fausse » (*La Philosophie de Leibniz*, 1970, p. 27).
2. « On scientific method in philosophy », *in Mysticism and Logic, op. cit.*, p. 84.

d'objets déterminés), c'est leur absolue généralité ; ce sont, dans les termes de Russell, des implications formelles générales. Mais ce qui les caractérise de manière ultime, c'est la nature de leurs constituants, c'est-à-dire des entités qui les composent. Expliquer la généralité par la présence dans ces propositions de notions tout à fait singulières en cela précisément qu'elles permettent d'exprimer la généralité, et rien que la généralité, tel est le problème de la philosophie des mathématiques (ce n'est naturellement là qu'une première formulation). Si l'on veut comprendre la démarche poursuivie dans la première partie des *Principles* – cette recherche de notions logiques absolument primitives auxquelles on pourrait réduire toutes les notions que les mathématiques pures acceptent comme indéfinissables –, il faut avoir en tête cette problématique : caractérisation des propositions mathématiques par leurs constituants (cela pour la primauté du côté conceptuel du logicisme), appel fait à l'ontologie pour expliquer la généralité.

Deuxième remarque : la question de la nature des vérités mathématiques n'est pas une question de langage. Qu'il y ait des mots (traces peintes ou signes vocaux) qu'un esprit utilise comme symboles pour référer à des réalités, cela n'intéresse pas plus le logicien mathématicien en tant que tel que la question de savoir s'il y a dans le monde spatio-temporel, dans la sphère de l'existence, des girafes ou des chimères qu'on peut compter. Certes les vérités de mathématiques pures peuvent s'appliquer comme à tout autre phénomène aux faits de langage (auquel cas il s'agit de mathématique appliquée) ; mais ces faits empiriques de langage sont à considérer avec la même impartialité que tout autre fait mondain : ils n'ont pas plus de pertinence pour le logicien.

Les mots ont tous une signification [*meaning*], en ce sens simple qu'ils sont des symboles qui représentent quelque chose d'autre qu'eux-mêmes. Mais une proposition, à moins qu'elle ne soit de nature linguistique, ne contient pas elle-même de mots : elle contient les entités indiquées par les mots. Ainsi la signification, au sens où les mots ont une signification, n'est pas pertinente en logique [1].

1. *P. of M.*, § 51 (souligné par Russell).

Pour nous, après des décennies de « rigueur syntaxique », ces lignes peuvent surprendre. Mais avant d'y voir la naïveté d'une logique sortant à peine de l'enfance, soyons sensibles à l'argument suivant, que Russell aurait pu formuler si on l'avait poussé dans ses retranchements : une théorie du langage, pourquoi pas, en effet ? Mais nous n'en sommes pas encore là au moment où nous tentons de ressaisir les formes conceptuelles fondamentales grâce auxquelles peut s'effectuer toute théorie possible (c'est en fait, au bout du compte, sa réponse !).

Ce n'est donc pas parce qu'une théorie s'exprime ordinairement dans du langage, à des fins de communication ou de mémoire, qu'il faut penser qu'elle s'appuie sur des ressources d'ordre essentiellement linguistique. Le langage n'a ici aucune créativité. S'il est sans doute essentiel à une théorie de comporter un élément de généralité, sur lequel repose une grande part de l'inférence et de la déduction, ce n'est donc pas au langage qu'on le doit, mais à la composition même des propositions, ces entités objectives qui sont la théorie proprement dite. Ce qu'il faut comprendre, c'est la manière dont certaines propositions, en raison de leur constitution particulière, peuvent porter pour ainsi dire le poids de la généralité. Pour le dire autrement : décrire la « notation quantificationnelle », expliquer l'usage de ces lettres qu'on appelle les « variables », ces gestes désormais familiers au logicien moderne sont peut-être utiles pour exposer proprement un système expressif ; ils n'apportent cependant pas le moindre commencement de réponse sur la nature et la possibilité de la généralité.

Cette généralité ontologique – je veux dire par là inscrite dans la composition de certaines entités propositionnelles –, Russell la conçoit comme liée à la structure *symbolique* de certains constituants qui figurent dans ces propositions ; mais il ne s'agit évidemment pas d'un symbolisme linguistique, plutôt d'une structure de « renvoi » de certaines entités à d'autres entités. Parler de nature symbolique est naturellement encore descriptif, et la possibilité de ce symbolisme doit être bien comprise : c'est, on va le voir, la relation de dénotation *(denoting)* qui sera ultimement assignée comme condition de possibilité de toute expression de la généralité. Prenons pour l'instant un exemple (qui n'épuise pas les figures de la généralité) de proposition générale très simple : « J'ai rencontré un homme[1]. » À la différence de la proposition « J'ai rencontré Socrate », qui est au sujet de l'entité (Socrate lui-même) qu'elle contient, la première n'est pas au sujet du concept *un homme* qu'apparemment elle contient. À supposer qu'elle soit encore au sujet de quelque chose, il s'agit certainement d'autre chose, puisque les concepts ne se rencontrent pas dans les rues ; et ce renvoi est rendu possible par la nature symbolique du constituant conceptuel. Le texte que j'ai cité plus haut poursuit ainsi :

> Mais des concepts comme *un homme* ont une signification en un autre sens : ils sont, pour ainsi dire, symboliques en vertu de leur propre nature logique, parce qu'ils ont la propriété que j'appelle être dénotants. C'est-à-dire, quand un homme figure dans une proposition (exemple : « J'ai rencontré un homme dans la rue »), la proposition n'est pas au sujet du concept un homme, mais au sujet de quelque chose de tout différent, quelque bipède réel dénoté par le concept. Ainsi les concepts de ce genre ont-ils une signification en un sens non psychologique[2].

Ces remarques ne concernent pas directement la nature particulière des propositions de mathématiques pures, mais elles sont nécessaires à une bonne compréhension du genre de questions que se pose Russell (il faudra s'en souvenir notamment pour saisir la portée d'une notion souvent utilisée par Russell : telle notion est « déjà présente dans le symbolisme », *« presupposed in the symbolism »* ou *« presupposed in mathematical formalism »*. Bien sûr, cela touche aux moyens d'expression utilisés en mathématiques ; mais ces moyens d'expression n'ont rien de linguistique et sont liés à la nature et aux relations de certains constituants des propositions). On devine dans quelle direction on doit chercher la réponse : les propositions d'une discipline particulière sont caractérisées par les entités dont elles parlent,

---

1. L'usage des guillemets ici n'est évidemment pas standard, mais conforme à l'intention de Russell dans ses premiers écrits : ils permettent, ou sont censés permettre, de fabriquer un nom d'une signification qui d'ordinaire n'est pas nommée, mais « exprimée » ; moyennant l'usage des guillemets, la signification en question, au lieu de figurer *as meaning*, figure désormais *as term*, selon une terminologie qu'utilise Russell, en particulier dans le manuscrit non publié de 1905, « On fundamentals ». Il faut donc comprendre que Russell parle ici de la *proposition* exprimée, non de l'énoncé.
2. *P. of M.*, § 51.

et si elles ont une certaine généralité, elles contiennent au moins le concept de ces entités, leur « concept de classe » (ce que *est-un homme* est aux hommes, *est-un nombre* aux nombres, etc.). Mais par ailleurs, en tant que propositions générales elles sont composées de constituants permettant l'expression de la généralité – l'élément logique contenu dans toute proposition. Ce qui caractérise les propositions mathématiques, c'est qu'elles ne parlent d'aucune entité qui ne soit pas déjà présupposée ou à l'œuvre dans les formes d'expression de la généralité, c'est-à-dire dans la structure et la composition des propositions générales. On pourrait dire que les mathématiques ont pour objet ce qui est présupposé par le fait de dire quoi que ce soit, mais à condition de comprendre par là la possibilité ontologique (propositionnelle) de ce dire. On pourrait également dire, plus rigoureusement, que les mathématiques ont pour unique objet les objets (les entités) présupposés par toute proposition générale. C'est pourquoi, en tant que science de la généralité, les mathématiques ne sont pas une théorie particulière concernant un domaine spécial d'objets :

> C'est ainsi que les mathématiques pures deviennent entièrement hypothétiques, et sont exclusivement concernées par n'importe quel sujet indéterminé, c'est-à-dire par une *variable*[1].

Ainsi peut-on concilier le fait qu'elles soient absolument générales (qu'elles ne parlent d'aucune catégorie déterminée d'objets), et qu'elles contiennent cependant des entités de nature très spéciale dont le statut logique tient justement à ce point : elles ne sont rien d'autre que ce qui est présupposé par l'existence de propositions et les relations entre propositions, en particulier par les propositions exprimant la généralité.

Reprenons. Les propositions mathématiques sont donc des implications formelles, c'est-à-dire des propositions dont la forme la plus générale peut être rendue par le schéma : pour tout x, si x est tel que..., alors x est tel que... ; implication *formelle*, comme vérité formelle en général (bien que la forme implicative soit la plus fréquente parmi les vérités formelles), veut dire

---

1. « The philosophical implications of mathematical logic », conférence donnée à Paris en 1911, *in E.A.*, p. 289 (souligné par Russell).

qu'elles se rapportent à toute chose, ou à la totalité de l'univers. « Pour tout *x* » veut dire exactement : « pour toutes les entités ou termes qu'il y a dans l'univers », expression qui ne fait qu'expliciter le contenu de la variable vraie ou formelle. C'est en ce sens d'abord que les mathématiques ne parlent d'aucun sujet déterminé : la généralité n'y est pas restreinte à quelque domaine spécifié par un concept de classe (empirique ou non), parce que le seul concept de classe qui sous-tend la variable, *être un terme,* est coextensif à l'être.

Nous devons donc permettre à notre *x*, partout où la vérité de notre implication formelle n'est pas ainsi altérée, de prendre *toutes* les valeurs sans exception ; et là où une restriction de la variabilité est requise, l'implication ne doit pas être regardée comme formelle tant que ladite restriction n'a pas été levée en la préfixant comme hypothèse. [...] Il semble que l'essence véritable de ce qu'on peut appeler une vérité *formelle,* et du raisonnement formel en général, consiste en ce qu'une assertion est dite valoir pour tout terme ; et à moins que la notion de *tout terme* ne soit admise, les vérités formelles sont impossibles [1].

L'importance de cette conception des implications formelles (qui, cet extrait le montre, explique l'adjectif « formel ») apparaîtra plus tard en relation avec les contraintes de la théorie des types logiques et l'application du principe du cercle vicieux. Il suffit pour l'instant de la noter.

L'un des constituants des implications formelles est donc la variable non restreinte, ou formelle. C'est pourquoi : « La variable est, du point de vue formel, la notion caractéristique des mathématiques [2]. » Cependant, toute implication formelle n'est pas une proposition de mathématique, parce qu'elle peut encore contenir des concepts déterminés qu'on peut remplacer par des variables sans altérer le « poids logique » ou la valeur du point de vue de la validité des inférences dans lesquelles elle figure, de la proposition en question. Le point n'est donc pas seulement que les propositions mathématiques soient « concernées par n'importe quel sujet indéterminé » parce qu'elles

---

1. *P. of M.,* § 41 et 44 (souligné par Russell).
2. *P. of M.,* § 87.

contiennent des variables non restreintes, mais qu'elles soient exclusivement générales. Si je dis que tous les lions sont carnivores sous la forme d'une implication formelle « pour tout *x*, si *x* est un lion, alors *x* est carnivore » la proposition exprimée contient certes la variable vraie ou formelle, mais aussi les concepts de classe particuliers *être un lion,* etc. ; mais il ne s'agit pas là, évidemment, d'une proposition de mathématique. Cependant, quant à sa forme, cette proposition est une implication formelle particulière, c'est-à-dire une instance de la notion d'implication formelle. Cette notion est extrêmement complexe, et elle est analysable en des notions logiquement plus simples qui sont donc présupposées dans la construction de toute proposition déterminée. Ce sont ces notions qui se révèlent les seules notions primitives dont traitent les mathématiques (les variables et les constantes logiques), et leurs instances les « objets » primitifs des mathématiques. La plus grande généralité et le niveau plus élevé d'abstraction des propositions mathématiques tiennent donc au fait que les concepts dont elles traitent sont les concepts exemplifiés dans la construction des propositions en général. Voici une phrase révélatrice de la pensée de Russell, à propos d'un exemple mathématique simple :

> Si *a* et *b* sont des classes, et si *a* est contenu dans *b*, alors « *x* est un *a* » implique « *x* est un *b* ». Ici enfin nous avons une proposition de mathématique pure, contenant trois variables, les constantes *classe, contenu dans,* ainsi que celles qui sont comprises [*involved*] dans la notion des implications formelles avec des variables [1].

La thèse selon laquelle les propositions mathématiques sont les propositions ne contenant, outre les (ou en un certain sens, *la*) variable(s), que des constantes logiques, est étayée par deux démarches distinctes, dont le tracé est nettement lisible dans l'organisation (la « musique », disait Wittgenstein à la grande joie de Russell) des *Principles* : l'une est l'analyse des mathématiques telles qu'elles se présentent à la suite des progrès conceptuels accomplis au xixe siècle, l'autre est de grammaire philosophique. Les deux analyses convergent vers le même résultat :

---

1. *Ibid.,* § 8.

les concepts mathématiques primitifs, dont les autres sont la spécification ou la complexification, sont exactement ceux que la grammaire philosophique découvre à titre de conditions de possibilité de toute proposition (en particulier, mais pas seulement, les propositions exprimant la généralité). La logicité des mathématiques, le caractère logique de leurs indéfinissables, reçoit de ce fait un sens précis : les mathématiques ne parlent que des conditions du *logos,* de ce qui fait que des propositions de telle et telle forme sont possibles (cette possibilite étant, on l'a vu, ontologique, c'est-à-dire inscrite dans la structure de certaines entités).

La première partie des *Principles*, pour sa part, s'installe dans ce lieu où l'analyse des concepts mathématiques ordinaires a été accomplie, et où nous pouvons faire le compte des *data* conceptuels acceptés comme indéfinissables par la logique symbolique : l'implication formelle, la relation d'implication, la notion de classe et la relation d'appartenance entre classe et élément, la notion de satisfaction d'une fonction propositionnelle (la notion de *such that*), etc. Bien sûr, la preuve que sont là tous les concepts requis pour la reconstruction des mathématiques sera administrée en détail dans les chapitres suivants, « en donnant les définitions des différents concepts mathématiques – nombre, infini, continu, espaces géométriques et mouvement [1] ». Mais l'analyse, et éventuellement la définition, de ces « Indéfinissables » mathématiques, confiée à la grammaire philosophique, montre que ces notions sont exactement celles qui sont nécessaires à l'intelligence des structures propositionnelles. En ce sens on peut bien dire que les concepts mathématiques sont des notions purement logiques, des constantes logiques. D'où la conclusion de Russell, qu'il faut entendre à la lettre :

> Les Mathématiques pures ont été définies comme la classe des propositions affirmant des implications formelles et ne contenant d'autres constantes que les constantes logiques. Et les constantes logiques sont : l'implication, la relation d'un terme à une classe dont il est un élément, la notion de *tel que,* la notion de relation, et telles autres notions qui sont comprises [*involved*] dans celle d'implication formelle, et que nous avons trouvées [§ 93] être les

1. *Ibid.*, § 37.

suivantes : fonction propositionnelle, classe *, dénotation, et *n'importe quel terme* ou *tout terme [any or every term]*. Cette définition met les Mathématiques en relation très étroite avec la Logique, et la rend pratiquement identique à la Logique symbolique[1].

Admettons que la théorie des cardinaux ait été réduite au concept de classe et aux axiomes qui expriment le contenu de ce concept. Pouvons-nous faire un pas de plus et définir ce concept de manière telle que sa nature purement logique soit hors de doute ? Oui, car une classe est, au moins dans certains cas, l'objet dénoté par un concept dénotant, lui-même construit à partir d'un prédicat (la classe des hommes est l'objet dénoté par le concept *les hommes [men* ou *all men]*, formé à partir du prédicat *homme*). Dans d'autres cas, une classe est déterminée par une fonction propositionnelle : les x tels que φx, où φx est la fonction propositionnelle. Dire que les objets (les entités) dont parlent les propositions mathématiques sont les prédicats, les classes, les fonctions propositionnelles, etc., signifie que seuls les concepts de ces objets figurent dans les propositions mathématiques à titre de constantes, et que les notions absolument primitives des mathématiques sont soit ces concepts eux-mêmes, soit des concepts présupposés par les premiers (comme le concept de classe présuppose en un sens celui de prédicat et la relation de dénotation). Mais par ailleurs la grammaire philosophique, c'est-à-dire l'analyse des différentes formes des propositions (sujet-prédicat, relationnelles, implications, propositions exprimant la généralité, etc.), ainsi que des constituants qui sont à l'origine de ces formes (la variable, l'implication formelle), montre que les concepts requis pour comprendre ces formes sont précisément les concepts mathématiques par ailleurs dégagés de l'analyse des mathématiques (fonction propositionnelle, classe, dénotation). Prenons l'exemple de ce mode d'expression typique de la généralité qu'est la variable, « cette entité logique très compliquée[2] » : aussi difficile que soit son

1. *Ibid.*, § 106. L'astérisque renvoie à une note de bas de page, qui fait allusion à un problème sur lequel je reviendrai. « Nous avons décidé que la notion générale de *classe* pouvait être remplacée, comme indéfinissable, par celle d'une classe de propositions définie par quelque fonction propositionnelle. »
2. *Ibid.*, § 93.

analyse, il s'avère que les concepts requis pour sa compréhension sont ceux de concept dénotant, de totalité des termes dénotés, de fonction propositionnelle probablement, pour rendre compte de l'« individualité » des variables [1]. L'analyse de la composition des propositions nous fait retrouver les notions mathématiques dont nous étions partis.

Si telle était à peu près l'idée de Russell, il en résulte une conséquence à première vue curieuse, mais nécessaire. Les mathématiques étant un ensemble de propositions, et aussi la théorie des constituants généraux des propositions, il s'ensuit que les mathématiques sont en particulier la théorie des propositions mathématiques. Ainsi s'explique la démarche de Russell, dans cette première partie des *Principles*, qui peut paraître si étrange : pourquoi, sur la remarque que les propositions mathématiques sont des implications formelles, s'engager dans l'analyse générale de ce type de proposition pour aller à la recherche des concepts mathématiques fondamentaux ? Plus généralement : pourquoi aller chercher dans les modes d'expression, dans les formes usuelles du langage, mais aussi dans le « symbolisme mathématique » lui-même, le secret des indéfinissables mathématiques ? N'y a-t-il pas confusion, a-t-on envie de protester, entre les concepts nécessaires à la compréhension du symbolisme, fût-il celui du formalisme mathématique, et les concepts proprement mathématiques ? J'ai dit plus haut en quel sens – propositionnel, c'est-à-dire ontologique – il fallait prendre ce symbolisme. À présent, il est clair, j'espère, qu'il n'y a là aucune confusion (du moins au sens d'une incohérence interne de la pensée de Russell). Si les Indéfinissables mathématiques sont ultimement les concepts présupposés dans toute complexité propositionnelle, et *à ce titre* des constantes logiques, il est naturel d'analyser le symbolisme mathématique lui-même, de dégager ce qui est présupposé dans sa construction, pour aller à la rencontre des vrais objets mathématiques.

Russell n'a peut-être pas dit exactement que le concept d'implication formelle était un concept mathématique ou que la variable était un objet mathématique [2], mais très certainement

---

1. *Ibid.*
2. Encore que... ! Les §§ 12 et 17 de *P. of M.* disent des constantes logiques, au nombre desquelles figure la notion d'implication formelle, que « ces notions à elles seules constituent le sujet [*the subject-matter*] de la totalité des mathéma-

que l'analyse de ces notions conduit tout droit aux concepts mathématiques fondamentaux. L'analyse du versant ontologique du langage, y compris du langage mathématique, nous révèle l'objet par excellence des mathématiques.

L'un des motifs d'inquiétude les plus constants, dans ce texte de Russell, est la crainte de tomber dans des cercles vicieux définitionnels. On comprend bien pourquoi ! Tel indéfinissable mathématique (au sens d'accepté comme tel) est-il cependant « philosophiquement définissable », c'est-à-dire analysable en notions plus simples ? Ce n'est pas *a priori* exclu (voir le concept de classe), mais à condition de prendre garde à ce qu'il ne soit pas déjà présupposé dans les modes d'expression requis par toute définition (on observera que ce n'est pas exactement la faute formelle ordinaire dans les mauvaises définitions !). En effet, si un concept logique est si fondamental que la plupart des formes d'expression, y compris celles qui seraient utilisées dans sa définition, le présupposent (en sont des instances ou ne sont pas intelligibles sans lui), alors il est proprement indéfinissable. C'est là bien sûr une des conséquences du statut logique des termes primitifs ultimes.

Il est hors de question de s'engager ici dans le dédale des tentatives, suggestions et hypothèses débattues par Russell dans la première partie des *Principles* : un tel exercice, mené dans le détail, n'aurait d'intérêt que purement exégétique. Je considérerai donc seulement deux exemples de cette possible circularité de toute entreprise de définition de certaines notions en raison de leur présupposition dans le symbolisme : ces deux exemples, en outre, sont particulièrement intéressants dans la mesure où les conclusions des analyses de Russell ne sont pas forcément en harmonie.

Premier exemple, à propos des modes d'expression de la généralité. Pour aller vite, on peut distinguer deux manières d'exprimer la généralité ; l'une conforme aux tournures du langage ordinaire avec ses expressions (ses « descriptions », dira Russell) indéfinies, utilise des concepts dénotants : *un homme, tout nombre, n'importe quel terme,* c'est-à-dire ces concepts qui, lorsqu'ils figurent dans une proposition, lui permettent d'être au

---

tiques ». Le § 86 ajoute que la variable est peut-être « de toutes les notions la plus caractéristique des mathématiques ».

sujet d'autre chose que d'eux-mêmes ; au sujet de quelque
« objet » ou « multiplicité » que ces concepts dénotent. Une première analyse de la généralité conduit donc d'une part à l'étude
de la relation de *dénotation* : nature des concepts dénotants,
nature des objets ou des combinaisons logiques de termes dénotés selon les types de généralité (*cf.* chapitre v des *Principles*,
intitulé « Denoting »). Mais d'autre part, on trouve un second
mode d'expression de la généralité, celui des implications formelles, qui semblent contenir non plus des concepts dénotants,
mais des variables : forme d'expression d'autant plus remarquable que c'est la seule que les mathématiques utilisent pour
exprimer la généralité. De plus, à toute proposition générale
dénotante semble correspondre une implication formelle équivalente. Par exemple, à :

tout homme est mortel

l'implication formelle :

pour tout *x*, si *x* est homme, *x* est mortel.

D'où l'idée de Russell : devant les difficultés redoutables de la
notion de dénotation (difficultés logiques, mais aussi ontologiques), ne peut-on pas faire l'économie de cette explication de
la généralité, et prendre comme notions primitives celles de
variable et de fonction propositionnelle, c'est-à-dire les notions
mises en jeu dans l'analyse des implications formelles, puis utiliser ces équivalences pour *définir* les concepts dénotants ? Le
lecteur instruit des textes ultérieurs de Russell devrait ici dresser
l'oreille, car c'est exactement la stratégie développée par Russell
dans le fameux article de 1905, « On denoting », qui est ici suggérée dans ses grandes lignes :

> Dans quelle mesure ces équivalences constituent-elles des défini-
> tions de *n'importe quel [any]*, de *un [a]*, de *quelque [some]*, et dans
> quelle mesure ces notions sont-elles déjà comprises *[involved]*
> dans le symbolisme lui-même[1] ?

En fait, comme l'annonce la dernière phrase, l'idée de définir
(de manière quasi contextuelle, déjà) *any* par la notion de

---

1. *P. of M.*, § 87.

variable et d'implication formelle, moyennant les équivalences notées plus haut, se heurte à l'obstacle suivant : *any* est une notion fondamentale et irréductible, étant le concept présupposé dans la variable et la notion d'implication formelle (avec celui de fonction propositionnelle) :

> *N'importe quel terme [any term]* est un concept dénotant la vraie variable. [...]
> Ainsi *x* est d'une certaine façon l'objet dénoté par *n'importe quel terme*. [...]
> Revenons à présent à l'apparente définissabilité de *n'importe quel, quelque, un*, en termes d'implication formelle. [...] Nous avons une classe d'implications ne contenant pas de variable, et nous considérons *n'importe quel* élément de cette classe. Si *n'importe quel* élément est vrai, ce fait est indiqué par l'introduction d'une implication typique contenant une variable. Cette implication typique est ce qu'on appelle une implication *formelle* : c'est *n'importe quel* élément d'une classe d'implications matérielles. Ainsi il semble que *n'importe quel* est présupposé dans le formalisme mathématique, mais que *quelque* et *un* peuvent être légitimement remplacés par leurs équivalents en terme d'implications formelles [1].

Any, à la différence des autres concepts dénotants, ne peut donc être défini, ne serait-ce que de manière contextuelle, par la variable, puisque c'est un concept dont l'analyse découvre la présence dans la variable (encore une fois, la variable russellienne n'est pas la lettre « *x* », ou « *y* », mais le sens d'indétermination de ces lettres !).

Une analyse plus poussée montre cependant que la variable n'est pas simplement n'importe quel terme, puisque deux occurrences de variables (liées, dirait-on aujourd'hui) dans une proposition peuvent prendre des valeurs différentes ; ce qui le montre, c'est par exemple que :

n'importe quel terme a une relation à n'importe quel terme

n'a pas le même sens que :

n'importe quel terme a une relation à lui-même.

Nous dirions aujourd'hui que l'échec de la pronominalisation

---

1. *Ibid.*, §§ 80, 89, 93.

est un phénomène clé qui montre que les expressions indéfinies ne fonctionnent pas du tout comme les termes singuliers et ne peuvent être comprises comme nommant un objet indéterminé, le même (c'est-à-dire la totalité des entités de l'univers) dans chaque occurrence de *n'importe quel terme* ou de la variable. En effet, si dans la première phrase citée plus haut la deuxième occurrence de « n'importe quel terme » dénotait le même objet que la première (ce qui est l'une des conséquences de l'analyse de Russell), la pronominalisation devrait s'effectuer *salva significatione*. C'est un fait curieux, mais incontestable, que Russell n'a pas vu dans ce type d'exemples (qu'il discute) une réfutation de sa théorie de la variable comme concept dénotant, mais simplement un motif de compliquer la théorie.

Le concept de fonction propositionnelle est ainsi mis à contribution par Russell pour tenter d'expliquer l'« individualité » des variables, c'est-à-dire (si une telle chose est pensable) l'individualité de l'indétermination. En gros, l'idée de Russell est la suivante : si x et y sont différentes variables dans

$$x \text{ précède } y$$

c'est qu'elles sont introduites à travers la construction de différentes fonctions propositionnelles à partir d'une proposition ne contenant pas de variable. En partant d'une proposition atomique comme

Socrate précède Platon

de la forme φSocrate, nous pouvons faire varier le constituant Socrate et obtenir ainsi la fonction propositionnelle φx ; si maintenant nous nous représentons Platon comme l'élément variable de cette fonction propositionnelle, nous obtenons une nouvelle fonction, de la forme ψ(x,y). La distinction entre les deux occurrences de la variable provient de la contribution qu'elles apportent à la construction progressive des fonctions (en première analyse) :

> Une variable n'est pas simplement *n'importe quel terme,* mais n'importe quel terme en tant que figurant dans une fonction propositionnelle [...]
> Le x n'est pas simplement *n'importe quel* terme, mais n'importe quel terme avec une certaine individualité ; car sinon, on ne

pourrait distinguer deux variables différentes. Nous avons décidé qu'une variable est n'importe quel terme *en tant que* terme dans une certaine fonction propositionnelle, et que les variables sont distinguées par les fonctions propositionnelles où elles figurent, ou, dans le cas de plusieurs variables, par la place qu'elles occupent dans une fonction propositionnelle donnée à plusieurs variables. Une variable, avons-nous dit, est le terme dans *n'importe quelle* proposition de l'ensemble dénoté [*the set denoted*] par une fonction propositionnelle donnée[1].

De ce fait, la notion de fonction propositionnelle – la notion certainement la plus obscure de la philosophie de Russell ! – est une de ces notions primitives présupposées dans le symbolisme. Notons au passage qu'en raison de la nature non linguistique de la variable, il n'y a aucune raison de penser qu'une fonction propositionnelle est simplement une forme d'énoncé (un certain type d'expression). La difficulté où se débat Russell à propos de la notion de fonction propositionnelle (car pour Russell aussi, cette notion était manifestement obscure !) ne tient pas, comme Quine l'a prétendu superficiellement, à une simple confusion entre usage et mention, comme si Russell n'avait pu accéder à une aussi claire distinction. Non : en parlant de fonctions propositionnelles, Russell s'efforçait de comprendre la structure ontologique de la généralité ; si confusion il y a, elle est en un sens beaucoup plus grave, originelle, Russell n'étant jamais parvenu à une conception claire de la nature des variables (Frege pensait qu'une entière clarification sur ce point exigeait qu'on renonçât au terme même de « variable »).

Certains textes laissent penser que la notion de fonction propositionnelle, aussi primitive qu'elle soit, est cependant analysable. Et que disent-ils ? Qu'une fonction propositionnelle est une sorte de concept dénotant, parce qu'elle contient la variable et qu'elle dénote une classe de propositions, ou représente de manière indéterminée l'une quelconque des propositions d'une certaine classe (ces propositions que les *Principia* appellent, par analogie avec la notion de valeurs d'une variable, les *valeurs* de la fonction). Une fonction propositionnelle n'est donc ni un symbole linguistique ni une entité (je reviendrai sur la dif-férence conceptuelle entre fonction et fonction proposition-

1. *Ibid.*, § 93.

nelle), mais, encore une fois, un mode d'expression de la généralité. De même que les concepts dénotants sont susceptibles d'un
double usage, suivant qu'on parle d'eux ou des objets qu'ils
dénotent (différence entre : « tout nombre est pair ou impair »
et « *tout nombre* est un concept dénotant », différence que Russell finira par trouver incompréhensible en 1905), de même les
fonctions propositionnelles : on peut parler de n'importe quelle
proposition dénotée par une fonction (« la proposition φx »),
mais aussi de la fonction propositionnelle qui dénote l'une quelconque de ces propositions (« la fonction φx »). Si cette analyse
est correcte, les notions de la théorie de la dénotation sont absolument fondamentales, et tout effort pour les définir nous fait
fatalement retomber sur *any*[1] :

> Nous pouvons dire, φx étant une fonction propositionnelle, que *x*
> est *le* terme dans *n'importe quelle* proposition de la classe des
> propositions dont le type est φx. Il apparaît ainsi qu'en ce qui
> concerne les fonctions propositionnelles, les notions de classe, de
> dénotation et de *any*, sont fondamentales, étant présupposées
> dans le symbolisme employé. C'est sur cette conclusion que
> s'achève l'analyse de l'implication formelle jusqu'au point où je
> suis capable de la mener, analyse qui a été l'un des principaux
> problèmes de cette première partie[2].

Cette première analyse de la notion de fonction propositionnelle a plusieurs conséquences surprenantes pour l'interprétation de textes ultérieurs de Russell, et tout d'abord en ce qui
concerne « On denoting ». Des nombreux aspects de cet article
fondamental, l'un au moins est tout à fait clair : l'analyse proposée en 1903 des « expressions dénotantes » (ou descriptions,
indéfinies et définies), selon laquelle ces expressions ont pour
signification un concept dénotant, est entièrement abandonnée.
Et il est montré en détail comment on peut « réduire » contex-
tuellement ces expressions dénotantes, grâce à des propositions

---

1. C'est un point que Hylton a vu clairement : « Une fonction propositionnelle, écrit-il, est reliée à une classe donnée de propositions très exactement
de la même façon que le concept dénotant *any term* est relié à la classe des
termes. [...] Les fonctions propositionnelles doivent être comprises à travers la
notion de dénotation », *in* Hylton, *Russell, Idealism, and the Emergence of Analytic Philosophy, op. cit.*, p. 220.
2. *P. of M.*, § 93.

contenant des variables et des fonctions propositionnelles, et équivalentes à certaines propositions contenant lesdites expressions dénotantes. Mais qu'en est-il de la variable telle que les *Principes* avaient tenté de la comprendre ? « Je prends la notion de variable comme fondamentale », se borne à déclarer Russell dans ce texte. Mais la variable n'était-elle pas un concept dénotant ? Dans la mesure où nulle part Russell n'a explicitement répudié l'ancienne conception des variables, on peut se demander ce qu'on a gagné au juste en réduisant les expressions dénotantes à des quantifications explicites ; à tout le moins a-t-on gagné plus qu'une simple réduction de diverses formes de dénotation à l'une d'entre elles, qui resterait ultime et fondamentale, celle qui est en jeu dans la notion de *n'importe quel terme* ? Cette question mérite d'être posée, d'autant plus que Russell lui-même s'en est inquiété, comme le montrent des textes de la même époque, mais qu'il a préféré ne pas publier[1]. Et du coup,

1. En particulier le manuscrit intitulé « On fundamentals », daté de juin 1905, et qui comporte, en haut de sa première page, cette note fascinante écrite de la main de Russell : « À partir de la p. 18, contient les raisons pour la nouvelle théorie de la dénotation. Au § 34 de ce manuscrit, Russell écrit ainsi : « Mais l'essence d'une *variable* est que la dénotation *n'est pas* définie. Il faut observer que puisque la variable et tout ce qui contient une variable doivent avoir une dénotation, ce doivent être des concepts dénotants. Ainsi, *x* signifie n'importe quelle chose [*anything*] et dénote n'importe quelle chose. » Quelques pages plus loin, on trouve l'esquisse de la « réduction » des expressions dénotantes, présentée pour l'essentiel comme dans l'article (publié) « On denoting » (Russell semble avoir purement et simplement repris dans cet article des fragments de l'argumentation en faveur de la réduction des « complexes dénotants » telle qu'on la trouve dans « On fundamentals »). Puis, ayant réduit les concepts dénotants à la variable, il exprime ainsi son incertitude sur la portée du résultat obtenu (en relation avec la nature elle-même dénotante de la variable) : « Le point intéressant et curieux est le suivant : en repoussant toujours de plus en plus la *relation de dénotation* comme nous l'avons fait, nous sommes parvenus à la réduire à la seule notion de *any*, d'où j'étais parti au début. Cette notion-là semble être toujours présupposée, et envelopper toutes les difficultés en raison desquelles j'ai rejeté les autres concepts dénotants. Ainsi nous voici devant la tâche d'imaginer *de novo* une théorie présentable de *any*, où la relation de dénotation ne serait pas utilisée. Le point intéressant que nous avons mis à jour plus haut est que *any* est authentiquement plus fondamental que les autres concepts dénotants ; ils peuvent être expliqués par lui, mais non lui par eux. Et *any* lui-même n'est pas fondamental en général, mais seulement sous la forme de *anything* » (§ 47 de « On fundamentals »). On ne devrait pas, bien sûr, commenter « On denoting » sans citer en même temps ce texte capital, qui révèle (mieux que l'article publié, muet sur ce point) la conscience qu'avait Russell de se débattre au milieu de difficultés sans nombre concernant les variables. Peter Hylton a été sensible au problème, et cite également ce passage (p. 255 de son

sans vouloir diminuer l'importance de l'article « On denoting »
(par les idées nouvelles qu'il contient, il a eu une influence
considérable, non seulement sur le cours ultérieur de la pensée
de Russell, mais sur l'histoire de la philosophie analytique en
général), il faut nuancer l'appréciation qu'on peut porter sur ce
texte comme signalant une rupture fondamentale dans la philosophie de Russell.

La seconde remarque concerne la fondation de la théorie des
types logiques dans l'introduction des *Principia*. Nous verrons
que dans ce texte, l'application du principe du cercle vicieux
aux fonctions propositionnelles motive deux restrictions, dont
la seconde concerne les arguments possibles d'une fonction (la
première ne nous concerne pas ici). Or la justification de cette
seconde restriction repose sur une analyse de la nature des fonctions, leur ambiguïté, qui fait d'elles des complexes dénotants
ou des fonctions dénotantes dans les termes mêmes des textes
des *Principles* que je viens de citer. Il y a donc tout lieu de croire
que c'était là une conception que Russell prenait très au
sérieux ; il semble qu'il n'ait jamais pu se défaire de cette théorie « dénotationnelle » de la généralité. En même temps, il faudra se souvenir de cette analyse au moment de se demander sur
quoi portent exactement les quantifications de la théorie des
types de 1910, lorsque les variables sont dites parcourir *(range
over)* des fonctions propositionnelles de tel et tel ordre (je
remets à plus tard la discussion de ce point).

Un dernier mot à propos de cet exemple : cette analyse des
fonctions propositionnelles comme complexes censés dénoter
n'importe quelle proposition d'une classe de propositions
explique la réserve de Russell, évoquée plus haut, à propos du
caractère primitif de la notion de classe. En un sens, la notion de
classe est définissable à partir de celle de fonction propositionnelle ; en un autre, la notion de fonction est peut-être sujette
à une analyse philosophique selon laquelle la notion de classe
est plus fondamentale encore ; mais alors il s'agit d'une classe de
propositions. Cette hésitation de Russell a un sens profond, qui
tient à la radicalité du projet logiciste : si les notions mathéma-

---

Russell). Que soient de nouveau ici remerciés M. Spadoni, des Archives Bertrand Russell, et M. Farley, du Bertrand Russell Estate, qui m'ont permis de
consulter et de citer ces textes (dans le cadre d'un travail antérieur sur la théorie
russellienne des descriptions).

tiques sont de logique pure, peut-on penser quoi que ce soit sans les retrouver déjà à l'œuvre dans les concepts que nous tentons de reconstruire ? Le deuxième exemple d'indéfinissabilité par présupposition dans les formes mêmes du langage concerne également la notion de fonction propositionnelle, bien qu'il nous oriente dans une autre direction théorique selon laquelle la notion de fonction propositionnelle serait réellement primitive et absolument indéfinissable (j'avais annoncé que les deux analyses étudiées à titre d'exemples n'aboutissaient pas exactement aux mêmes conclusions : l'un des charmes de la pensée de Russell – ou son caractère décevant, selon l'humeur – tient au fait qu'il met souvent autant d'énergie philosophique à détruire une hypothèse qu'à argumenter en sa faveur !). Les réflexions de Russell sur ce point sont d'autant plus intéressantes qu'il les a maintenues contre l'idée de Frege selon laquelle la notion générale de fonction doit être prise comme notion absolument primitive, comme le montre le § 482 de l'appendice A des *Principles* (consacré justement à Frege). L'idée naturelle qui se présente, en effet, est qu'une fonction propositionnelle est un genre particulier de fonction, c'est-à-dire une corrélation qui associe à un terme ou argument de la fonction une proposition contenant ce terme, conçue comme la valeur, pour ce terme pris comme argument, de la fonction. Par exemple la fonction propositionnelle « *x* est humain » associe à l'argument Socrate la proposition « Socrate est humain ». On peut reconnaître là, transposée dans le langage de Russell, la thèse de Frege : un concept est une fonction qui associe, disons, à un objet une valeur de vérité (selon Russell, une proposition). Comme par ailleurs une fonction est un genre particulier de relation, tous les ingrédients d'une définition possible de la notion de fonction propositionnelle semblent réunis ; d'où la suggestion :

> Nous pouvons dire qu'une fonction propositionnelle est une relation de plusieurs à un [*many-one*], dont tous les termes forment la classe de ses référents, et dont les relata sont certaines parmi les propositions ; ou, si l'on préfère, nous pouvons appeler la classe des relata d'une telle relation une fonction propositionnelle [1].

1. *P. of M.*, § 482.

Dans le langage de la théorie des relations, il semblerait donc qu'on puisse dire : une fonction propositionnelle est une relation *telle que* son domaine soit l'ensemble des entités et son codomaine soit inclus dans l'ensemble des propositions. Mais cela n'est qu'en apparence une définition, dans la mesure où le langage de la théorie des relations utilise constamment des fonctions propositionnelles (et donc présuppose la notion). Voici ce que Russell rétorque à la suggestion proposée plus haut :

Mais l'appareil formel usuel du calcul des relations ne peut être utilisé, parce qu'il présuppose les fonctions propositionnelles [...]. L'allure de définition formelle, en ce qui concerne ces énoncés, est fallacieuse, puisque des fonctions propositionnelles sont présupposées dans les définitions de la classe des référents, et de la classe des relata d'une relation [1].

Ces lignes sont extraites du paragraphe de l'Appendice A consacré à la discussion de la notion frégéenne de fonction. Dans le corps même des *Principles* Russell avait déjà écrit :

Le point le plus important dans ces remarques est le caractère indéfinissable des fonctions propositionnelles. Une fois qu'elles ont été admises, la notion générale de fonction (à valeur unique) est facilement définie. Toute relation de plusieurs à un, c'est-à-dire toute relation pour laquelle un référent donné a un unique relatum, définit une fonction : le relatum est cette fonction du référent qui est définie par la relation en question. Mais quand la fonction est une proposition, la notion en jeu est présupposée dans le symbolisme, et on ne peut la redéfinir en l'utilisant [*by means of it*] sans cercle vicieux : car dans la définition générale donnée à l'instant d'une fonction, figurent déjà des fonctions propositionnelles [2].

Ce que veut dire Russell est parfaitement clair : en parlant d'une relation *telle que*..., ou des *x tels qu'*un unique élément est en relation avec eux, nous utilisons un langage qui nécessaire-

1. *Ibid.*
2. *Ibid.*, § 80.

ment exprime des structures de signification, et en particulier des fonctions propositionnelles. Le concept que nous cherchons à définir est ainsi présupposé « dans le symbolisme », au sens où le mécanisme qui permet les définitions en est, ou en comporte, une instance.

L'argumentation de Russell, il faut le reconnaître, est ici très forte, et d'autant plus fascinante que Frege aurait certainement admis que sa « définition » de ce qu'est une fonction n'était pas réellement non plus une définition, parce que toute définition de ce genre est impossible. Mais Frege aurait aussi admis qu'un langage au statut incertain était possible, où des explications, fussent-elles circulaires, seraient admissibles à des fins de clarification. C'est ce geste dont Russell refuse, avec une radicalité exemplaire, la légitimité : si la possibilité même d'un langage théorique suppose quelque catégorie conceptuelle fondamentale, comme l'est sans doute celle de fonction propositionnelle, alors on ne peut jouer avec le langage. Il n'y a pas de place pour une réflexion logique qui croirait se situer en-deçà ou hors des formes générales du langage qu'elle se donne pour mission de comprendre.

C'est pourquoi (pour conclure sur ce point), même s'il y a matière à discussion circonstanciée, cas par cas, quant au caractère définissable ou non de telle et telle notion, il doit y avoir au bout du compte certaines notions logiques absolument indéfinissables (et non pas seulement relativement indéfinissables du point de vue d'une science déterminée). On devrait même dire qu'il appartient essentiellement à l'idée de constantes logiques, de concepts de la possibilité du *logos*, de la théorie (en un sens non anthropologique), que certains d'entre eux au moins soient indéfinissables. Il me semble que le fil d'Ariane qui nous a servi à pénétrer dans cette première partie des *Principles* – quels sont les concepts « mathématiques » absolument premiers, puisque investis dans le symbolisme ? – conduit à reconnaître que telle est bien la pensée la plus profonde de Russell concernant la nature des constantes logiques :

> Le fait est qu'une fois l'appareil de la logique [*the apparatus of logic*] admis, la totalité des mathématiques s'ensuit nécessairement. Les constantes logiques elles-mêmes ne peuvent être définies que par énumération, car elles sont si fondamentales que

toutes les propriétés par lesquelles leur classe pourrait être définie présuppose quelque terme de la classe [1].

Pour revenir à notre point de départ – la connexion étroite entre les deux parties de la logique – les mathématiques sont de la logique, cela veut dire : leurs concepts de base ne sont pas des concepts spéciaux, caractéristiques d'un domaine de l'être, mais les concepts qui fondent ontologiquement toute théorie, entendue comme « un certain contenu idéal de connaissance possible [2] » ; ce langage husserlien n'est pas inconvenant ici, si l'on se souvient que pour Russell les propositions, c'est-à-dire les éléments objectifs d'une théorie, sont des entités qui constituent la texture de l'être (là où Husserl parle d'« idéalité », Russell parle de « subsistance »), et dont la complexité, en particulier celle qui est susceptible d'expliquer la généralité, est à comprendre ontologiquement. Les concepts mathématiques de base sont les concepts de cette complexité propositionnelle, les concepts de la *forme* des propositions. Cette détermination des mathématiques engage évidemment une conception de la logique : les gestes typiques de l'universalisme russellien, nous allons le voir, s'enchaînent à cette conception.

1.1. Concepts, fonctions et classes

Parallèlement à la clarification du statut logique des notions fondamentales, Russell conduit dans les *Principles* une autre

1. *Ibid.*, § 10. P. Hylton se demande, à ce propos, si cette remarque peut constituer une définition de la classe des constantes logiques et suggère que non : *vert*, par exemple, n'est pas non plus définissable, selon Russell, si bien que probablement toute tentative de définition de *vert* présuppose que soit donnée, d'une manière ou d'une autre, la notion (in *Russell, Idealism...*, *op. cit.*, p. 199). Mais Russell veut sans doute dire que les constantes logiques sont présupposées dans *toute* définition de quelque notion que ce soit, et à ce titre seulement indéfinissables sauf circularité (par exemple : « définir » les constantes logiques comme les entités *x* telles que..., où figurerait à la place des points de suspension une clause définissante, présuppose les notions de *tel que* [*such that*], de variable, de fonction propositionnelle, etc.).
2. Husserl, *Recherches logiques*, t. I : *Prolégomènes à la logique pure*, PUF, 1959, pour la traduction française, p. 260 ; de manière générale, tout le chapitre XI des *Prolégomènes*, « L'idée de la logique pure », justifierait une confrontation avec le texte des *Principles*, qui éclairerait en retour la visée de Russell.

discussion, qui touche à la légitimité de ces notions : entendons par là des questions qui portent sur l'existence (la réalité) d'entités qui en sont les instances. Y a-t-il en effet, dans le monde des concepts, des fonctions ou des classes ? Si la réalité des premiers ne fait pas de doute, la question de l'existence des fonctions et des classes est beaucoup plus complexe que certaines déclarations péremptoires de Russell, qui semblent aller dans le sens d'une « multiplication » des êtres, peuvent le laisser croire. Je ne crois pas qu'on puisse parler sans plus d'attendus de tendance ou de parti pris nominaliste, au sens traditionnel du nominalisme, c'est-à-dire de méfiance à l'égard des entités abstraites et des universaux en général. Russell, si l'on aime les étiquettes, est un réaliste conceptuel (en 1903 très certainement ; mais au fond, c'est une position qu'il n'abandonnera jamais : en 1939, il admet encore la réalité des concepts, du moins de ceux exemplifiés dans la perception sensible). Mais qu'il y ait des concepts, comme semblent l'attester les mots généraux dont dispose le langage, n'entraîne pas qu'il y ait au ciel ou sur la terre autant d'êtres que notre philosophie peut en rêver. L'ontologie ne va pas de soi, l'ameublement dernier du monde n'est pas pour nous objet d'une connaissance directe : nos hypothèses ontologiques, comme les autres, doivent être soumises à la discussion critique. Pas de nominalisme philosophique global donc, mais un examen circonstancié de nos assomptions ontologiques.

On peut aller plus loin et caractériser plus précisément le lieu où commence le débat ontologique. *Bleu, homme*, ces concepts dont l'existence ne fait pas de doute pour Russell ont peu de choses à voir avec la philosophie des mathématiques ; on pourrait parler à leur sujet de propriétés naturelles, et le réalisme en ce qui les concerne, s'il semble aller de soi aux yeux de Russell, n'affecte guère la réponse qu'on doit apporter aux questions vraiment importantes de l'ontologie des mathématiques. Regardons en revanche (ce n'est qu'un exemple) le concept ordinal de limite : être un élément tel que pour tout x qui le précède, il existe un y venant après x et précédant ledit élément ; cette expression a-t-elle un corrélat ontologique ? Doit-on la comprendre comme signifiant ou désignant une fonction ? On doit avoir ce type d'exemples en tête pour saisir le genre d'entités dont Russell discute l'existence sous l'appellation de fonction. De même, quand nous nous demandons si les classes existent, et suivant quelle modalité, c'est en ce sens très général de classe selon lequel la notion de *toutes* les parties de l'ensemble des entiers est admissible. Pour que le monde soit un « modèle » des mathématiques, c'est-à-dire tout simplement pour que les mathématiques soient vraies, faut-il admettre des fonctions, des classes, etc.[1] ? Et en quel sens de fonction ou de classe ? (Au vu de ce qui a été dit au paragraphe précédent, cette question suppose que les fonctions dont l'existence est discutée soient autre chose que les fonctions propositionnelles.)

La découverte de *son* paradoxe en mai (ou juin) 1901, disons le paradoxe de la classe *w* de ces classes qui, « en tant qu'unité » *(as one)*, n'appartiennent pas à elles-mêmes « en tant que multiples » *(as many)*, entraîna chez Russell une tendance de plus en plus marquée à restreindre les affirmations d'existence et à décider que les classes, et donc (par un lien nécessaire d'antériorité logique) les fonctions, n'existaient pas. Cela, on le sait, même si les raisons pour lesquelles Russell a vu dans les paradoxes une preuve apagogique de la non-existence des classes et des fonctions ne sont pas toujours clairement exposées. Ce qu'on dit moins, c'est que Russell avait d'autres raisons, indépendantes des paradoxes, de tenir pour douteuse l'existence de ces entités. Cette dernière affirmation demande cependant à être nuancée : si elle est vraie à la lettre pour ce qui concerne les fonctions, elle passe par quelques attendus pour les classes, la distinction conceptuelle entre « classe en tant qu'unité » et « classe en tant que multiple » étant ici pertinente, ainsi que la question de savoir ce qu'on veut dire au juste quand on affirme qu'une classe « en tant que multiple » existe (ou au contraire n'existe pas). Les paradoxes n'ont fait que renforcer une tendance déjà clairement à l'œuvre dans la pensée de Russell : les germes de ce que Russell appellera quelques années plus tard la *no-class*

---

1. Putnam apporte des arguments convaincants à propos de l'ontologie exigée par la logique des *Principia*, en faveur de l'idée que « le débat traditionnel entre nominalistes et réalistes, quel que soit son statut, est sans pertinence pour la philosophie des mathématiques ». Il n'y a aucune raison de penser, ajoute-t-il, que les universaux au sens *naturel* (selon la distinction de Hume) « soient clos pour les opérations logiques ou obéissent aux axiomes des *Principia* » (Putnam, *Mathematics, Matter and Method, Philosophical Papers*, I, 1979, p. 40).

theory – la théorie qui reconstruit les mathématiques en faisant l'économie simultanée des classes et des fonctions –, on les trouve déjà dans les *Principles*. Et les motifs de l'argumentation de Russell sont ici fondamentaux, puisqu'ils touchent, on va le voir, à l'universalisme logique.

Qu'en est-il, tout d'abord, des fonctions ? Cette question demande, naturellement, quelque explication. Elle signifie en premier lieu : peut-on de manière générale, dans une phrase déclarative quelconque parlant de quelque terme, isoler ce qui reste de la phrase après omission du nom propre désignant ce terme, et concevoir ce « reste » comme porteur d'une unité de signification, douée de complexité, certes, puisque formée de constituants plus simples (indiqués par les mots figurant dans ce reste), mais aussi d'unité, et comme telle ayant le statut d'une entité de plein droit ? Pour Russell, en effet, qui dit unité de signification dit unité d'un être, les significations n'appartenant pas à un « troisième empire » entre le langage et le monde, mais étant composées de ces atomes d'être que sont les choses d'une part *(things)*, les concepts de l'autre. Puis en généralisant : peut-on, à partir d'une phrase déclarative parlant d'un nombre quelconque de termes, isoler ce qui reste de la phrase après omission de tous les noms propres désignant ces termes, et le concevoir comme représentant une entité ? Si oui, l'analyse frégéenne des énoncés en « signe d'argument » et « signe de fonction » est ontologiquement fondée : les parties de l'énoncé ainsi isolées renvoient, respectivement, à l'argument (aux arguments) et à la fonction (concept ou relation dans la terminologie de Frege ; omettons le fait, sans pertinence directe ici, que pour Frege, arguments et fonctions ne se « donnent » qu'à travers des modes de signification). Or Russell s'aperçoit, à la (re)lecture de Frege, qu'il a lui aussi imaginé, sous une autre terminologie, une analyse comparable de la proposition dite « analyse en sujet et assertion » qui, partant de la proposition (disons)

Socrate est un homme,

distinguerait, à côté du terme Socrate, l'assertion (prise comme un tout) *est un homme,* c'est-à-dire le type d'entité que Frege a identifiée sous le nom de « fonction ». À propos de l'analyse frégéenne, Russell fait donc remarquer :

Cette division des propositions correspond exactement à la mienne en *sujet* et *assertion* [...] ; Frege adopte concernant les fonctions la théorie du sujet et de l'assertion que nous avons discutée et rejetée au chapitre vii [1].

Je ne cite ce texte qu'afin qu'on puisse saisir de quel genre d'entités il est question : vu la manière dont est introduite la notion de fonction, il est clair que c'est une notion plus générale, pour Russell, que celle de prédicat ou de concept. Prédicats et concepts font partie d'une sorte de stock d'entités primitives dont le monde est composé ; ce sont aussi, d'une certaine manière, des *data* (du moins pour la plupart, il y a quand même des exceptions !) ; ce n'est pas le cas des fonctions (s'il en existe). Parce qu'elles seraient de toute manière complexes et isolées au terme d'un geste d'abstraction à partir des propositions, des entités telles que les fonctions, bien que leur rôle logique soit comparable à celui des concepts, auraient sans doute un moindre degré de réalité que les concepts. Bien avant que la doctrine métaphysique de l'atomisme logique ait pris corps, Russell a déjà tendance à accorder plus d'être au simple qu'au complexe (sauf, curieusement, en ce qui concerne les propositions ou les faits) : « Les éléments simples ultimes, à partir desquels le monde est construit [...] ont un genre de réalité qui n'appartient à rien d'autre [2]. »

L'existence des fonctions est donc *a priori* plus douteuse que celle des concepts, et Russell, en matière d'ontologie, est plus prudent que Frege. Mais il y a autre chose, qui est rendu manifeste par la manière dont les formulations variées de la Contradiction (du paradoxe de Russell) affectent différemment la question de l'existence des concepts et celle de l'existence des fonctions.

Il y a, en effet, une version de la contradiction en termes de concepts (de prédicats) : certains concepts sont prédicables d'eux-mêmes (c'est le cas du concept de concept), d'autres non ; d'où l'hypothèse naturelle de l'existence du prédicat « non prédicable de soi-même ». Or l'impact de la contradiction ainsi formulée est simplement que ce prédicat (apparent) n'en est pas

1. *P. of M.*, § 479.
2. Russell, « The philosophy of logical atomism », conférences de 1918, *in Logic and Knowledge* (ultérieurement : *L. & K.*), 1956, p. 270.

un ; nullement que les prédicats en général n'existent pas : « La conclusion, dans ce cas, paraît évidente : non prédicable de soi-même n'est pas un prédicat[1].»

En ce qui concerne l'existence des fonctions, au contraire, la contradiction formulée en termes de fonctions ou d'assertions a des résultats beaucoup plus dévastateurs : sous cette version, elle est censée prouver de manière apagogique non pas qu'une certaine fonction n'existe pas (la « non-assertabilité de soi-même », analogue fonctionnel du pseudo-prédicat « non prédicable de soi-même »), mais de manière générale et radicale que les fonctions – toutes les fonctions –, ça n'existe pas. Le versant de la *no-class theory* qui touche aux intensions (les fonctions de Russell, si elles existaient, seraient de telles intensions et, déjà à ce titre, l'identification accomplie par Russell entre les fonctions de Frege et ses fonctions, à lui, Russell, est fautive) est déjà présent dans les *Principles*, avec autant de netteté que quelques années plus tard, quand la *no-class theory* aura été baptisée comme telle :

> Observons que, selon la théorie des fonctions propositionnelles soutenue ici, le φ dans φ*x* n'est pas une entité séparée et qu'on puisse isoler : elle est présente [*it lives*] dans les propositions de la forme φ*x*, et ne peut survivre à l'analyse.

Suit l'exposé de la contradiction en termes de fonctions « séparées » de leur argument ou de la variable : « Cette contradiction est évitée par la reconnaissance que la partie fonctionnelle d'une fonction propositionnelle n'est pas une entité indépendante[2].»

Russell suggère alors que sa propre conception des fonctions propositionnelles peut suppléer aux besoins pour lesquels Frege a imaginé son ontologie de fonctions : « Nous pouvons, semble-t-il, faire usage des fonctions propositionnelles sans devoir introduire les entités [*the objects* dans le texte !] que Frege appelle des fonctions[3].»

Notons au passage qu'il fallait, comme j'ai tenté de le faire plus haut, clarifier la conception qu'avait Russell des fonctions

1. *P. of M.*, § 101.
2. *Ibid.*, § 85.
3. *Ibid.*, § 482.

propositionnelles comme complexes dénotants et mode de représentation de la généralité ou de l'indétermination, ne serait-ce que pour concevoir ce que Russell veut dire ici : la vérité des mathématiques ne requiert pas une ontologie de fonctions, elle n'est peut-être pas du tout une question d'ontologie ; les fonctions propositionnelles ne sont-elles pas déjà une façon de parler ? Jusqu'à quel point Russell finira-t-il par les concevoir comme une simple façon de parler, c'est-à-dire comme des *fictions logiques* ? On voit du moins que la direction dans laquelle Russell s'engagera de plus en plus s'esquisse déjà en 1903, serait-ce dans la confusion de pensée.

Pourquoi donc ce traitement différent des concepts et des fonctions, bien que l'hypothèse de leur existence semble pareillement affectée par la contradiction ? La réponse tient en un mot : les fonctions (si elles existent) sont des assertions, ce dont porte témoignage l'expression censée nommer, sous la plume de Russell, la fonction paradoxale, la « non-assertabilité de soi-même ». Et c'est cette marque distinctive des fonctions, d'être à la différence des concepts porteuses d'une valeur d'« assertion », qui les fait tomber sous le coup d'une contradiction beaucoup plus originelle, et partant beaucoup plus générale, que l'antinomie après tout locale de Russell (locale en ce qu'elle n'affecte, *prima facie*, que l'entification de certaines fonctions, comme de certains concepts, certaines classes, etc.) ; la contradiction qu'il y aurait à admettre des entités dont on ne puisse parler : qui ne puissent devenir des sujets logiques.

La question vraiment intéressante, ici, n'est pas de savoir pourquoi Russell pensait que les fonctions étaient des assertions, ni même de comprendre comment sa théorie des propositions l'a entraîné dans une inextricable confusion au sujet de cette notion d'assertion. Disons, en gros, ceci qui permettra de comprendre la profondeur du problème logique rencontré : pour ce qui est du premier point, il tient au fait que Russell concevait les fonctions comme solidaires d'une certaine analyse de certains énoncés, qui isolait le nom propre-sujet grammatical d'un côté, le « reste » de l'autre, verbe compris, avec sa fonction de liaison grammaticale entre les parties de l'énoncé ; le verbe conjugué, qui dans l'usage normal, « sérieux », du langage, semble porter la valeur ou la force affirmative de nos énoncia-

tions, et se distingue par là du simple nom verbal (comme
« César est mort », en tant qu'affirmation, se distingue du nom
« la mort de César »). Les fonctions sont des assertions, cela
veut dire qu'elles doivent dans leur être même contenir quelque
chose qui corresponde à cette force affirmative liée au verbe :

> L'assertion est tout ce qui reste de la proposition quand le sujet
> est omis : le verbe demeure un verbe asserté, et n'est pas converti
> en nom verbal ; ou du moins le verbe garde cette curieuse, indéfi-
> nissable et complexe relation aux autres termes de la proposition
> qui distingue une relation en acte de la même relation abstraite-
> ment considérée [1].

Et pour ce qui est du second point, Russell concevait les propositions à la fois comme des entités ou des « complexes »
constituant le monde, et comme les significations de nos affirmations (peut-être, en termes frégéens, le sens « complet » de
nos actes d'affirmation, c'est-à-dire la Pensée exprimée plus la
force affirmative, *die behauptende Kraft*). L'assertion en tant
que composante des propositions, dans la pensée de Russell, est
une sorte d'affirmation en soi qui appartient objectivement à
l'unité des complexes propositionnels. Il me semble inutile de
m'étendre plus longuement sur les difficultés de Russell avec
cette notion, qui ne procède que d'une confusion entre des
aspects illocutionnaires et des aspects sémantiques des « actes
de langage » (encore que cette dernière affirmation doit être
nuancée : il faudrait aussi tenir compte des problèmes posés par
l'unité de signification qu'exprime un énoncé ; mais cela nous
entraînerait trop loin).

Or, pour aller à l'essentiel, les fonctions ainsi conçues comme
des assertions semblent ne pas pouvoir être nommées, trans-
formées en sujets logiques, précisément parce qu'au cours du
procédé de nominalisation la valeur d'assertion est perdue. Etat
de chose que Russell juge contradictoire, et qui prouve que de
telles entités, dont l'hypothèse qu'elles existent aurait pour
conséquence (en raison de leurs propriétés) qu'on ne pourrait en
parler, n'existent pas.

Explicitons le principe qui vaut universellement de la conver-

---

1. *Ibid.*, § 81.

sion toujours possible en sujet logique : pour telles entités dont l'existence ne fait aucun doute, le principe de la conversion en sujet logique règle l'attribution de telles et telles propriétés à ces entités (attribuer une propriété qui interdirait la conversion est toujours faux) ; pour telles entités déterminées par des propriétés telles que leur conversion en sujet logique serait impossible, le même principe règle (par la négative) la question de leur existence, au cas où celle-ci est matière à débat. Ce qui est doit être l'objet possible du discours et ce qui n'est pas l'objet possible du discours n'est pas un objet (n'a pas d'objectivité : « objet » n'a pas ici de sens catégorial). La première forme du principe s'applique, on va le voir, aux concepts, pour régler la question d'un éventuel « caractère prédicatif » des concepts qui leur interdirait de devenir sujets logiques (contre Frege) et, de manière plus complexe, aux classes (contre Frege aussi, mais en un autre sens). La seconde forme du principe, on vient de le voir, s'applique aux fonctions, et constitue l'un des arguments qui réfutent l'hypothèse de leur existence (contre Frege de nouveau, encore qu'il y ait là une version russellienne de l'hypothèse).

Principe qui vaut universellement : Russell n'a accepté de reconnaître qu'une seule exception, celle que semblent constituer les propositions. Car leur existence ne fait pas de doute, et pourtant on ne peut les « nommer » (passer de l'affirmation « César est mort » au nom propositionnel « [le fait] que César est mort ») sans perdre, précisément, le caractère d'assertion qui leur est inhérent. Et encore s'agit-il plutôt de laisser une difficulté non résolue, parce qu'on ne sait encore comment accommoder l'apparent contre-exemple :

> Ainsi la contradiction qu'il fallait éviter, celle d'une entité qui ne peut être convertie en sujet logique, semble être devenue ici inévitable. Cette difficulté, qui semble être inhérente à la nature même du vrai et du faux, est l'une de celles que je ne sais résoudre de manière satisfaisante [1].

La voici, la contradiction plus originelle et plus générale que le « paradoxe de Russell » lui-même, qui au passage règle la question de l'existence des fonctions, mais qui bien sûr a une

---

1. *Ibid.*, § 52.

portée heuristique beaucoup plus large. Le principe de la conversion en sujet logique vaut universellement, parce que sa négation est contradictoire. On devrait même dire que pour Russell, il s'agit de la contradiction par excellence, au sens où tous les efforts accomplis pour résoudre l'autre contradiction doivent s'inscrire à l'intérieur du cadre prescrit *a priori* par le principe de conversion en sujet logique. La voie suivie par Russell, au moins jusqu'en 1908 dans la résolution des paradoxes – la *no-class theory* –, ne s'explique précisément que par cette hiérarchisation, si l'on peut dire, des contradictions ou, plus exactement, par la subordination de toute solution autre que *ad hoc* des paradoxes au principe de la conversion en sujet logique. Dans un autre contexte (à propos de la nature des classes), Russell parle ainsi de « la contradiction qu'il y a toujours à redouter, selon laquelle il y a quelque chose qui ne peut pas devenir sujet logique [1] ».

Reste à comprendre pourquoi la négation du principe est contradictoire. C'est que le simple fait de l'énoncer est autoréfutant ; supposons que l'entité *x* ne puisse devenir sujet logique, alors elle est sujet logique (ne serait-ce que dans la proposition qui affirme cette impossibilité) ; donc elle peut devenir sujet logique. Cette forme un peu particulière de *consequentia mirabilis* est utilisée par Russell pour montrer par exemple que l'hypothèse selon laquelle les *concepts* ne peuvent devenir sujets logiques est autoréfutante (il semble qu'à l'origine cet argument était tourné contre toute doctrine d'une certaine « idéalité » des concepts ; après coup, Russell l'a évidemment utilisé contre la théorie frégéenne des concepts, qui ne pouvait que lui paraître énigmatique : comment concevoir une réalité « incomplète », « insaturée », moins *self-subsistent* que la chose ?). Un concept est d'abord la signification (*meaning* dit Russell, *Bedeutung* disait Frege) d'un prédicat grammatical, d'un adjectif : « humain », « vertueux », etc. ; les noms d'objets abstraits correspondants, « humanité », « vertu » etc., désignent-ils ces mêmes concepts ou, disons simplement, autre chose ? Supposons que nous argumentions ainsi : *humain* est un concept, et donc ne peut être sujet logique... ; ce disant, nous avons fait de *humain* le sujet logique. On reconnaît là l'argument contre

1. *Ibid.*, § 74.

lequel Frege proteste, parce qu'il y a là quelque chose qu'on ne peut pas *vraiment* dire. Pour Russell, au contraire :

S'il y avait des adjectifs qu'on ne puisse pas transformer en substantifs sans changement de leur signification, toutes les propositions concernant ces adjectifs seraient fausses (puisqu'elles en feraient nécessairement des substantifs), et serait fausse également la proposition que toutes ces propositions sont fausses, puisqu'elle aussi transformerait les adjectifs en substantifs. Mais un tel état de chose est contradictoire [1].

« Serait fausse également la proposition... », c'est justement le cas de la proposition qui dirait : « Le concept *x* ne peut être sujet logique. » Si elle est vraie, elle est fausse, faisant du concept le sujet logique : état de chose contradictoire. Donc elle est fausse, et les concepts, comme tout *terme*, comme tout ce qui existe, sont des sujets logiques possibles. On peut les nommer, parler d'eux, etc.

Ce qu'a de particulier cette *consequentia* réside dans la prémisse, dans la manière dont on passe de ⌐ *p* à *p* (pour conclure *p*) ; pour le dire en termes russelliens, c'est de l'existence même de la proposition ⌐ *p* qu'on peut inférer sa fausseté, non de son contenu à proprement parler. À moins d'en venir à l'idée qu'il s'agit là d'une « proposition », en un sens tout à fait extraordinaire, peut-être de quelque chose qui n'est pas du tout une « proposition », un « état de chose », mais concerne plutôt la possibilité même de tels « états de chose », inscrite dans quelque caractère des concepts. Pour le dire autrement : si ce que nous tentons de dire est indicible, si ce que nous croyons dire n'a que les apparences d'un véritable énoncé théorique (vrai, et donc dénué de sens), alors le charme de l'argument est rompu. On aura reconnu l'esprit de la « solution » de Frege devant la difficulté reconnue à énoncer la structure catégoriale de la réalité. Russell a une tout autre vision des rapports entre le langage et le monde : la structure logique du monde, qui fait que le monde s'articule en propositions et devient dicible, doit aussi être l'objet d'une théorie, et donc pouvoir s'énoncer dans le langage ; les règles usuelles de la logique s'appliquent donc en l'occurrence,

---

1. *Ibid.*, § 49.

et l'argument autoréfutant est valide. À partir de là, tout s'enchaîne : les concepts, dont on est sûr, peuvent être les objets du discours ; les fonctions, qui ne sauraient l'être, n'existent pas. Il n'y a rien dont on ne puisse parler au sens le plus strict de cette expression : rien qu'on ne puisse nommer pour en faire le sujet logique d'une proposition (dans la terminologie de Russell : le terme de la proposition, dans une proposition quelconque).

Car, pour prendre toute la mesure du principe de la conversion en sujet logique, « universellement » doit être pris en un double sens. Cela veut dire d'abord valide pour toute entité. Mais cela veut dire aussi : sans restriction de contexte (on pourrait imaginer, assez naturellement, que chaque concept n'est bien défini que pour un certain domaine d'objets, et qu'au dehors des frontières de ce domaine, les prédications que nous pouvons grammaticalement construire sont dénuées de sens, par faute de catégorie, *métabasis eis allo genos*). Pour le dire dans la plus grande généralité, c'est-à-dire non seulement en relation avec les concepts, mais également avec des fonctions propositionnelles quelconques : toute entité doit pouvoir être l'argument possible de n'importe quelle fonction propositionnelle. Pour le dire encore plus solennellement :

> Il est essentiel à une entité qu'elle soit une détermination possible de x dans toute [*any*] fonction propositionnelle φx ; autrement dit, si φx est une fonction propositionnelle quelconque, et a n'importe quelle entité, φa doit être une proposition douée de sens [*a significant proposition*][1].

Appelons principe de substituabilité universelle cette conception suivant laquelle toute entité doit pouvoir être sujet logique de *toute* proposition. En fait, si Russell maintient solidairement les deux principes, c'est que le second, à ses yeux, découle naturellement du premier : puisqu'on peut nommer toute entité selon le premier principe, on doit pouvoir affirmer d'elle le prédicat spécifiant le domaine sur lequel tel concept est supposé bien défini, et obtenir ainsi une implication matérielle dont

---

1. « On the substitutional theory of classes and relations », conférence de 1906, *in E.A.*, p. 171.

l'entité en question est le sujet logique et dont l'antécédent exprime une condition de catégorie sur cette entité ; mais pour que la prédication de cette condition ait un sens, il faut que cette condition soit applicable à toute entité ; si bien que le principe de substituabilité est réintroduit par l'argument même qui tentait de formuler la nécessité d'éventuelles restrictions aux substitutions possibles *salva congruitate*. Nous verrons que le même argument est formulé par Russell quand ii s'agit de justifier l'usage de la variable « vraie ou formelle », c'est-à-dire non restreinte ; en vertu du lien étroit entre variables et noms propres (c'est-à-dire désignations des sujets logiques), puisqu'une variable « dénote » la totalité des entités dont les noms peuvent être subsitués (cette fois en un sens « usuel », syntaxique, de substitution) à des places convenant aux variables, parler de variable non restreinte ou parler de substituabilité universelle revient au même. L'important, ici, est l'argument qui justifie la nécessité d'introduire une variable universelle : il consiste simplement à faire remarquer que toute limitation, de catégorie de signification ou de type logique, doit être formulée ; ce qui, après tout, est « naturel », puisque le principe de la conversion en sujet logique assure qu'elle peut être formulée. À décrire ainsi les enchaînements de la vision russellienne, le principe de la conversion en sujet logique apparaît véritablement fondamental. C'est bien ainsi, au reste, que le présentait Russell dans les *Principles*.

Conçue comme une conséquence de ce premier principe, la thèse de substituabilité universelle illustre le trait le plus profond de la philosophie de Russell : ce que j'ai décrit comme l'universalisme logique positif. Il y a peut-être une différence entre les traits « ordinaires » et les traits catégoriaux (je prends ici ce mot dans son sens le plus large) de la réalité, ceux qui fondent, disons, ontologiquement la possibilité du langage ; il ne saurait y avoir de malheur du langage, qui résiderait dans le fait que la théorie de sa propre possibilité serait impossible (indicible, inexprimable comme théorie), ni, bien sûr, de multiplication des langages, où l'un contiendrait la théorie de l'autre. Au contraire : toute hypothèse allant dans le sens de restrictions ou de limitations catégoriales, dont la conséquence immédiate serait que ces distinctions ne peuvent être l'objet du discours, est autoréfutante (après tout, ladite hypothèse a été énoncée, la possibilité attestée de sa formulation réfute le contenu de pensée qu'elle propose). C'est précisément cette manière de comprendre la situation qui distingue l'universalisme positif de toute solution de type, disons, frégéen.

On me pardonnera d'anticiper quelque peu sur le développement de la pensée de Russell : la lettre de l'argument que je viens d'évoquer date des années 1905-1906, c'est-à-dire de l'époque où Russell a fini par se convaincre que le principe du cercle vicieux qui oblige de quelque manière à restreindre les totalités que peuvent parcourir les variables, devait absolument présider à la solution des antinomies (et, à vrai dire, constituait la vraie solution : j'y reviendrai). Et le problème était justement qu'il voyait clairement que toute formulation du principe du cercle vicieux, reconduisait fatalement, pour être simplement possible, l'admission de la totalité apparemment illégitime de toutes les entités, tous les termes, etc., et donc de la variable non restreinte. À vrai dire, la forme achevée de la *no-class theory* – la théorie dite *substitutionnelle* des classes – ne devient compréhensible qu'à condition de la ressaisir comme une tentative pour satisfaire simultanément ces deux exigences également absolues, et à première vue tout à fait incompatibles : respecter le principe du cercle vicieux, énoncer ledit principe (sous une forme ou une autre). Il y a là une sorte d'antinomie de la raison pure dans son usage logique, et la *no-class theory* est la solution de l'antinomie : solution « analytique », bien sûr, et non pas « dialectique » (au sens kantien de ces mots). Nous pouvons donc dire que Russell a progressivement perçu ce qu'avaient de particulier les prédications catégoriales, au sens où dans ce type de cas le procédé de dérelativisation des quantificateurs, qui permet ordinairement d'expliciter les restrictions de parcours de valeurs, pose des problèmes insurmontables (l'implication formelle qui énonce la condition de « signifiance » la transgresse fatalement). Mais le point est que même alors Russell a maintenu l'exigence de formulation interne de ces conditions de sens ; la perte en pouvoir expressif du langage, ou de la théorie, qu'elles semblaient devoir entraîner, lui semblait inadmissible. Et sur cette question générale, ce qu'on peut appeler l'exigence d'expressivité non restreinte, la pensée de Russell n'a pas varié depuis la rédaction des *Principles* jusqu'à 1908 (où les choses cessent d'être aussi claires) : l'argumentation développée en faveur du principe de la conversion en sujet logique montre exemplairement que Russell se refuse à admettre des contraintes de grammaire logique qui interdiraient la théorie de ces contraintes. La morale de la chose est la suivante : pour l'universalisme logique positif, l'exigence d'expressivité fonctionne comme instance suprême de validation (ou d'invalidation) de toute proposition théorique : de toute hypothèse « logico-philosophique ». Par exemple, toute « solution » des antinomies qui condamnerait absolument le principe de substituabilité universelle, en introduisant des restrictions de catégories, de types, ou, sous la contrainte du principe du cercle vicieux, d'ordre, est *a priori* fausse, puisque de deux choses l'une : ou elle ne peut même pas être formulée, sinon dans un langage dont le statut devient inassignable, ou bien elle est formulable, et alors elle est autoréfutante (et après tout, elle a été formulée, et justement grâce à l'usage de variables non restreintes !). Dans les deux cas, elle se condamne elle-même. Et donc, si le principe du cercle vicieux doit être par ailleurs respecté (et il doit l'être : on verra tout à l'heure pourquoi et comment), il doit l'être de manière telle que le principe de substituabilité universelle soit *aussi* maintenu ; ce qui à première vue ressemble à la quadrature du cercle. C'est, si l'on veut, la force philosophique de la *no-class theory* que de parvenir à satisfaire simultanément ces deux exigences apparemment inconciliables.

Nous n'en sommes pas là en 1903, à l'époque de l'achèvement des *Principles*, c'est vrai. Mais il est décisif de comprendre que Russell s'est installé d'emblée dans une sphère de pensée telle que le principe de la conversion en sujet logique, celui de substituabilité universelle, la légitimité de la variable non restreinte, etc., étaient d'une certaine manière exigés par son projet d'édifier la théorie de la logique en tant que science première, ontologie formelle ou « apophantique » formelle (les deux aspects n'en faisant évidemment qu'un pour Russell). Et de développer cette théorie dans le seul *medium* dont nous disposions, le langage clarifié et mis en ordre par cette théorie même en train de se faire, puisque cette théorie vise justement à fonder dans l'être un langage *logiquement parfait* (les formes de tout langage, ce que Russell appelait la « syntaxe »). Bien sûr, il est également important de comprendre qu'une pareille radicalité philosophique a pour conséquence que les conceptions fondamentales de Russell étaient particulièrement peu appropriées à fournir le cadre d'une solution « facile » aux paradoxes : ce qui explique sans doute l'intensité dramatique avec laquelle Russell a vécu lesdits paradoxes (s'ils n'étaient peut-être pas mathématiquement inquiétants, ils l'étaient à coup sûr philosophiquement !) [1].

Cette contrainte concernant l'exigence d'expressivité est la caractéristique par excellence de l'universalisme logique positif. Il est remarquable, bien qu'à première vue paradoxal, que ce soit précisément ce type d'exigence que Carnap évoque souvent à titre de justification du mode formel du discours. Certes, les motivations de Carnap en faveur de l'usage exclusif de ce mode sont complexes, à la mesure de la variété des sources d'inspiration de sa pensée. Il y a la méfiance de l'empirisme viennois devant toute « ontologie formelle » assimilée à de l'obscurantisme métaphysique ; il y a le souci de positivité et de scientificité, qui conduit à refuser toute « mythologie de l'inexprimable » dans laquelle Wittgenstein a fini par sombrer. Il y a aussi le conventionnalisme logique, qui fonde le principe de tolérance sur l'idée qu'il n'y a rien de tel qu'une structure ontologique (et non pas simplement « logique ») du monde qui devrait être révélée par les formes de notre langage : en tant que mode transposé du discours, le mode matériel, ou mieux, contentuel, n'est qu'une métaphore du mode syntaxique, précisément parce qu'il n'y a rien qui se montre (et que le mode matériel tenterait de dire). Mais sous ces arguments, qui nous paraissent aujourd'hui renvoyer simplement à l'idiosyncrasie du cercle de Vienne, il y a aussi, du moins de la part de Carnap, le refus de se résigner à une perte du pouvoir expressif du langage

1. Ce point a été clairement reconnu par Peter Hylton dans un article intitulé « Russell's substitutional theory », in *Synthese*, 45, 1980. Hylton écrit par exemple : « La nécessité d'échapper aux paradoxes entrait en conflit avec les thèses philosophiques de Russell les plus fondamentales, ce qui donne lieu à une tension dans sa pensée. » Ou encore : « Il y a ainsi une tension fondamentale entre la doctrine russellienne de l'universalité de la logique et la nécessité d'éviter le paradoxe. La théorie substitutionnelle fut une tentative pour résoudre cette tension et pour échapper au paradoxe par des moyens cohérents avec l'universalité de la logique. »

logique. Une fois admise sans réserve la nécessité d'une théorie des types logiques (sous une forme ou une autre), la réinterprétation purement syntaxique de la théorie permet de l'exprimer dans la Syntaxe logique, et finalement à l'intérieur du système construit conformément aux règles de types dans la mesure où (disons simplement ici) tous les symboles et concaténations de symboles ou expressions peuvent être rangés dans un même type, le type le plus bas : au lieu du pseudo-concept « être une propriété de niveau n », qui est formulé dans le mode contentuel du discours et transgresse les contraintes typologiques, le concept syntaxique « être un mot-de-propriété » est du type immédiatement supérieur au type des symboles auxquels il est applicable (type des individus, par exemple), et donc est exprimable dans le système de langage. Voici un texte de Carnap qui souligne la connexion entre le mode formel du discours et l'exigence d'expressivité :

> On dit souvent que la règle des types (même la théorie simple) restreint le pouvoir expressif d'un langage d'une manière regrettable, et qu'on est souvent tenté d'utiliser des formulations qu'elle interdirait. Cependant, ces formulations sont souvent des pseudo-énoncés d'objet contenant des mots universels. Dans de tels cas, si à la place des termes d'objet qu'on aimerait bien employer alors qu'on ne doit pas le faire, on utilise les termes syntaxiques correspondants, les effets restrictifs de la règle des types disparaissent [1].

L'universalisme positif ne veut pas renvoyer la philosophie à l'ineffable, à un dehors absolu du langage, et il fait sienne l'exigence d'un traitement interne des questions (ce qui chez Carnap prend la forme d'une dissolution de la question en tant que question théorique, si pour une raison ou une autre il n'y a pas matière à un traitement interne ; les questions externes, selon Carnap, n'ont jamais de contenu cognitif). Pour revenir à Russell : le principe de conversion en sujet logique fonde la possibilité d'un discours sensé, et d'une théorie interne, au sujet de tout ce qui existe, selon les différents genres *(kinds)* de l'être, choses, concepts, relations, propositions (avec la réserve faite plus

---

1. Carnap, *The Logical Syntax of Language*, 1937, § 77.

haut), sans oublier cet autre genre qui d'emblée a une allure paradoxale, le multiple, c'est-à-dire les classes.

Les classes, et non pas les « ensembles » : la distinction conceptuelle est ici indispensable à qui veut comprendre pourquoi Russell a le sentiment de se débattre, à propos des classes, avec « le vieux problème de l'Un et du Multiple[1] ». Certes, on peut bien dire que c'est justement faute du concept d'ensemble que Russell s'est enfoncé dans des difficultés réputées oiseuses concernant le rapport entre les classes *as one* et les classes *as many* ; mais l'inconvénient d'une telle évaluation rétrospective, c'est qu'elle s'interdit tout accès à la compréhension des problèmes que Russell a vus, ou cru voir, dans la notion de « multiplicité ». Or concevoir quel genre d'être était au fondement de la possibilité du dénombrement – de l'assignation d'un nombre – tout en restant soumis aux contraintes de la conversion en sujet logique, ce problème n'était peut-être pas philosophiquement dénué de sens. Entre le pouvoir unificateur des concepts et l'éparpillement du « divers » tel qu'il se donne, le lien n'est pas si évident qu'une certaine naïveté « ensembliste » aimerait le faire croire.

Le concept (par exemple) *corps céleste tournant autour du soleil* est un, comme tout concept et tout être en général ; et pourtant, il y a neuf corps célestes tournant autour du soleil, comme il y a neuf planètes : tels sont, si l'on veut, les données dont part la réflexion de Russell sur les classes. De la seconde remarque, il est naturel de conclure qu'il y a quelque « objet », distinct à la fois du concept de planète et de corps céleste..., qui est proprement *neuf*, c'est-à-dire dont un nombre peut être prédiqué, et qui est identiquement l'extension des deux concepts. Cette extension, c'est précisément les neuf objets dont il est question, Mercure *et* Vénus *et*..., ce que Russell appelle (réminiscence de Bolzano) la conjonction numérique des termes dénombrés. Mais par ailleurs, selon la première remarque, cette

---

1. Le texte des *Principia*, (introduction, III) montre que Russell ne pensait pas du tout, en 1910, que ces problèmes étaient « dépassés » d'une manière ou d'une autre : l'utilisation de la technique des symboles incomplets permet simplement d'éviter ce genre de problème. De manière générale, cette stratégie d'évitement des problèmes philosophiques ultimes caractérise assez bien le lieu théorique où se tient *Principia Mathematica* : en attente d'une élaboration ultime des fondements philosophiques, que le souci d'efficacité mathématique conduit à remettre à plus tard.

extension, si elle possède quelque existence, n'est-elle pas une, au même titre que chacun des concepts qui la détermine ? Une extension, autrement dit quelque chose de déterminé dès que les objets qu'elle « contient » sont donnés, une multiplicité, autrement dit quelque chose qu'on puisse dénombrer, enfin une unité, c'est-à-dire quelque chose dont on puisse parler, qui soit un sujet logique possible (comme dans : « Vénus est-une planète » ou « Vénus $\in$ planète », où l'on peut bien lire le signe de relation binaire « $\in$ » *appartient à [l'ensemble des]*..., mais à condition de voir là l'indication du problème, non pas le nom magique de la solution) : tel doit être simultanément le genre d'objet qu'on appelle une classe. Voilà du moins les réquisits de toute théorie « philosophique » des classes : philosophique au sens où elle doit nous donner une vision directe de la nature des classes, ce que ne font justement pas les axiomes qui régissent chez Frege l'usage de la notion de *Werthverlauf.* En tant qu'extension, la classe doit être distincte du concept lui-même, cela ne fait aucun doute : toute théorie des classes sera donc « extensionnelle » ; ce sont plutôt les deux autres aspects qu'il paraît difficile de conjuguer. Précisément, ne s'agit-il que de différents aspects sous lesquels le même objet nous est donné, tantôt comme un, tantôt comme multiple, ou bien y a-t-il lieu de distinguer deux objets, la classe *as one* d'une part, la classe *as many* de l'autre ?

> Une question tout à fait fondamentale pour la philosophie de l'Arithmétique doit être à présent discutée d'une façon plus ou moins préliminaire. Une classe qui a plusieurs termes doit-elle être regardée elle-même comme une ou comme multiple ? [...] On peut être tenté d'identifier la classe comme multiple et la classe comme une, par exemple *les hommes* et *le genre humain* [...] Mais il est plus correct, je pense, d'inférer une distinction ultime entre la classe comme multiple et la classe comme une [1].

Le point crucial de cette distinction (dont Russell n'est visiblement pas assuré) est qu'elle constitue le lieu où les *Principles* affrontent les difficultés liées au processus de nominalisation de la manière la plus flagrante (Russell a bien vu que son concept

---

1. *P. of M.,* § 74.

de « classe comme une » correspondait à la notion frégéenne de *Werthverlauf,* pour la raison essentielle que les « extensions » de Frege sont des objets au sens frégéen, comme ses « classes comme unités » sont des termes, et donc tombent sous le principe de substituabilité universelle ; mais a-t-il tiré la conclusion qui s'imposait, qu'aucune notion n'était dans son système plus proche de la notion frégéenne de concept que celle de « classe comme multiple » ?). La classe comme multiple n'est pas un sujet logique possible et, en vertu du principe de conversion universelle, il faut donc la munir d'un représentant, de sorte que si l'on veut parler de la classe comme multiple, on dispose précisément pour ce faire de la classe comme une à la place de la classe comme multiple ; l'une venant pourvoir aux besoins de la nominalisation en quelque sorte pour l'autre, ou mieux, l'une *étant* l'autre à la nominalisation près. La parenté avec la description frégéenne de la situation est manifeste, au point que le lexique de la « représentation » utilisé par Frege revient spontanément sous la plume de Russell pour décrire le rapport entre l'extension en tant que multiplicité et l'extension en tant qu'unité : « Sans un objet qui soit une unité *[a single object]* pour représenter une extension, les Mathématiques s'écroulent [1]. »

Une nouvelle fois, donc, le principe de la conversion en sujet logique tel qu'il est exigé pour asseoir la possibilité d'une théorie interne des différents genres de l'être apparaît comme l'une des principales idées qui configurent la pensée de Russell : on l'a vu à l'œuvre dans la théorie des fonctions et des concepts, et à présent, dans le cadre de la réflexion sur les classes, il contribue à justifier la distinction entre classe comme multiple et classe comme unité, distinction qu'au reste la grammaire suggère (en opposant *les hommes* et *le genre humain, les points* et *l'espace,* etc.). Et une nouvelle fois, bien sûr, Russell est aux prises avec des difficultés considérables, qui surgissent chaque fois qu'on applique le principe à des objets qui, pour une raison ou une autre, semblent autant de contre-exemples. Est-il sûr que la classe comme unité vienne permettre la nominalisation en

---

1. *Ibid.*, § 489 ; les mathématiques, parce que compter des classes, c'est-à-dire dénombrer des classes de classes, exige que les classes soient converties en sujets logiques ; ce qu'on compte, ce sont toujours des « unités ». À cet égard, mathématiques et philosophie de la logique sont logées à la même enseigne.

représentant la classe comme multiple, et fasse ainsi échapper à « la contradiction toujours à craindre » ?

Avec cette question, on se trouve en fait au cœur du conflit qui sera la force motrice de la réflexion de Russell dans toutes les années à venir, en un point qui est une sorte de carrefour stratégique entre deux orientations philosophiques opposées. Le choix, dont Russell a progressivement dégagé les implications, est au fond celui-ci : maintenir dans toute leur rigueur les principes de conversion en sujet logique, de substituabilité universelle, etc., c'est-à-dire les principes qui permettent l'effectuation de l'idéal de l'universalisme positif ; mais alors des difficultés redoutables semblent devoir être surmontées pour accommoder les entités résistantes – les classes par exemple. Ou bien au contraire sacrifier ces principes, d'autant plus que les antinomies paraissent surgir de leur application sans restriction, mais alors la solution des paradoxes signe l'abandon de l'horizon philosophique initialement déployé. Entre ces perspectives, également inquiétantes, la pensée de Russell ne trouvera jamais le repos.

Car déjà, à supposer que la représentation par les classes comme unités soit une solution au problème de la nominalisation, le paradoxe de Russell vient ici compliquer les choses, dans la mesure où il montre que la classe comme une fait au moins parfois défaut. C'est en effet en tant que « totalité » *(whole)*, c'est-à-dire en tant qu'unité, terme ou entité, que la classe w est paradoxale : l'antinomie surgit au moment où l'on suppose qu'on parle d'une certaine classe w pour demander si w est ou n'est pas élément d'elle-même comme multiple. Pour le dire autrement, ce qui paraît une valeur possible de x dans la définition de la classe w :

$$x \in w \text{ si et seulement si } x \notin x,$$

c'est uniquement w comme une, puisque si la variable parcourt bien tout le domaine de l'être, elle ne parcourt que l'être (si l'on peut parler ainsi). L'antinomie montre donc seulement que la classe comme une n'existe pas toujours (elle ne dit rien au sujet de w comme multiplicité), et en conséquence frappe d'un doute général l'hypothèse de l'existence des classes comme unités. Comme chez Frege, c'est l'abus de la représentation qui est responsable des contradictions :

Dans de tels cas, il y a seulement une classe comme multiple, et pas de classe comme une. Nous avons admis comme un axiome qu'on trouvait la classe comme une chaque fois qu'il y a une classe comme multiple ; mais cet axiome, il n'est pas nécessaire de l'admettre universellement, et il semble qu'il soit la source de la contradiction. En l'abandonnant, donc, la difficulté sera surmontée [1].

Mais alors, si la classe comme une n'est pas là pour représenter la multiplicité, ne nous retrouvons-nous pas devant quelque chose dont nous ne pouvons jamais parler – la classe en tant que multiple ? Et ici, la confrontation des §§ 74, 104 des *Principles* et 488-490 de l'appendice consacré à Frege montre que Russell est à la croisée des chemins – et voit clairement les enjeux du choix à faire.

Première direction (plutôt que solution) : effacer, autant que faire se peut, ce qu'on avait accordé d'être aux classes comme multiplicités, aux « conjonctions numériques », aux « extensions ». Déjà, en tant qu'objets dénotés par des concepts dénotants (exprimés par l'article défini au pluriel), les classes n'étaient pas des termes, mais seulement des « combinaisons » pures, c'est-à-dire des complexes sans unité, sans relation entre les éléments ou entités composantes ; ne possédant pas l'être, elles ne *sont* pas, à proprement parler. Il suffit d'en tirer toutes les conséquences : les classes n'existent pas, sont des fictions (ou plutôt : il ne « suffit » justement pas, tant qu'on ne saura pas comment faire comme si les classes existaient ; mais dès que Russell aura trouvé le « truc » pour faire comme si, c'est cette direction qu'il choisira !). En insistant donc sur le non-être des classes, on aura sauvé le principe de la conversion en sujet logique (puisque les classes ne sont rien, il n'y a rien qui résisterait ici à la nominalisation). Ce mouvement de pensée s'exprime le plus clairement dans ce texte auquel j'ai déjà fait allusion, puisque c'est là que Russell se demande si nous ne retombons pas dans la « contradiction toujours à craindre, qu'il y ait quelque chose qui ne puisse devenir sujet » – les multiplicités en tant que telles. Et il répond, en accentuant précisément l'idée qu'une classe n'est rien :

1. *Ibid.*, § 104.

Je ne vois pas comment on pourrait faire surgir une contradiction précise dans ce cas. Dans le cas des concepts, il s'agissait de quelque chose qui était manifestement une entité ; ici nous avons affaire à un complexe essentiellement analysable en unités. Dans une proposition comme « A et B sont deux », il n'y a pas de sujet logique : l'assertion ne porte pas sur A, ni sur B, ni sur la totalité composée des deux, mais purement et simplement sur A et B. Ainsi il semblerait que les assertions ne *portent* pas *[are about]* nécessairement sur un sujet unique, mais peuvent porter sur plusieurs sujets ; et cela supprime la contradiction qui surgissait, dans le cas des concepts, de l'impossibilité de faire des assertions sur eux à moins de les convertir en sujets. Cette impossibilité étant ici absente, la contradiction à craindre ne se produit pas [1].

C'est dans la direction esquissée ici (mais les moyens techniques manquent encore à Russell en 1903) qu'iront les recherches ultérieures de Russell : tourner les classes en fictions logiques, pour sauver le programme universaliste.

L'autre solution, c'est évidemment quelque théorie des types qui répartisse les êtres en domaines deux à deux disjoints, les individus, puis les classes d'individus, puis les classes de classes d'individus, etc. :

> Une classe comme une, dirons-nous, est un objet du même *type* que ses éléments ; c'est-à-dire une fonction propositionnelle $\varphi(x)$ qui est douée de sens quand un terme est substitué à x, reste également douée de sens lorsque la classe comme une est substituée. Mais la classe comme une n'existe pas toujours, et la classe comme multiple est d'un type différent de celui des éléments de la classe [2].

Mais le prix à payer pour cette « modification des principes de la Logique symbolique » analogue sous une forme « extensionnelle » à la distinction frégéenne entre objets et fonctions de différents niveaux, c'est évidemment le prix fort, la refonte de la théorie des variables, donc de l'implication formelle, et finalement l'abandon des principes qui permettaient l'expression théorique de la structure logique de la réalité : « La théorie selon

1. *Ibid.*, § 74.
2. *Ibid.*, § 104.

laquelle il y a différents genres de variables exige une réforme de la doctrine de l'implication formelle [1]. »

Il est difficile de dire jusqu'à quel point Russell a pris conscience, dans cet appendice écrit à la hâte, des conséquences de cette solution sur l'idéal originel d'une logique universelle : en 1903, beaucoup de choses sont encore en germe, qui ne se développeront que plus tard. Mais les textes des années suivantes, on va le voir, montrent que Russell a résisté à toute solution de ce type au nom de l'universalisme positif : du moins en invoquant régulièrement un certain nombre d'arguments (analogues à ceux que j'ai évoqués plus haut) qui appartiennent à la sphère d'idées caractéristique de cette forme de l'universalisme.

Et telle doit être la principale conclusion de l'interprétation que j'ai tenté de soutenir dans les pages qui précèdent : le fictionnalisme – cette philosophie très particulière des mathématiques qui fut celle de Russell [2] – s'est dégagé progressivement sous la contrainte des idéaux de l'universalisme positif. S'il ne faut pas multiplier les êtres plus que nécessaire, c'est d'abord pour pouvoir parler de toute chose, déployer dans le langage l'ontologie fondatrice des formes du langage.

1. *Ibid.*, § 492. Russell était parfaitement conscient que la réforme de la logique qu'implique le choix de la solution « de style théorie des types » était en complète opposition au point de vue qu'il avait soutenu : « La doctrine que je vais soutenir, dit-il à ce propos dans l'appendice A, est la négation directe du dogme soutenu § 70 » (suivant lequel la prédication d'un nombre ne porte pas sur une entité, mais sur les termes dénombrés).
2. Le terme de « fictionnalisme » provient d'un scrupule de Gödel, qui l'a conduit à corriger son usage précédent du mot « constructivisme » pour désigner « ce genre strictement nominaliste de constructivisme tel qu'il est à l'œuvre dans la *no-class theory* de Russell. Son sens est donc très différent de celui qui est en usage dans les discussions habituelles sur les fondements des mathématiques, c'est-à-dire à la fois de "admissible d'un point de vue intuitionniste" et "constructif" au sens de l'école de Hilbert. Ces deux écoles fondent leurs constructions sur une intuition mathématique que l'un des principaux soucis du constructivisme de Russell est précisément d'éviter.» (Kurt Gödel, note de 1964 augmentée en 1972 à l'article de 1944 « Russell's mathematical logic », *in Collected Works*, t. II). De fait, la construction de fictions logiques est destinée, selon Russell, à remplacer une intuition défaillante de certaines entités, qu'on ne pourrait autrement qu'inférer (faute d'une perception directe, ou suffisamment claire) : la présence du mot « construction » (*versus* inférence) ne doit pas ici égarer, et Gödel voit clairement en quoi ce type de construction logique n'a rien à voir avec le « constructivisme » au sens habituel. L'exposé le plus net de la méthode de construction logique sous la plume de Russell se trouve dans un petit article de 1914, « The relation of sense-data to physics », *in Mysticism and Logic*, p. 108 à 131 de l'édition de 1976.

1.2. *Processus autoreproducteur et cercle vicieux*

Le fictionnalisme : si l'inspiration philosophique qui s'exprime dans les textes écrits par Russell entre 1905 et 1908 témoigne des tendances les plus profondes de sa pensée, alors en effet, ce nom caractérise au mieux la philosophie russellienne des mathématiques.

D'un autre côté, on ne peut éviter une question. Comme l'indique le titre, significatif à cet égard, de l'article de 1908, « Mathematical logic as based on the theory of types », à partir de cette date Russell se décide à fonder l'exposition de la logique dans la (ou une) théorie des types, qui (disons en première approximation) limite l'usage fait jusqu'ici de ce concept de fiction logique. L'inflexion est incontestable : Russell a explicitement noté qu'une autre présentation était possible en termes de « matrices » (qui sont les symboles pour les « fictions logiques »), plutôt que de « fonctions » (hiérarchisées en types), mais qu'il était « techniquement préférable » de choisir la seconde construction, où les fonctions remplacent lesdites matrices, mais ne se présentent nullement comme de simples fictions [1]. Malheureusement, Russell ne s'est guère expliqué sur ce changement d'exposition. La question est donc : dans quelle mesure la théorie des types logiques telle que présentée à partir de 1908 ne constitue-t-elle qu'une variante techniquement préférable d'exposition du système de la logique, dans quelle mesure au contraire faut-il y voir la marque d'une évolution philosophique ? Cette question n'est pas de pure érudition. Le fictionnalisme étant profondément lié à l'universalisme logique sous-jacent – ou plutôt représentant une tentative pour résoudre les antinomies sans sortir du cadre universaliste –, la question portant sur le destin du fictionnalisme de Russell après 1908 est

---

1. « Mathematical logic as based on the theory of types », article publié en 1908 dans l'*American Journal of Mathematics*, 30, et repris dans *L. & K.* ; Russell écrit, après un très bref résumé de la théorie substitutionnelle des classes (qui construit les « matrices » à partir des propositions, *cf. infra* chapitre II) : « Bien qu'il soit *possible* de remplacer les fonctions par des matrices, et bien que cette procédure introduise une certaine simplicité dans l'explication des types, c'est techniquement mal commode. Techniquement, il est préférable de remplacer le prototype p par φa [...] ; ainsi, là où p et a figureraient comme variables apparentes si les matrices étaient utilisées, nous avons maintenant φ comme notre variable apparente. » (*L. & K.*, p. 77.)

au fond une question sur le devenir de l'universalisme logique après cette date : Russell a-t-il renoncé à cette perspective, a-t-il simplement laissé le problème en suspens en attendant des jours meilleurs (hypothèse vraisemblable, au vu de ce que nous savons de l'espoir qu'il mit tout d'abord dans Wittgenstein) ? De plus, cette question en soulève aussitôt une autre, car à supposer qu'il y ait bien, de la part de Russell, inflexion philosophique (et non pas simplement parti pris d'exposition), par quoi le fictionnalisme a-t-il été remplacé ? Peut-on caractériser la pensée de Russell en philosophie de la logique après 1908 selon les catégories en usage dans ce domaine ? Doit-on parler d'un retour au réalisme (ou au platonisme mathématique), comme peut le suggérer la présence de variables fonctionnelles dont les valeurs possibles sont des fonctions (de divers ordres, mais réadmises dans l'ontologie : « Nous avons maintenant φ comme notre variable apparente », dit Russell) ? Doit-on au contraire pencher pour une interprétation « constructiviste » de la construction des fonctions d'ordre supérieur, comme semble nous y inviter le processus *step by step* par lequel sont introduites ces fonctions (et en quel sens de « constructivisme ») ?

Je m'efforcerai d'apporter un peu de lumière sur ces questions dans le chapitre suivant. Mais tout d'abord, c'est sur le lien entre l'universalisme positif et la théorie des fictions logiques qu'il faut revenir : on va le voir, ce point permet de mieux comprendre la manière dont le diagnostic des paradoxes en termes de « cercle vicieux » s'est progressivement imposé à la pensée de Russell.

Le principe du cercle vicieux, qui (au moins sous une de ses formulations, « une totalité ne peut contenir d'objet définissable en termes de cette totalité ») interdit les définitions imprédicatives, est naturellement associé à une sphère de pensée qu'on peut globalement appeler « constructivisme » au sens philosophique de ce terme, et qui (si l'on aime les généalogies) peut être rattachée au « conceptualisme » : l'existence mathématique y est en effet conçue comme dépendante de quelque façon de nos constructions ou bien encore comme une sorte d'existence mentale. Il semble même que seule l'attitude constructiviste soit susceptible de justifier le principe du cercle vicieux puisque, comme l'a fait remarquer Gödel, il n'y a rien d'absurde dans l'idée d'une existence objective qui cependant ne pourrait être décrite ou définie par nous qu'en référence à une totalité dont elle est un élément[1]. Il n'est donc pas très surprenant de lire sous la plume de Poincaré, en 1906, que c'est cette « sorte de cercle vicieux » qui est responsable des antinomies, puisque, du moins dans le cas d'un nombre infini d'objets, Poincaré semble assujettir l'existence de ces objets à nos possibilités de les construire (d'où le reproche ultime fait aux « Cantoriens » : ils traitent l'infini comme le fini, c'est-à-dire comme donné ou actuel) :

> Le mot *tous* a un sens bien net quand il s'agit d'un nombre fini d'objets ; pour qu'il en eût encore un, quand les objets sont en nombre infini, il faudrait qu'il y eût un infini actuel. Autrement *tous* ces objets ne pourront pas être conçus comme posés antérieurement à leur définition et alors si la définition d'une notion *N* dépend de *tous* les objets *A*, elle peut être entachée de cercle vicieux, si parmi les objets *A* il y en a qu'on ne peut définir sans faire intervenir la notion *N* elle-même[2].

En revanche, l'empressement de Russell à reprendre à son compte l'idée que « la clef des paradoxes doit se trouver dans l'idée du cercle vicieux[3] », comme il le dit dans sa réponse à Poincaré de septembre 1906, a de quoi surprendre, précisément parce qu'on ne saurait trouver chez lui l'arrière-fond philosophique susceptible de justifier le principe du cercle vicieux (et dont la présence pourrait expliquer psychologiquement son accord avec le diagnostic formulé par Poincaré). Car au sens philosophique du terme, Russell n'est pas du tout constructiviste : l'être est, le non-être n'est pas, tel est le dernier mot de sa métaphysique (bien que l'atomisme logique soit au plus loin du monisme d'un Parménide !). Et si l'on se souvient de la portée antikantienne du logicisme initial, et plus généralement de

---

1. Kurt Gödel, « Russell's mathematical logic », *op. cit.*, p. 128.
2. Poincaré, « Les mathématiques et la logique », série d'articles publiés dans la *Revue de métaphysique et de morale*, 14, 1906, et reproduits dans *Science et Méthode*, Flammarion, 1908 (souligné par Poincaré).
3. « Les paradoxes de la logique », article publié en français dans la *Revue de métaphysique et de morale*, 14, 1906, p. 627-50 ; le texte original anglais, sous le titre « On *Insolubilia* and their solution by symbolic logic », est publié dans *E. A.*

l'anti-idéalisme que Russell partage avec Moore, il apparaît inconcevable que Russell ait pu admettre que l'existence mathématique fût soumise d'une manière ou d'une autre à l'activité du sujet connaissant (l'idée de l'esprit, selon son mot déjà cité, est totalement sans pertinence pour la philosophie des mathématiques). De plus, ce serait une grave erreur d'interprétation de penser que le fictionnalisme des années 1905-1906 – la réduction d'un certain nombre d'êtres à des fictions logiques – signale un abandon du réalisme. Non : la théorie des fictions logiques réduit le nombre des êtres, restreint la totalité de ce qui existe autant qu'il est possible, mais ne modifie en aucun cas le concept d'existence ; ce qui demeure existe toujours aussi objectivement, et ce qui est aboli et « simulé » par certaines constructions symboliques (les fameux « symboles incomplets ») n'en reçoit pas pour autant une existence « dans l'esprit », mentale, intermédiaire, etc. Pour revenir aux généalogies, le fictionnalisme est peut-être une forme de nominalisme logique ou mathématique, en ce qu'il circonscrit la sphère du « donné » (encore qu'il ne partage nullement les préjugés nominalistes usuels à l'égard des entités abstraites en général, les propositions sont même au fondement de la *no-class theory* !), il est tout à fait étranger aux intuitions philosophiques qui ordinairement soustendent le point de vue dit « constructiviste ». Il est intéressant ici de citer un texte de Russell (tiré de la réponse au mathématicien Hobson, « On some difficulties in the theory of transfinite numbers and order types », et donc écrit en 1905), non seulement parce que Russell y exprime une profession de foi entièrement réaliste, mais aussi parce qu'il y rejette tout ce qui pourrait constituer une immixtion de préconceptions philosophiques à l'intérieur des mathématiques, prétendant départager les « bonnes » mathématiques des « mauvaises » mathématiques, philosophiquement inadmissibles :

> Le Dr Hobson explique que si nos opinions divergent quant à la définition des cardinaux, c'est que contrairement à lui, « je regarde les activités de l'esprit comme sans pertinence dans les questions d'existence de telle et telle entité ». C'est là une différence philosophique et, comme toutes les différences philosophiques, elle ne doit pas affecter le détail des mathématiques, mais seulement leur interprétation. Les mathématiques seraient

bien mal parties s'il fallait attendre que le débat entre idéalisme et réalisme soit réglé pour avancer. Quand une nouvelle entité est introduite, le Dr Hobson regarde cette entité comme *créée* par l'activité de l'esprit, alors que je la considère comme seulement *discernée* ; mais cette différence d'interprétation ne peut affecter la question de savoir si l'introduction de cette entité est légitime, ce qui est la seule question qui concerne les mathématiques, par opposition à la philosophie [1]. »

À en croire ce texte, donc, ce n'est pas quelque conception générale de ce que peut être l'interprétation des mathématiques qui a conduit Russell à endosser le jugement de Poincaré (une telle intrusion de la philosophie n'est pas légitime), mais bel et bien le caractère « mathématiquement admissible » ou non de certaines entités : le cardinal de la classe de toutes les entités (paradoxe de Cantor), l'ordinal de la suite de tous les ordinaux (paradoxe dit de Burali-Forti), la classe de toutes les classes qui ne sont pas éléments d'elles-mêmes, etc. Ces entités sont clairement inadmissibles, étant paradoxales : cherchez l'erreur dans la manière dont elles sont définies ! Non parce qu'il y aurait ici une forme de définition intrinsèquement fautive au sens où Poincaré disait qu'une faute logique restait une faute logique, même si elle n'entraînait pas contradiction ; mais parce que les antinomies montrent qu'aucune entité n'a été en fait introduite, c'est-à-dire discernée, reste à comprendre ce qui ne va pas : pourquoi nos principes logiques usuels pouvaient nous amener à penser que nous avions, là comme ailleurs, introduit (c'est-à-dire rencontré, décrit) quelque entité, alors que ce n'est manifestement pas le cas. Si Russell a mis le doigt sur une faute de cercle vicieux, ce n'est donc pas quelque tournure d'esprit constructiviste qui peut l'expliquer (et, encore une fois, Russell ne semble pas prêt à tolérer qu'un parti pris philosophique vienne légiférer sur les mathématiques !). Là comme ailleurs, nous n'avons d'autres ressources qu'une recherche régressive, des conséquences (contradictoires) aux principes (à amender), et le principe du cercle vicieux n'est qu'une hypothèse inductive (même si elle jouit d'une grande plausibilité intrinsèque) tirée

---

1. « On some difficulties in the theory of transfinite numbers and order types », *Proceedings of the London Mathematical Society*, série 2, 4, 1906 ; reproduit dans *E. A.*

de l'analyse « du genre de raisonnement qui donne naissance aux contradictions[1] ». Après tout, Russell nous a lui-même raconté (comme tous les philosophes, en idéalisant sa démarche en méthode) comment il avait procédé dans sa recherche d'un diagnostic des paradoxes. Pourquoi ne pas le croire ? En fait, il n'est pas juste de dire que Russell a purement et simplement endossé le diagnostic de Poincaré. Qui, des deux mathématiciens, a mis l'autre sur la piste de cette idée ? Relisons Poincaré : quelques pages avant de formuler la « vraie solution », il renvoie à une première formulation russellienne des paradoxes, qui déjà met au premier plan de manière frappante les caractéristiques d'autoréférence et de réflexivité présentes, semble-t-il, dans toutes les antinomies :

> Quelle est l'attitude de M. Russell en présence de ces contradictions ? Après avoir analysé celles dont nous venons de parler et en avoir cité d'autres encore, après leur avoir donné une forme qui fait penser à l'Épiménide [...][2].

Poincaré suggère à Russell que le Menteur est une figure paradigmatique des paradoxes logico-mathématiques parce que Russell a déjà présenté les paradoxes sous une forme telle que Poincaré, en le lisant, pense à l'Épiménide, puis Russell, lisant à son tour Poincaré, s'aperçoit que l'idée de « cercle vicieux », il l'a déjà sous la main même s'il n'a pas utilisé le mot dans ce contexte... Il ne s'agit évidemment pas d'ouvrir un procès en antériorité : il est clair que les deux grands mathématiciens se rencontrent, de manière d'autant plus surprenante que c'est dans le malentendu (sur la philosophie sous-jacente, sur les buts visés, etc.). Mais c'est un fait que Russell, avant les articles de Poincaré, avait élaboré les idées essentielles de la *no-class theory* après avoir découvert que les entités paradoxales étaient toutes, d'une manière ou d'une autre, des totalités, disons, dont la définition pouvait paraître à bon droit suspecte (même s'il est faux de dire, comme le prétend Russell de manière quelque peu ten-

---

1. « The regressive method of discovering the premises of mathematics », *in* E. A.
2. Poincaré, « Les mathématiques et la logique », *op. cit.* Dans ce paragraphe du chapitre intitulé « Les derniers efforts des Logisticiens », Poincaré commente (de manière fort critique) l'article de Russell « On some difficulties... », *op. cit.*

dancieuse, que la *no-class theory* a été inventée pour éviter les cercles vicieux[1]). Il serait plus exact, me semble-t-il, de décrire les choses ainsi : dans un premier temps, Russell dégage de l'analyse des antinomies un diagnostic qui ressemble en effet beaucoup à l'idée de sophisme de cercle vicieux, mais la solution proposée, la *no-class theory*, ne tient pas essentiellement compte de ce diagnostic (en raison de sa radicalité et de sa généralité). Dans un second temps, et en effet après la lecture de Poincaré (pour autant que les textes soient des témoins fidèles du mûrissement de sa pensée), Russell voit qu'il y a un lien organique entre principe du cercle vicieux et *no-class theory* : ce lien est justement que la *no-class theory* permet d'éviter les cercles vicieux sans renoncer aux exigences de l'universalisme. Tout se passe donc comme si Poincaré avait offert à Russell, avec sa suggestion, une merveilleuse occasion de « rebondir » et d'élaborer pour la première fois une théorie globale des paradoxes. Il semble qu'en accusant l'imprédicativité de certaines définitions, Poincaré ait donné forme à des intuitions que Russell n'avait pas pleinement exploitées ; par ailleurs, il y a entre l'idée de Poincaré et la synthèse russellienne toute la distance qui sépare une intuition, fût-elle géniale, d'une théorie harmonieusement développée. Cette description des faits me paraît raisonnablement fidèle.

Le premier temps, donc, est encore de recherche tâtonnante, mais peut être caractérisé par trois traits. D'abord, Russell comprend que les incertitudes qui pèsent sur la « nature » des classes ne sont pas essentielles à l'analyse des paradoxes : l'argument, dit-il, « ne dépend pas de tel ou tel point de vue sur la nature des classes et des relations[2] », la faute logique dont les antinomies sont le symptôme est plus originelle même que l'abstraction de classe, elle réside au plus profond, dans l'abstraction fonctionnelle. L'abstraction de classe a en effet quelque chose de « naturel » dès que le geste d'abstraction fonctionnelle est réputé légitime, puisque nous pouvons définir « *x* est un élément de *u* » par :

$$\exists \varphi \ (u = \hat{z}(\varphi z) \ \wedge \ \varphi x),$$

où figure la variable fonctionnelle φ, ce qui suppose un geste

---

1. « Les paradoxes de la logique », *op. cit.*, dans les premières lignes.
2. « On some difficulties... », *E. A.*, p. 137.

préalable d'entification des fonctions, c'est-à-dire d'abstraction de ce que les *Principles* appelaient la «partie fonctionnelle d'une fonction propositionnelle». La faute logique a lieu dès que l'on croit pouvoir quantifier sur de telles fonctions, parce qu'elles ne sont pas des entités, du moins pas toujours (c'est-à-dire qu'elles n'existent tout simplement pas) :

Le point, me semble-t-il, où la définition ci-dessus de «x est un (élément de) u» est fautive, c'est qu'elle parle d'«une fonction φ» sans argument. Or une fonction, comme Frege lui-même l'a soutenu avec raison, n'est rien du tout sans quelque argument ; donc nous ne pouvons jamais dire d'une formule contenant une fonction variable qu'elle vaut «pour quelque valeur de φ» ou «pour toute valeur de φ», parce qu'il n'y a rien de tel que φ, et donc il n'y a pas de «valeurs de φ»[1].

Passons sur l'appel à l'autorité de Frege ; il n'y a pas d'entité «séparée» qui soit la fonction en tant qu'opposée à la fonction propositionnelle, ou, comme dit aussi Russell, qui soit la fonction propositionnelle elle-même en tant qu'opposée à ses valeurs. Cela, les *Principles* l'avaient déjà dit. Ce qui est nouveau en revanche réside dans le caractère exclusif du diagnostic : c'est là, et là seulement, qu'est le point. La question n'est peut-être pas de la plus haute importance, mais elle éclaire ce que veut dire Russell quand il parle à l'époque de *no-class theory* : contrairement à ce qui se passe dans les *Principia*, c'est en fait essentiellement une *no-function theory*, une théorie logique sans fonctions.

Second trait de ce premier moment : la question n'est pas tranchée de savoir s'il faut dire que l'abstraction fonctionnelle est toujours fausse ou seulement que parfois la fonction n'existe pas. Apparemment les antinomies ne surgissent qu'à partir de certaines fonctions propositionnelles : celles que Russell appelle «non prédicatives» (parce qu'elles ne définissent pas un prédicat, une fonction, une classe). Si l'on se décide pour la solution consistant à limiter l'abstraction fonctionnelle en certains points singuliers, encore faut-il avoir une idée de cette singularité. D'où une première tentative de Russell pour dégager un

---

1. «On the substitutional theory of classes and relations», conférence prononcée devant la London Mathematical Society le 10 mai 1906 ; p. 171 in *E. A.*

patron commun sous-jacent à « tous » les paradoxes (pas tous, à vrai dire, car jusqu'à l'intervention de Poincaré les paradoxes dits ultérieurement « sémantiques » ne sont pas au centre de l'attention [1]). Et c'est dans le cadre de cet effort pour spécifier les cas de non-prédicativité (au sens de Russell, que l'histoire oubliera après le déplacement d'accent dont Poincaré fut l'initiateur : l'imprédicativité, *c'est* le cercle vicieux !) que Russell met le doigt sur un certain rapport entre totalité et élément « définissable en terme de cette totalité » (on l'aura compris, pour Russell, cela ne peut que vouloir dire « présupposant » ontologiquement cette totalité), rapport étrange parce qu'il semble que ledit élément appartienne à cette totalité, alors que cette appartenance est par ailleurs contradictoire – rapport, de plus, qu'on retrouve également dans le cas de l'antinomie Burali-Forti, dans le cas du « paradoxe de Russell », dans celui dit de Cantor. Voici le texte où Russell résume l'« impression » générale que laisse cette étude des paradoxes (« impression », parce qu'il s'agit justement d'« apparence logique », il semble que des entités soient « découvertes », alors que manifestement il n'en est rien : d'où ce langage où il est question de « production » d'« engendrement », non parce que Russell aurait oublié son réalisme philosophique, mais parce que ces « créations » ne sont que nos créations, les apparences induites par notre logique, aucune entité ne leur correspond) :

> Les considérations précédentes tendent vers cette conclusion : les contradictions résultent du fait que selon des assomptions logiques courantes, il y a ce que nous pouvons appeler des processus et des classes *autoreproducteurs*. Autrement dit, il y a des propriétés telles que, étant donné une classe quelconque de termes ayant cette propriété, nous pouvons toujours définir un nouveau

1. Russell mentionne en 1906, dans « On the substitutional theory... », le paradoxe dit parfois de « Zermelo-König » du « plus petit ordinal non finiment définissable », qui semble être justement défini par cette description ; Russell esquisse dans le même article une solution du paradoxe qui consiste à faire remarquer, en gros, que la notion de définissabilité est « relative » aux moyens disponibles dans un langage donné. On peut voir dans la réponse de Russell une anticipation du style de résolution des paradoxes sémantiques par la distinction d'une hiérarchie de langages (mon attention a été attirée sur ce point par M. Jean Mosconi, que je remercie). Le texte de Julius König auquel Russell fait référence est l'article « Über die Grundlagen der Mengenlehre und das Kontinuum-problem », *in Mathematische Annalen*, 60, 1905.

terme ayant aussi la propriété en question. Si bien que nous ne pouvons jamais rassembler *tous* les termes ayant ladite propriété en une totalité ; parce que, chaque fois que nous espérons les avoir tous, la collection que nous avons se met aussitôt à engendrer un nouveau terme ayant aussi ladite propriété [1].

La structure générale des paradoxes, qui justifie cette conclusion en première analyse, est en effet, brièvement résumée, la suivante : soient φx une fonction propositionnelle (par exemple : x est un ordinal), u la classe définie selon les assomptions logiques usuelles par φ (par exemple l'ensemble bien ordonné des ordinaux), et $f(u)$ l'élément également défini conformément à ces assomptions usuelles (par exemple : l'ordinal de u), tels que :

1) $\varphi(f(u))$
2) $f(u) \notin u$

moyennant le principe d'abstraction de classe sans restriction, on a en vertu de 2) :

$$\neg \, \varphi(f(u)),$$

qui contredit 1). Le paradoxe de Russell est un cas particulier de ce schéma, où φx est « $x \notin x$ », $f(u)$ est u elle-même (la classe w des classes qui ne sont pas éléments d'elles-mêmes), où 1) et 2) se confondent, et où la contradiction découle de la « définition » de u, ce qui prouve directement dans ce cas que u n'existe pas. Présentés sous cette forme, les paradoxes rendent en effet vraisemblable l'idée que le problème touche à la manière dont nous pouvons concevoir et admettre telle ou telle « totalité » (et, indirectement, ce qui semble être au principe de telles totalités, les fonctions, on l'a vu tout à l'heure). Et ce pour une raison essentielle : en 1906 encore, comme en 1903, il n'y a d'autres totalités

---

1. « On some difficulties... », *in E. A.*, p. 144. Si l'on compare ce passage avec le texte célèbre de Cantor (la lettre à Dedekind du 28 juillet 1899) sur les « pluralités absolument infinies », il me semble qu'on voit nettement comment la description russellienne de ce processus « autoreproducteur » préfigure le diagnostic d'imprédicativité : là où Cantor parle simplement d'« admission d'une coexistence de tous les éléments » d'une pluralité, Russell met déjà l'accent sur la « définition » ou « l'engendrement » d'une entité à partir d'une collection ; le mécanisme à la source du caractère antinomique de telle collection réside bien dans la présupposition de la collection dans l'entité en question.

concevables que les classes, c'est-à-dire les objets *de* la théorie logique. Russell ne saurait faire alors de différence (comme il finira par le faire à partir de 1908) entre des objets internes à la théorie (les classes, ou les fonctions), et ce qu'on pourrait appeler des « objets métathéoriques » au sens où ils ne font pas partie de l'ontologie de la théorie, du monde en quelque sorte vu du point de vue de la théorie, mais sont seulement requis par la construction de la théorie : ce que deviendront, sous le nom de « domaines » (*range*) ou de « types », les totalités à la distinction desquelles présidera le principe du cercle vicieux dans sa formulation définitive. Pour éclairer cette distinction capitale (puisqu'elle signe l'abandon de la prétention de la théorie logique à être une science première, une théorie de ce qui est présupposé dans toute théorie, elle renvoie à un *autre* discours le soin d'élucider ce que sont ces « domaines », « totalités » et « types » présupposés par la théorie logique), mettons en parallèle les deux formulations presque identiques du principe du cercle vicieux, à la substitution près, en 1908, du terme « totalité » là où Russell en 1906 parlait encore de « classe ».

Version de 1906, dans l'article réponse à Poincaré, « Les paradoxes de la logique » :

> Je reconnais en outre ceci de vrai dans l'objection que M. Poincaré fait à l'idée de totalité, que tout ce qui concerne d'une manière quelconque *tous les* [*all*], *n'importe quel* [*any*], ou *quelque* élément(s) d'une classe ne doit pas être lui-même l'un des éléments d'une classe [1].

Formulation de 1908 (qui commence par rappeler l'apparence logique d'autoreproduction telle que décrite en 1905) :

> Ainsi toutes nos contradictions ont en commun l'assomption

---

1. « Les paradoxes de la logique », *op. cit.* À vrai dire, il y a une petite énigme dans ce fragment : pourquoi « ne doit pas être lui-même l'un des éléments *d'une* classe » là où on attendrait naturellement : « de la classe », celle dont il a déjà été question ? Le texte comparable de 1908 dit en effet : « ce qui présuppose une collection ne doit pas être un élément de la (ou de cette) collection ». Un cas de mauvaise traduction est à peu près exclu, puisque la version originale anglaise, telle que publiée dans *E.A.* (« On *Insolubilia*... »), dit aussi : « *must not be itself one of the members of a class* ». Je laisse au lecteur curieux le soin d'imaginer des hypothèses d'interprétation...

d'une totalité telle que, si elle était légitime, elle serait aussitôt augmentée de nouveaux éléments définis en termes de cette totalité. Cela nous conduit à la règle : « Ce qui comprend [*involves*] *tous les* [*all*] éléments d'une collection ne doit pas être l'un des éléments de la collection[1]. »

Collection, et non plus classe : ce changement minime de terminologie engage peut-être toute une philosophie, il marque au moins l'obscurcissement de l'idéal universaliste. Telle est la portée profonde de la différence entre le diagnostic formulé en 1905-1906 sous le nom de processus autoreproducteur, et sa reprise ultérieure en termes de cercle vicieux. Pour le reste, c'est-à-dire la reconnaissance d'une circularité au principe des antinomies, Russell n'a pas attendu Poincaré. On comprend que ce dernier, lisant l'article de 1905 « On some difficulties... », ait pensé à l'Épiménide.

Cependant – et c'est le troisième aspect annoncé plus haut –, l'importance de ce diagnostic local est, sinon annulée, du moins fortement diminuée par le choix de la *no-class theory* comme solution générale (c'est en ce sens que je parlais d'absence d'unité organique entre principe du cercle vicieux et *no-class theory* dans le premier moment d'élaboration de la théorie). En effet, si l'abstraction fonctionnelle est récusée en tant que telle, au sens où l'on s'abstient de manière générale de toute affirmation ontologique concernant les fonctions (et les classes), il importe finalement peu de savoir quelle est la singularité des fonctions propositionnelles qui sont manifestement « non prédicatives », puisque toutes sont réputées telles. C'est pourquoi, durant cette période, l'accent est mis sur la technique d'une solution positive, c'est-à-dire d'une reconstruction des fondements de la théorie logique par la méthode dite « substitutionnelle des classes », sans que les idées d'autoréférence et de circularité soient autrement exploitées.

Après l'intervention de Poincaré, de grandes modifications affectent l'équilibre de la théorie, et c'est ce deuxième temps qu'il faut à présent considérer. Tout d'abord, la remarque de Poincaré sur l'Épiménide conduit Russell à prendre en compte

1. « Mathematical logic as based on the theory of types », *in L. & K.*, *op. cit.*, p. 63.

de « nouveaux » (ce sont bien sûr les plus anciens !) paradoxes : non point des paradoxes qu'il faudrait qualifier de « sémantiques » (ou de « syntaxiques », ou d'« épistémologiques », cette manière de voir les choses est postérieure) par opposition à des paradoxes proprement « logiques ». Non, les nouveaux paradoxes proposés à l'attention de Russell n'ont rien de particulièrement sémantique, pas même le paradoxe touchant à la notion de définissabilité (type Richard : une « définition » pour Russell n'est que la spécification d'une propriété singularisante). Ce qui est important, dans le Menteur et les paradoxes apparentés, est qu'ils concernent d'autres entités que les fonctions et les classes : les propositions. Comme on le précisera au chapitre suivant, la prise en compte des paradoxes propositionnels a conduit Russell a élargir la théorie substitutionnelle des classes qui, sous cette forme généralisée, devient la théorie des expressions à opérateur comme symboles incomplets. De plus, et historiquement, ce point est sans doute capital pour comprendre le changement de 1908 – l'abandon *de facto* de la théorie des expressions à opérateurs – , le traitement des paradoxes propositionnels est entré en conflit avec l'une des contraintes auxquelles toute solution était soumise : qu'elle laisse intact le maximum d'arithmétique possible. De ce point de vue, la synthèse harmonieuse à laquelle Russell pensait être parvenu entre le principe du cercle vicieux comme principe suprême de la nouvelle logique et la *no-class theory* comme outil de sa réalisation, cette synthèse s'est révélée illusoire. Avant de voir pourquoi, tâchons de comprendre les espoirs que Russell a mis dans la possibilité de tourner les entités fautives en fictions logiques.

Admettons donc que la faute de cercle vicieux soit en effet responsable du paradoxe de Russell : *les éléments tels que...*, c'est-à-dire la classe des éléments qui satisfont quelque clause, voici une entité (si une telle chose existe) qui présuppose ontologiquement ses éléments. Cette postériorité logique de la classe se reflète dans le symbolisme en tant que langage tendant à la perfection logique, par la présence d'une variable « apparente » (liée) dans... ? – nous aurions envie de dire aujourd'hui bien sûr –, dans la notation pour l'abstraction de classe : « $\hat{z}(\varphi z)$ ». Mais la variable étant ce qu'elle est pour Russell, il faut bien plutôt penser que les classes (sous réserve qu'elles existent)

« contiennent » d'une certaine manière la variable ou du moins, si cette formulation paraît trop choquante, sont affectées d'une complexité interne dont la présence d'une variable est l'indice.

Cette complexité peut être décrite assez naturellement si l'on se souvient des premières analyses des *Principles* en termes d'objets « dénotés », de « combinaisons » de termes : ce qui contient une variable apparente présuppose essentiellement [*involves*] la donnée d'une totalité d'éléments (la même analyse, *mutatis mutandis*, s'applique peut-être aux fonctions comme entités possibles, qui vont « contenir » une [des] variable[s] apparente[s] dans la notation canonique des *Principia*). D'où une seconde formulation, en « Péanien », du principe du cercle vicieux :

> Dans le langage de M. Peano, le principe que je soutiens peut s'énoncer comme suit : « Tout ce qui contient une variable apparente ne doit pas être une des valeurs possibles de cette variable [1]. »

On dira que je fais la part trop belle à la confusion de la pensée de Russell concernant l'analyse des variables, en acceptant de dire avec lui que des entités, classes, fonctions, propositions générales (on va le voir), *contiennent* littéralement des *variables ;* mais ce n'est pas le point. Si l'on vise au purisme, on peut toujours réformer la formulation et dire que tout ce dont le nom contient une variable apparente ne peut être une valeur de cette variable. Le véritable enjeu de la discussion, c'est de savoir si des entités comme les classes, les fonctions, les propositions générales possèdent cette complexité que leur attribue Russell et présupposent ontologiquement la donnée de leurs éléments (dans le cas des classes), de leurs arguments (dans le cas des fonctions), du domaine auquel « réfère » le quantificateur (dans le cas des propositions générales). Et, bien évidemment, cette question, comme toute question ontologique, ne peut être réglée d'un trait de plume (à supposer que ce soit une question !). Je crois que la seule attitude philosophiquement correcte, ici, est de prendre acte de la conception qu'avait Russell de la nature de ces entités, de noter qu'elle est relativement plausible et qu'en-

---

1. « Les paradoxes de la logique », *op. cit.*

fin (c'est le but principal de ces remarques), c'est ce genre de conception qui a amené Russell à formuler un problème qui, lui, n'a rien d'imaginaire, la difficulté de toute théorie qui prétend appliquer strictement le principe du cercle vicieux. Admettons donc, en second lieu, que les fautes de cercle vicieux doivent impérativement être évitées. Quand je parle, disons, de toutes les classes qui ne s'appartiennent pas à elles-mêmes, cela doit s'entendre, selon le principe du cercle vicieux, pas vraiment toutes, ou toutes non compris la classe paradoxale w qui présuppose cette totalité. Analogiquement, quand je parle de toutes les propositions, par exemple pour énoncer la loi du Tiers Exclu, cela doit s'entendre aussi non compris cette dernière proposition (la loi du Tiers Exclu elle-même), puisqu'elle contient une variable apparente logée dans « toutes », qui réfère à une totalité de propositions. Il faut donc, tel est le mot d'ordre, restreindre les totalités. Mais comment transformer le mot d'ordre en théorie, c'est-à-dire en énoncés qui expriment ces restrictions à la généralité, sans spécifier dans l'antécédent d'une implication formelle le domaine restreint auquel doit appartenir telle et telle entité pour que nous en parlions de manière sensée, c'est-à-dire finalement sans réintroduire les variables absolument non restreintes dont l'implication formelle a besoin (sous peine de rendre l'antécédent redondant) ? On voit le problème : dès qu'il s'agit d'appliquer le principe du cercle vicieux, d'exprimer telle ou telle instance du principe appliqué à telle et telle totalité reconnue légitime, la proposition qui formule la restriction viole fatalement le principe lui-même. Toute théorie qui prétend dire les restrictions les transgresse dans l'acte de les dire ; faut-il donc se résigner à simplement montrer les restrictions sans jamais formuler le principe du cercle vicieux lui-même ? Faudrait-il, solution plus étonnante encore, reconnaître la nécessité de quelque métathéorie antérieure à la théorie logique elle-même, qui soit déliée des contraintes qu'elle pose, qui désobéisse aux lois logiques fondamentales dont elle affirme l'universelle validité ? Au point où nous en sommes, on aura reconnu dans ces deux directions également périlleuses les deux figures des autres traditions de la pensée logique : celle de l'universalisme négatif pleinement assumé (les lois du sens et de la cohérence ne se peuvent que montrer, dans quelque trait indicible de « syntaxe »), celle de la montée (non nécessairement simplement « sémantique ») dans des « méta »-théories qui viennent toujours préfacer, de l'extérieur, quelque théorie-« objet » qu'elles prétendent fonder – fin du rêve d'une théorie première, à tout le moins de l'idée d'une logique une et universelle. Or Russell, en 1906, ne veut pas de ce *salto mortale* : fidèle à sa détermination originelle de l'essence de la logique, il veut encore tout dire, et le dire sans cette duplicité qui consiste à distinguer deux langages, dont l'un récupérerait d'une main (sous forme de transgression du principe du cercle vicieux) ce qu'il refuse à l'autre. Le principe du cercle vicieux engage donc l'universalisme logique positif dans la tâche d'une réforme sans doute tout à fait radicale des principes logiques, à raison même de l'aporie qui semble être la sienne :

> Les cercles vicieux commis ont ceci de particulier qu'on ne peut pas les éviter simplement en observant qu'on les a commis ; car l'assertion qu'ils doivent être évités (si elle n'est pas accompagnée d'une refonte des principes logiques) enveloppe elle-même un de ces cercles qu'elle prescrit d'éviter [1].

Remarque de Russell qui résume l'aporie : les antinomies prouvent que les variables ne peuvent parcourir que des totalités convenablement restreintes (par le principe du cercle vicieux) ; la spécification de ces restrictions dans la théorie par des implications formelles semble devoir restaurer l'usage de variables non restreintes qui parcourent la totalité de l'être (transgression du même principe).

La solution de l'aporie, c'est la théorie des fictions logiques. Oui, la variable restera non restreinte et aura comme valeurs possibles la totalité de toutes les entités ; mais non, il n'y aura jamais de cercle, rien de ce qui contient ladite variable ne sera une des valeurs possibles de x, simplement parce que rien de tel n'existe. Disons-le autrement : tout ce qui contient une variable apparente est une fiction logique ; à ce compte, en effet, rien de ce qui présuppose une totalité, fût-ce la totalité de tous les êtres, ne sera l'un des éléments de cette totalité. Là où l'être fait défaut, il n'y a pas de faute possible.

1. *Ibid.*

Telle est, dans son principe, cette théorie généralisée des expressions à opérateur (opérateur d'abstraction de classe, quantificateurs, sans oublier, bien sûr, l'opérateur de description, qui fut le paradigme) qui construit ou simule les entités *a priori* douteuses, ou manifestement paradoxales, sous forme de fictions. On verra au chapitre suivant comment la méthode des symboles incomplets rend l'opération techniquement possible. Pour l'instant, qu'il suffise de voir comment cette solution a germé sur le terrain de l'universalisme logique ; j'annonçais dans l'introduction que l'universalisme n'était parvenu à la conscience de soi que sous forme de problème posé à la pensée logique. De fait, aucun texte de Russell ne va aussi loin dans l'explicitation de cette sphère d'idées que ces articles réponses à Poincaré, écrits à l'heure où le principe du cercle vicieux fait surgir de manière dramatique le caractère hautement problématique de l'universalisme. Citons, pour conclure, deux textes qui décrivent admirablement la double contrainte qui préside à la naissance du fictionnalisme :

> Donc, pour réconcilier le domaine non restreint de la variable avec le principe du cercle vicieux, ce qui pouvait paraître impossible à première vue, il faut construire une théorie où toute expression qui contient une variable apparente (c'est-à-dire qui contient des mots comme *les, tout, quelque, le*) soit reconnue être une simple facon de parler, une chose qui n'a pas plus de réalité indépendante que, par exemple, $\dfrac{d}{dx}$ ou $\int_b^a$. Car dans ce cas, si φx est vraie pour *toute* valeur de x, elle ne sera pas vraie, mais dénuée de sens, si nous substituons à x une expression contenant une variable apparente. Et on trouve parmi elles toutes les expressions descriptives (le ceci ou cela), toutes les classes et relations prises en extension, et toutes les propositions *générales*, c'est-à-dire de la forme « φx est vraie pour toute (ou quelque) valeur de x [1]. »

La théorie substitutionnelle des classes – la *no-class theory* au sens strict – vient s'inscrire dans ce cadre général, application locale du fictionnalisme aux symboles de classes :

---

1. *Ibid.*

Si donc le principe du cercle vicieux doit être vérifié, il faut que les classes ne soient pas parmi les valeurs possibles d'une variable absolument non restreinte, ce qui est une autre manière de dire qu'il faut qu'il n'y ait pas de classes. Nous ne pouvons donc donner aucun sens à la supposition d'une classe qui serait membre d'elle-même, et par là nous échappons au paradoxe qu'engendre cette supposition [1].

Jusqu'où le programme universaliste, qui s'épanouit ainsi de la thèse de la variable « vraie ou formelle » jusqu'à cette économie ontologique des années 1906, est-il viable ? Le montrer en détail, ajoute Russell, « demande pas mal de mathématiques » : c'est vers ces questions qu'il nous faut à présent nous tourner.

1. *Ibid.*

Chapitre II

FICTIONS ET FONCTIONS *

2.0. No-type theory *et fictions logiques*

Résumant les attendus que j'ai évoqués au chapitre précédent, Russell conclut sa première réponse à Poincaré en esquissant ainsi la théorie générale des expressions à opérateurs :

> Les cercles vicieux apparaissent quand une expression [*phrase*] contenant des mots comme *tous les* ou *quelque* [contenant une variable apparente] paraît représenter un des objets auxquels les mots *tous les* ou *quelque* sont appliqués. Cette apparence est donc illusoire. La difficulté est qu'il y a des raisons pour croire que *tous les* doit pouvoir signifier *absolument tous ;* donc les expressions en question doivent ne pas représenter du tout des entités. Dans le cas des affirmations [*statements*], nous obtenons ce résultat en disant qu'une affirmation concernant toutes les choses affirme une proposition ambiguë au sujet de n'importe quelle [*any*] chose, et dans le cas des classes et des relations, en disant qu'elles doivent être regardées comme étant de manière purement verbale ou symbolique des parties des affirmations, sans être des parties des faits exprimés par ces affirmations.

La note appelée à la fin de ce passage ajoute : « Ce principe est une extension de la méthode appliquée aux expressions

---

* Je dois l'inspiration générale de ce chapitre, et plus particulièrement les réflexions sur la portée de l'Axiome de Réductibilité quant aux interprétations plus ou moins « constructivistes » de la hiérarchie des fonctions, à M. Ph. de Rouilhan. Naturellement, je porte l'entière responsabilité des insuffisances, ou des erreurs, qu'on pourra trouver dans ces développements.

dénotantes dans mon article " On denoting ", *Mind*, octobre 1905[1]. »

Il est bien connu, en effet, que Russell a vu dans la méthode de réduction des descriptions (définies et « indéfinies ») à des symboles incomplets la première avancée sur la voie d'une résolution des paradoxes[2]. À vrai dire, ce résumé le signale explicitement, la technique des définitions contextuelles qui atteste qu'un certain type d'expression fonctionnant en apparence comme une unité de signification est en fait un symbole incomplet, n'est véritablement convoquée qu'à propos des classes (et des relations). C'est cette première partie de la théorie générale des expressions à opérateur, la « théorie substitutionnelle des classes », qu'il nous faut à présent considérer. Je l'ai laissé entendre plus haut, son « extension » aux fins de parer aux paradoxes propositionnels était en fait une position intenable. Mais par ailleurs, la théorie substitutionnelle des classes était à elle seule insuffisante, étant justement vulnérable à ces paradoxes propositionnels (du type de l'Épiménide). Notons enfin, pour conclure ces remarques préliminaires, que la technique de réduction d'expressions apparemment référentielles à des symboles incomplets n'a qu'une portée ontologique faible : elle montre simplement que la théorie peut se passer de l'hypothèse des classes, comme en d'autres situations elle montre que la compréhension du langage peut se passer des hypothèses fantaisistes concernant l'être de l'actuel roi de France ou du carré rond, elle ne prouve pas que ces entités n'existent pas[3].

L'intuition fondatrice de la théorie est la suivante : la notion de *substitution* d'entités à d'autres entités dans les propositions permet, si l'on peut dire, d'aller des propositions aux classes en

1. « On *Insolubilia* and their solution by symbolic logic », *in E.A.*, p. 213 ; je n'ai pu garder la traduction proposée à l'époque, en raison de son inexactitude. La version française de cet article, sous le titre « Les paradoxes de la logique », est parue dans la *Revue de métaphysique et de morale* (ultérieurement : *R.M.M.*), 14, 1906.

2. *Cf.* par exemple *My Philosophical Development*, p. 60.

3. *Cf.* « On some difficulties in the theory of transfinite numbers and order types », *E.A.*, p. 154. Il est vrai, Russell affirme par ailleurs que dans le cas des descriptions il est possible de *prouver* qu'elles sont des symboles incomplets (*Principia Mathematica* [ultérieurement : *P.M.*], introduction, III, note 2) ; mais les arguments en question, tels qu'exposés dans « On denoting », prouvent seulement que les descriptions n'ont pas de « sens » isolément, donc en particulier qu'elles ne réfèrent pas à leur dénotation (qui peut cependant exister).

faisant l'économie de l'analyse propositionnelle en argument et fonction (ou partie fonctionnelle desdites « fonctions propositionnelles »), c'est-à-dire en se dispensant de l'abstraction fonctionnelle. On admettra donc pour l'instant un univers d'entités simples (« individus », choses et concepts) et d'entités complexes (propositions), dont les premières sont les constituants possibles : la question de savoir si la théorie doit affirmer explicitement, dans un axiome, l'existence et éventuellement le nombre de ces entités, peut être laissée provisoirement de côté (Russell semble avoir modifié ses vues à ce sujet dans le cadre élargi de la théorie des expressions à opérateurs : j'y reviendrai). Sur cet univers d'entités et de propositions, on suppose donnée une « relation » primitive exprimée par la fonction propositionnelle :

q résulte de p par substitution de x à a dans p,

en entendant par « substitution » remplacement dans toutes les occurrences de l'entité a dans la proposition p (si a n'est pas un constituant de p, on a $q = p$, ce qui permet de définir la notion « a est extérieur à p » ; par ailleurs, cette relation est supposée partout définie, autrement dit, pour toutes les entités ; p (et q) ne sont pas nécessairement des propositions). L'une des notations symboliques que propose Russell pour cette relation primitive est :

$$p/a;x!q$$

qu'on doit lire comme indiqué plus haut, et qui est l'unique formule primitive (ou le schéma de formule) propre à la théorie.

À partir de ce schéma de formule primitif, il semble que la définition contextuelle des matrices, c'est-à-dire des symboles qui vont tenir lieu de symboles de classes, se fasse en deux temps (bien que Russell ne soit pas parfaitement clair sur ce point). Dans une première étape, on définit de manière standard (au sens de « On denoting ») la description de la proposition résultante q, c'est-à-dire la description

le résultat de la substitution de x à a dans p,

en notation symbolique :

$$p/a; x$$

dans un contexte quelconque f(...), moyennant les formes d'expression usuelles, quantification et symbole d'identité. Autrement dit, on définit :

$$f(p/a;x)$$

(c'est-à-dire : p/a ;x a la propriété f), par la définition contextuelle suivante (Def 1) :

$$f(p/a;x) = \exists q \left\{ \forall r \, (p/a;x!r \equiv r=q) \wedge f(q) \right\}$$
Df.

à propos de laquelle Russell fait remarquer sa parenté formelle avec le schéma de définition proposé dans « On denoting »[1].

Ce n'est que dans une seconde étape qu'on peut définir le symbole (doublement) incomplet p/a, ou plus exactement l'appartenance à la « classe » p/a. En effet, contrairement au premier symbole incomplet « p/a ;x » qui est introduit par paraphrase de contextes quelconques, la matrice « p/a » n'est introduite que dans deux contextes tout à fait particuliers ; le premier est précisément

$$x \in p/a$$

qui est défini ainsi (Def 2) :

$$x \in p/a = \exists p \, \exists a \, (p/a;x \text{ est Vrai})$$
Df.

Cette définition correspond exactement à la définition du symbole « x $\in$ $\hat{z}(\varphi z)$ « dans les *Principia* (introduction, iii, 2, et Section C, *20), c'est-à-dire à la définition de l'appartenance d'un élément à la classe déterminée par une fonction φx, à ceci près qu'à la place d'une variable fonctionnelle quantifiée, apparaissent ici les variables *p* et *a*, variables propositionnelles, ou variables d'individu en général (c'est précisément le but de la théorie substitutionnelle d'éviter de quantifier sur des fonctions). Comme le fait remarquer Russell :

1. « Les paradoxes de la logique », *R.M.M.*, 14, p. 637. Russell écrit à gauche de l'équivalence dans cette définition : « p/a;b!r est vrai » (selon une notation un peu différente), ce qui, pris à la lettre, ne veut rien dire ; *p/a;b!r,* selon ses propres conventions, est une proposition, non le contenu d'une description. Je me suis permis de corriger.

Ici, au lieu de la fonction variable φ, qui ne peut être détachée de son argument, nous avons les deux variables *p* et *a*, qui sont des entités, et qui peuvent être quantifiées [*may be varied*] [1].

En raison de la correspondance entre les deux définitions, celle de 1906 et celle des *Principia*, il serait préférable de parler, à propos de Def 2, de définition de l'appartenance, plutôt que de mettre l'accent sur le caractère incomplet de la matrice « p/a », que cette définition illustrerait. Mais il faut reconnaître que les arguments de Russell en 1906, pour montrer que les classes peuvent être traitées comme de simples fictions logiques ou « linguistiques », parce que les matrices sont par elles-mêmes « incomplètes et dénuées de sens », ne sont pas toujours rigoureusement exposés [2]. Un point important dans cette seconde définition concerne le caractère non éliminable du prédicat de vérité, qui figure dans le *definiens*. Il faut en effet remarquer que le véritable symbole incomplet de la théorie – ou si l'on veut le premier symbole incomplet défini « en usage » – est le symbole « p/a ;x », c'est-à-dire une description qui apparaît nécessairement à une place d'argument (même si cette apparence est logiquement trompeuse). Comme toute description, ce symbole est défini dans un contexte (quelconque) ; autrement dit, ce qu'on définit, ce sont plus exactement les « propositions dans l'expression symbolique desquelles il figure [3] ». Il s'ensuit que le symbole « p/a ;x » ne peut apparaître de manière douée de sens qu'accompagné d'un prédicat. Il est donc conforme à la syntaxe de la théorie que dans le *definiens* de Def 2 figure un prédicat, nommément le prédicat de vérité.

Il en est de même, bien sûr, pour la troisième définition fon-

---

1. « On the substitutional theory of classes and relations », *E.A.*, p. 172.

2. *Cf.* par exemple « On the substitutional theory... », *E.A.*, p. 170. Russell fait remarquer que le symbole « p/a » est manifestement incomplet, parce qu'il faut le lire : « le résultat du remplacement de *a* dans *p* par... » ! Autant prouver que les descriptions sont des symboles incomplets parce que les *fonctions descriptives* « le père de... », « le carré de... », etc., sont incomplètes. Les choses sont présentées plus clairement dans « Les paradoxes de la logique », où c'est aux expressions de la forme « p/a;x » (c'est-à-dire aux descriptions) qu'est appliquée la procédure de définition contextuelle.

3. *P.M.*, t. I, Cambridge University Press, 1910, introduction, III, note 1, p. 71.

damentale de la théorie (qui introduit un second contexte déterminé pour les matrices), définition qui stipule les conditions
d'identité de deux matrices : deux matrices ont même valeur
(« désignent la même classe ») si et seulement si les propositions
obtenues par les substitutions définissantes sont matériellement
équivalentes. Cette définition assure ce qu'on peut appeler le
caractère extensionnel des matrices et permet donc d'affirmer
que les symboles du type « p/a » tiennent lieu de symboles de
classes (c'est là le second réquisit, selon les *Principia*, introduction, III, que toute théorie des classes doit satisfaire). Le second
contexte à définir pour les matrices est donc

$$p/a = p'/a'$$

qui est défini ainsi (Def 3) :

$$p/a = p'/a' = \forall x \ (p/a;x \ \text{est Vrai} \equiv p'/a';x \ \text{est Vrai})$$
$$\text{Df.}$$

où le signe « $\equiv$ » est le connecteur propositionnel usuel.

Il semble donc qu'il faille admettre le prédicat de vérité au
nombre des constantes primitives de la théorie, si du moins on
veut lui garder son caractère d'extension de la technique présentée dans « On denoting »[1].

Naturellement, les symboles du type « p/a » ne sont pas les
seules matrices introduites par des définitions analogues à Def 2
et Def 3 : on va le voir, ces matrices ne forment que le premier
type dans une hiérarchie des types de matrices destinée à simu-
ler la hiérarchie des types de classes et relations. Moyennant une
définition convenable de la notion de substitution simultanée
(destinée à assurer le maintien d'une même forme logique au

---

1. On pourrait être tenté d'éliminer le prédicat de vérité de la théorie, en
décidant que « p/a;x » n'est pas une description d'une certaine proposition (celle
qui résulte de la substitution décrite), mais un énoncé *exprimant* cette proposition. Mais on se heurterait au fait que les lettres de proposition sont de véritables variables, accessibles à la quantification, ce qui conduit à penser qu'elles
tiennent lieu de *noms* des entités qui sont leurs valeurs possibles ; et finalement,
on buterait sur le fait que « p » n'est pas spécialement une variable de proposition, mais parcourt la totalité de l'être (est une variable universelle qui a des
entités non propositionnelles parmi ses valeurs possibles). Il faut admettre qu'il
y a du sens à dire « Socrate est vrai », qui est un énoncé (faux). C'est le prix à
payer.

cours du processus de substitution [1]), on peut considérer la substitution à une paire, un triplet, etc., de constituants dans une proposition. On obtiendra ainsi des descriptions de la forme :

$$q/(a,b);(x,y),$$
$$q/(p,a);(r,c),$$
$$p/(a,b,c);(x,y,z),$$
etc.

et les matrices correspondantes :

$$q/(a,b),$$
$$q/(p,a),$$
etc.

Russell note :

> La théorie que je voudrais présenter est que ce symbole un peu obscur [*shadowy*], p/a, représente une *classe*. De la même facon, p/(a,b) représentera une relation binaire (dyadique), p/(a,b,c) représentera une relation ternaire (triadique), et ainsi de suite. Aucun d'eux n'est une entité, et ainsi il n'y a rien de tel que des classes et des relations [2].

On pourrait donc être tenté de généraliser les définitions 2 et 3 sous forme de schémas de définitions pour un nombre quelconque de variables, c'est-à-dire pour des matrices de tous types (finis) [3]. En fait, Russell procède déjà ici comme il le fera en 1910, selon une procédure *step by step*, c'est-à-dire en introduisant les types supérieurs un à un, et il est important de remarquer que cette procédure est tout à fait fondamentale du point de vue qui est le sien. En vertu de son caractère de théorie première et fondatrice, la logique ainsi présentée ne saurait être précédée d'un exposé préliminaire d'une Théorie (au sens strict) des types et de leur hiérarchie supposée donnée, théorie qui présupposerait en particulier de l'arithmétique (ce que Poincaré fera remarquer à Russell). Si, en 1906, contrairement à 1910, Russell n'a pas explicitement dégagé cet argument (manifeste-

---

1. Sur ce point, *cf.* « On the substitutional theory... », *E.A.*, p. 173.
2. *Ibid.*, p. 170.
3. Comme le propose Peter Hylton dans son article « Russell's substitutional theory », *Synthese*, 45, 1980.

ment lié à la sphère d'idée universaliste), une remarque comme faite en passant laisse néanmoins penser que ce genre de souci était déjà au nombre des préoccupations de Russell. Voici le texte qui me paraît motiver cette réticence russellienne :

> Bien qu'il soit facile d'expliquer ce que nous voulons dire en parlant de type, il n'est pourtant pas possible de définir au sens strict ce que nous appelons un type ni de formuler aucune affirmation générale sur les types, parce que des énoncés qui seraient doués de sens pour un type ne le sont en général pas pour un autre. Par exemple, on pourrait supposer qu'il y a $\aleph_o$ types ; mais une telle affirmation semble bien être en réalité dénuée de sens [1].

Je reviendrai naturellement sur ce point à propos des *Principia*, puisqu'il semble bien que c'est ce genre d'argument (et non un point de vue philosophique « constructiviste ») qui constitue la justification la plus profonde de cette fameuse construction *step by step* des types supérieurs. Contentons-nous pour :'instant de noter que toute présentation générale de la théorie présupposant la donnée de la totalité des types de matrices est essentiellement étrangère à l'inspiration de Russell.

Le troisième réquisit auquel doit satisfaire toute théorie des classes, toujours selon les *Principia*, introduction, III, c'est qu'on puisse y définir des classes de classes ayant le même statut de fictions logiques que les classes déjà introduites. Il s'agira donc de matrices telles qu'il y ait du sens à dire que les matrices du premier type (de la forme p/a, donc) en sont des éléments. Certaines matrices du second type, c'est-à-dire des « relations binaires », font l'affaire sans qu'il soit besoin de stipuler expressément que les classes de classes doivent être d'un type immédiatement supérieur à celui de leurs éléments parce que la syntaxe des définitions exige à elle seule que les matrices tenant lieu de classes de classes aient le nombre voulu de variables : si cette condition n'était pas respectée, le *definiens* serait ouvertement dénué de sens, non en vertu d'une règle de grammaire logique, mais parce qu'il serait impossible à lire. Il faut donc définir l'appartenance d'une classe à une classe de classe, c'est-à-dire la notation :

$$r/c \in q/(p,a).$$

1. « On the substitutional theory... », *E.A.*, p. 177.

Le point n'est pas, contrairement à ce qu'on pourrait croire, que les relations binaires pertinentes sont caractérisées par le fait que l'un des constituants de la paire soumise à substitution doit être une proposition ; la lettre « p » n'a qu'une valeur de clarté d'exposition. Comme le note Russell, si *p* n'est pas une proposition, la classe p/a est simplement vide (en vertu de Def 2) puisque « p/a;x est Vrai » est toujours faux, p/a ;x n'étant pas non plus une proposition. Le point est plutôt qu'il faut s'assurer de quelque manière que c'est bien la *classe* r/c qui est dite appartenir à q/(p,a), et non les deux entités *r* et *c* ; autrement dit, que la question de l'appartenance est indépendante du « choix du représentant » de la classe qu'est la matrice « r/c ». D'où la définition suivante (Def 4) :

$$r/c \in q/(p,a) = \exists q \ \exists p \ \exists a \ [(q/(p,a);(r,c) \text{ est Vrai})$$
$$\text{Df.}$$
$$\wedge \forall r' \forall c'(r'/c' = r/c \Rightarrow q/(p,a);(r',c') \text{ est Vrai})]$$

Comme le note Russell, les nombres cardinaux finis sont des relations de ce genre, du moins les nombres du type le plus bas dans la hiérarchie des types de nombres, ce qu'on peut appeler les « cardinaux d'entités ». Par exemple, 0_o sera la classe des matrices « vides » du premier type, 1_o la classe des matrices du premier type qui ne contiennent qu'une entité comme élément, etc. Introduisons à des fins de clarté d'écriture le symbole de négation comme abréviation du prédicat « est Faux », c'est-à-dire :

$$\neg p = p \text{ est Faux}$$
$$\text{Df.}$$

formellement, les définitions de 0_o et de 1_o sont les suivantes ; (Def 5) :

$$0_o = [\forall x \ \neg(p/a;x)]/(p,a)$$
$$\text{Df.}$$

(la classe p/a est vide, et donc son nombre est 0_o quand pour tout *x*, la substitution de *x* à *a* dans *p* donne une proposition fausse ; en prenant par exemple pour *p* la proposition « *a* n'est pas identique à *a* », et en appliquant Def 4, on peut vérifier que la matrice utilisée comme *definiens* a bien le sens attendu [1]).

1. *Ibid.*, p. 175 ; Russell part de manière plus humoristique de la proposition « Socrate est un serpent en Irlande » !

De la même manière, 1_o est défini par une matrice du second type (Def 6) :

$$1_o = [\exists y \, \forall x \, (p/a;x \text{ est Vrai} \equiv x=y)]/ \, (p,a)$$
Df.

et en général, la définition de tout cardinal fini d'entité sera une instance du schéma suivant :

$$n_o = [\exists y_1 \, ... \, \exists y_n \, (\bigwedge\limits_{1 \leq i < j \leq n} y_i \neq y_j \wedge \forall x(p/a;x \text{ est Vrai} \equiv \bigvee\limits_{1 \leq i \leq n} x = y_i)]/$$
Df. $\qquad\qquad (p, a)$

Le dernier réquisit de toute théorie des classes est évidemment « qu'il soit en toute circonstance dénué de sens de supposer qu'une classe soit identique à l'un de ses éléments »[1], afin de bloquer l'apparition du paradoxe dit de Russell. Et Russell fait remarquer qu'en effet, dans la théorie substitutionnelle des classes,

> la notion d'une classe qui serait élément d'elle-même devient dénuée de sens[2].
>
> À présent, « x est un x » devient dénué de sens, parce que « x est un α » exige que α soit de la forme p/a, et ainsi ne soit d'aucune manière une entité. Ainsi, l'appartenance à une classe peut être définie, et en même temps la contradiction est évitée[3].

J'ai déjà fait allusion, à propos des contraintes sur la forme des matrices du second type imposées par la syntaxe des définitions, au fait qu'il n'était pas besoin de règles explicites de grammaire logique pour stipuler quelles expressions étaient ou non douées de sens. Ce point est pour Russell d'une si grande importance qu'il vaut la peine qu'on s'y arrête. Ce que Russell appelle en plusieurs endroits l'« exigence d'homogénéité de type » entre les symboles figurant de part et d'autre du signe d'appartenance n'est pas de l'ordre d'une prescription (ou d'un interdit), qui alors aurait besoin d'être énoncé et éventuellement justifié dans quelque théorie préliminaire : on retrouve le souci de ne pas

---

1. *P.M.*, Introduction, III, p. 80 (toutes les références ultérieures à *P.M.* renvoient à la première édition).
2. « Les paradoxes de la logique », *R.M.M.*, 14, p. 637.
3. « On the substitutional theory... », *E.A.*, p. 172.

toucher au statut de théorie absolument première de la logique, fût-elle présentée sous cette forme de théorie substitutionnelle des classes. L'exigence d'homogénéité de type est automatiquement assurée par les définitions, sous peine d'impossibilité d'écrire le *definiens*. Ainsi s'éclaire la vraie nature des définitions contextuelles : ce sont des règles de traduction d'un langage logiquement obscur (où donc les formes du sens et du non-sens ne sont pas immédiatement reconnaissables), en un langage « logiquement parfait » où la démarcation entre sens et non-sens est transparente. Ou encore, si l'on préfère, des règles d'introduction-élimination qui ont valeur de test pour le caractère bien formé des expressions introduites : une écriture du langage abrégé qui contient des matrices et des noms d'entités ou des matrices de différents types doit être traduisible dans le langage de base, qui ne contient pas de matrices (de symboles de classes), mais est rédigé entièrement dans le lexique minimal de la théorie de la quantification avec identité (quantificateurs, connecteurs, variables d'entités – propositions et individus – , symbole d'identité) enrichi de la seule notation primitive q résulte de p par substitution de x à a (la notation descriptive « p/a ;x », on l'a vu, est elle-même définie). Les définitions contextuelles donnent les règles de traduction : si la traduction se révèle finalement impossible, c'est que les écritures avec matrices (c'est-à-dire en termes de classes) sont mal formées ; et en droit, il est théoriquement impossible d'écrire du non-sens, si l'on prend les choses dans le sens de l'introduction des matrices à partir des écritures explicites [1]. Russell avait clairement en vue cet aspect de la théorie, ainsi que sa conséquence fondamentale selon laquelle on n'a pas besoin de formuler des interdits ou des prescriptions sur la bonne formation (et si l'on se souvient que l'idée de l'appartenance d'une classe à elle-même est un cas particulier de sophisme de cercle vicieux, on voit que la théorie satisfait le principal réquisit lié à la sphère d'idée universaliste : on doit respecter le principe du cercle vicieux sans même avoir à le formuler !). Le texte suivant l'atteste de manière exemplaire :

1. David Kaplan a insisté sur le fait que les « définitions contextuelles » sont en fait des règles de traduction entre un langage de base (logiquement parfait) et un langage abrégé dans l'article « What is Russell's theory of descriptions ? » *in Bertrand Russell. A Collection of Critical Essays*, 1972.

Quand une formule contient des matrices, le test pour savoir si elle est douée de sens ou non est très simple : elle est douée de sens si elle peut être entièrement traduite en termes d'entités. Les matrices ne sont que des abréviations verbales ou symboliques ; si bien que tout énoncé où elles figurent, s'il doit s'agir d'un énoncé doué de sens et non d'un simple charabia [*jumble*], doit pouvoir être formulé sans matrices. Par exemple « p/a=q/b » signifie : pour tout x, si x est substitué à a dans p et à b dans q, les résultats sont équivalents. Et ici, on ne trouve plus que des entités. Mais si nous essayons d'interpréter (disons) « p/a=q/(b,c) », nous trouvons, en réintroduisant x, que nous avons une proposition du côté gauche – et une matrice du côté droit. Ainsi il faut introduire un autre argument à droite, alors qu'à gauche il n'y a plus de place pour un argument. Donc la formule proposée est dénuée de sens (non pas *fausse*, car sa négation est tout autant dénuée de sens que son affirmation). Ainsi, là où figurent des matrices, le caractère doué de sens exige l'homogénéité de type, et cela n'a pas besoin d'être établi comme un principe, mais résulte dans chaque cas de la nécessité d'éliminer les matrices pour trouver ce que la proposition signifie réellement[1].

Russell le dira quelques mois plus tard dans sa première réponse à Poincaré, les cercles vicieux à éviter (dont l'appartenance d'une classe à elle-même est un exemple) ont ceci de particulier qu'on ne peut les éviter en disant qu'il faut les éviter : il faut construire une théorie qui nous donne le principe du cercle vicieux comme un résultat (*outcome*) nécessaire. La théorie substitutionnelle, sur ce point, permet d'obtenir le résultat recherché.

Oublions cependant un instant ce contexte philosophique. La loi d'homogénéité de type peut être formulée en toute généralité de la manière suivante. Parlons de variables de type 0 à propos des variables d'entités, et de variables du type n (n $\geq$ 1) à propos des matrices ; parlons de « termes distingués » à propos des variables qui figurent dans une matrice à la droite du signe « / » (on peut admettre par convention que les variables d'entités

---

1. « On the substitutional theory... », *E.A.*, p. 177. En tirant parti d'un exemple traité par Russell en note de bas de page, à propos duquel il introduit le terme *nonsense*, on pourrait dire qu'une expression du langage abrégé est *dénuée de sens (meaningless)* quand la traduction dans le langage de base donne un non-sens.

contiennent 0 terme distingué). Par exemple, une matrice du second type, de la forme « p/(a,b) », contiendra deux termes distingués. Pour qu'une écriture de la forme

$$A \in B$$

(où A et B sont des variables quelconques de tous types) soit admissible, il faut que A contienne autant de variables qu'il y a de termes distingués dans B. Cela résulte de la syntaxe du *definiens* dans les définitions, puisque la fonction descriptive de la forme : « p/...;... » exige autant de variables à la droite de « ; » que de termes distingués figurant dans la matrice à gauche de « ; », pour qu'on obtienne une expression complète (pour autant qu'une description peut être tenue pour « complète » !). Il n'est donc pas besoin de stipuler explicitement que B doit être une variable du type n+1, si A est une variable du type n (n $\geq$ 0).

Ajoutons enfin que ces contraintes sur la bonne formation ne constituent nullement un abandon du principe de substituabilité universelle, c'est-à-dire de la possibilité de substituer toute entité à n'importe quelle autre entité *salva significatione* (du moins si l'on admet que le prédicat de vérité peut être affirmé aussi d'entités non propositionnelles, comme c'est le cas dans « p/a;x est Vrai », si p n'est pas une proposition : auquel cas, l'énoncé est faux, mais doué de sens [1]). Les matrices n'étant pas (ou ne désignant pas) des entités, la hiérarchie des types ne concerne que des fictions logiques et ne touche nullement à l'unité typologique de l'être. En ce sens, cette version de la théorie des types logiques mériterait le nom de *no-type theory*. Le maintien du principe de substituabilité, corrélat de cette hiérarchie fictive, joint au fait qu'il n'est même pas besoin de formuler des prescriptions d'écriture, explique ce qu'avait d'attirant pour Russell cette solution, du point de vue des exigences de l'universalisme positif. Reste donc à comprendre pourquoi Russell l'a très rapidement abandonnée [2].

1. D'après une note de Russell, *ibid.*, p. 175.
2. Le texte de 1907, « The regressive method of discovering the premises of mathematics » (*in E.A.*, p. 272-283), ne parle déjà plus que de la solution consistant à limiter les valeurs de la variable à un domaine de signifiance d'une fonction, sans plus mentionner la théorie substitutionnelle ; il annonce donc le texte de 1908. Comme à partir de 1907, Russell, dans ses textes de philosophie générale, commence à discuter le problème des *propositions* (discussion qui aboutira en 1910 à l'abandon de la notion d'entités propositionnelles), on peut se demander dans quelle mesure cette question générale a affecté la position de Russell

Je ne prétends pas ici spéculer sur l'évolution psychologique de la pensée de Russell qui, on l'a vu, n'a guère été bavard à ce sujet. Mais on peut faire remarquer que la théorie des expressions à opérateur, que Russell a présentée dans sa réponse à Poincaré comme une extension de la théorie substitutionnelle des classes, ruinait sur un point précis cette théorie. Et néanmoins, quelque modification, dans un sens ou dans l'autre, était nécessaire, dans la mesure où la théorie substitutionnelle, dans sa forme initiale, était vulnérable aux paradoxes propositionnels.

Dans « Les paradoxes de la logique » (1906), Russell écrit à propos de la théorie substitutionnelle des classes :

> La doctrine précédente résout, autant que je puis voir, tous les paradoxes touchant les classes et les relations ; mais pour résoudre l'Épiménide, nous avons besoin d'une doctrine semblable concernant les propositions [1].

Semblable en quoi ? L'analyse de l'autoréférence à l'œuvre dans le Menteur montre tout d'abord que la proposition signifiée par l'énoncé « Je mens » contient une variable apparente (liée par un quantificateur), et que le paradoxe provient de l'admission de cette proposition au nombre des propositions qui sont les valeurs possibles de cette variable liée (le domaine auquel réfère le quantificateur). Russell présente cette analyse du Menteur comme étant « la plus simple » des interprétations possibles de l'énoncé paradoxal ; mais à vrai dire on se demande comment une autre analyse de l'autoréférence serait concevable dans le cadre général de l'ontologie (propositionnelle en particulier) de Russell. La notion la plus proche de celle de « référence », chez Russell, est certainement celle de *about*, et une proposition est en général au sujet (*about*) d'une entité qu'elle contient comme l'un de ses constituants. Dans les autres cas, où la proposition est « au sujet » de quelque chose qui n'est pas un de ses constituants (propositions exprimées à l'aide d'expres-

---

vis-à-vis de la théorie substitutionnelle. Peter Hylton argumente de façon convaincante en faveur de l'idée que l'abandon par Russell de la théorie substitutionnelle est indépendant de son évolution ultérieure sur le problème du Vrai (*cf.* Hylton, « Russell's substitutional theory », *Synthese* 45, 1980).
1. « Les paradoxes de la logique », *RMM*, 14, p. 640.

sions « dénotantes »), l'analyse de ces expressions montre la présence d'une variable apparente. Comme on ne voit pas comment une proposition pourrait référer à elle-même en étant l'un de ses propres constituants, il semble bien que la seule voie ouverte à Russell était de comprendre l'autoréférence du Menteur comme un cas particulier d'imprédicativité, une imprédicativité qu'on peut dire propositionnelle. Ainsi le Menteur affirme l'unique proposition :

Il y a une proposition p que j'affirme et qui est fausse.

Cette proposition contient donc une variable apparente et, suivant le principe du cercle vicieux, ne doit pas être une des valeurs possibles de la variable ; au contraire, et cette fois pour sauver le principe de la variable non restreinte, elle doit être une simple façon de parler. Autrement dit, il n'y a là qu'un énoncé, une forme linguistique, et pas de proposition exprimée.

C'est donc l'ontologie de la théorie substitutionnelle des classes qui est fautive, avec l'admission au nombre des entités de toutes les propositions possibles, sans discrimination. Il est plutôt curieux que Russell, en 1906, ne parle guère que de l'Épiménide (peut-être le contexte de la polémique avec Poincaré explique-t-il cette focalisation), alors qu'il connaissait depuis 1903 au moins d'autres paradoxes propositionnels qui surgissent dès que l'on admet que toutes les propositions forment un type ou (variante de 1906) que toutes les propositions appartiennent au type des individus (soient des entités sans distinction). Mais il est encore plus curieux qu'avant l'intervention de Poincaré, dans l'article du printemps 1906 « On the substitutional theory of classes and relations », il ait pu écrire ces lignes, comme s'il avait oublié purement et simplement les paradoxes propositionnels construits par lui-même en 1903 :

> Le seul danger sérieux, autant que je puisse voir, est que quelque contradiction résulte de l'assomption que les *propositions* sont des entités ; mais je n'ai pas trouvé de contradiction de ce genre et il est très difficile de croire qu'il n'y a rien de tel que des propositions ou de comprendre comment, s'il n'y avait pas de proposition, il serait possible de raisonner de manière générale [1].

1. « On the substitutional theory... », *E.A.*, p. 188.

L'un des paradoxes propositionnels qu'il avait construits en 1903, dans l'appendice B aux *Principles,* était pourtant le suivant : admettons sans discrimination la totalité des propositions, y compris des propositions (contenant des variables apparentes) référant à des classes *m* de propositions ; considérons les propositions de la forme « toute proposition de *m* est vraie », et admettons qu'elles peuvent appartenir ou ne pas appartenir à leurs classes *m* respectives. On considère alors la classe *w* des propositions de la forme « toute proposition de *m* est vraie » et qui n'appartiennent pas à *m,* et la proposition *p* qui dit « toute proposition de *w* est vraie ». On se trouve devant la contradiction que *p* est un élément de *w* si et seulement si *p* n'est pas élement de *w.* Russell conclut ainsi l'exposé du paradoxe :

> L'analogie étroite de cette contradiction avec celle discutée au chapitre x suggère que les deux doivent avoir la même solution, à tout le moins des solutions très semblables. Il est possible, bien sûr, de décider que les propositions elles-mêmes sont de différents types [1]...

Or ce paradoxe ne demande rien de plus, pour sa construction, que l'admission de classes de propositions, l'usage du prédicat de vérité (c'est-à-dire l'admission de propositions qui affirment la vérité de certaines propositions) et l'idée qu'il y a du sens à dire qu'une proposition appartient (ou n'appartient pas) au domaine de valeurs du quantificateur qu'elle contient. Que ce paradoxe soit ou non formellement reproductible dans le cadre de la théorie substitutionnelle des classes, comme l'a prétendu Peter Hylton [2], il est clair qu'il rendait *a priori* douteuse toute théorie qui faisait fond sur un univers indifférencié de propositions. Mais c'est un fait que Russell n'a pas évoqué ce point avant que Poincaré ne lui rappelle, avec le Menteur,

---

1. *Principles of Mathematics,* appendice B, § 500 (la référence au chapitre x renvoie au paradoxe de Russell) ; je remercie ici M. Philippe de Rouilhan, qui a attiré mon attention sur la construction par Russell de ce paradoxe propositionnel.
2. Hylton, « Russell's substitutional theory », *Synthese,* 45. Un doute s'attache à l'argument de Hylton, qui suppose qu'on puisse « associer » une proposition à toute écriture avec matrice. C'est oublier que les propositions sont ce qu'elles sont, dans l'ontologie de la théorie, et qu'une écriture avec matrice (dans le langage abrégé) n'est pas nécessairement le corrélat d'une proposition.

qu'admettre la totalité des propositions ouvrait la voie à des sophismes de cercle vicieux.

Et devant le rappel à l'ordre (ou le rappel en mémoire) de Poincaré, Russell avait de nouveau le choix entre deux solutions : soit introduire des distinctions de type parmi les propositions (par exemple des propositions élémentaires et du premier ordre, ne quantifiant que sur des individus ; propositions générales référant à des propositions élémentaires et du premier ordre, c'est-à-dire propositions du second ordre, etc. ; on reconnaît la hiérarchie des propositions encore introduite en 1908) ; soit étendre la théorie des fictions logiques à la sphère des propositions, et décider que toutes les propositions générales ne sont rien sinon des « façons de parler » (supprimer toutes les propositions générales, même celles qui ne quantifient que sur des individus, permet de maintenir le principe unificateur de la théorie ainsi élargie : « tout ce qui contient une variable apparente n'est rien » !). Mais, bien sûr, la première direction, qui revenait à admettre des subdivisions de type parmi les entités, faisait perdre à Russell tout ce qu'il avait jusqu'ici obstinément cherché à sauvegarder : la variable non restreinte, le principe de substituabilité universelle, la possibilité de tout dire dans un seul et même langage... Bref, les traits essentiels de l'universalisme positif maintenu jusque dans les formes de la solution aux antinomies. Et l'on comprend que Russell se soit efforcé, encore une fois, de sauver ces valeurs philosophiquement essentielles.

D'où l'extension annoncée de la théorie ; non pas que les propositions, au même titre que les classes, soient traitées comme des symboles incomplets : il faudra pour cela attendre quelques années encore, car bien que dès 1907 Russell s'attaque à nouveau au problème des propositions fausses, c'est en 1910 que les proposition en soi seront abandonnées et les énoncés présentés comme des symboles incomplets. C'est la distinction entre *all* (« tous les ») et *any* (« n'importe quel ») qui devient ici opérante, comme en 1908. Alors qu'un énoncé élémentaire continue à signifier une proposition objective, un énoncé général n'est que l'affirmation de l'une quelconque des propositions élémentaires d'une certaine classe de propositions, l'assertion, comme dit Russell dans la première édition des *Principia*, d'une fonction propositionnelle.

Ainsi un jugement sur *toutes* les propositions ne peut être qu'un non-sens ou bien l'énoncé de quelque chose qui n'est pas une proposition au sens visé. Tout jugement sur *toutes* les propositions enveloppe une proposition comme variable apparente ; donc, pour éviter les cercles vicieux, il nous faut une notion de proposition suivant laquelle aucune proposition ne peut contenir une variable apparente [1].

Mais l'abolition des propositions générales, si elle permet de résoudre les paradoxes propositionnels (le menteur dit simplement le faux, sans paradoxe, puisqu'il n'y a pas de proposition exprimée par son affirmation générale), a des effets en retour immédiats sur la première version de la théorie substitutionnelle des classes. Elle oblige tout d'abord à prêter plus d'attention aux axiomes d'existence qu'on pouvait laisser implicites, pense Russell, dans la première version, la proposition disant qu'il n'y a pas de propositions étant autoréfutante [2]. C'est aussi à ce moment-là que Russell formule le besoin d'un axiome explicite de l'Infini sous une forme ou une autre : il faut stipuler, en raison de la limitation apportée à la complexité propositionnelle, qu'il y au moins $\aleph_0$ propositions élémentaires, c'est-à-dire $\aleph_0$ entités (d'où l'on peut dériver l'existence des ordinaux de la seconde classe, qu'on peut obtenir par réarrangement de la suite dénombrable des entités). Mais surtout – bien qu'il n'en parle pas Russell a bien dû s'en apercevoir –, il devient douteux qu'on puisse encore définir les cardinaux finis. Dans la théorie substitutionnelle des classes, ceux-ci sont en effet des matrices qui décrivent une substitution faite dans des propositions générales : pour tout x, le résultat de la substitution de x à a dans $a = a$ est faux (qui permet de définir 0), il y a exactement un x tel que... (qui permet de définir 1), etc. L'abolition de toutes les propositions générales rendait impossible la reconstruction même de l'arithmétique des entiers finis. C'est pourquoi Russell

1. « Les paradoxes de la logique », *R.M.M.*, 14, p. 640.
2. Alors que dans la théorie des expressions à opérateur, l'énoncé « Il n'y a pas de proposition » n'exprime aucune proposition en raison de la suppression des propositions générales. Dans « Les paradoxes de la logique », Russell explique en note : « Si le jugement " Il n'y a pas de proposition " énonçait lui-même une proposition, il se réfuterait naturellement lui-même ; mais suivant la théorie exposée plus bas, un tel jugement ou bien n'a pas de sens, ou bien ne s'applique pas à lui-même, et l'assertion qu'il se réfute implique le sophisme du cercle vicieux. Ainsi nous avons besoin d'un axiome de quelque espèce pour affirmer qu'il y a au moins une entité. » (*R.M.M.*, 14, p. 638, note 1.)

a fini par se résigner : il fallait admettre une hiérarchie de propositions de tous ordres (finis), la division des matrices en types étant alors modifiée par la prise en compte de l'ordre des propositions dans lesquelles s'effectuent les substitutions. Russell a évoqué brièvement cette version « ramifiée » (selon l'expression de Peter Hylton) de la théorie des matrices dans « Mathematical logic as based on the theory of types » (1908). Mais une telle hiérarchie des propositions introduisait enfin des divisions de type entre les entités. Et, typification pour typification, Russell a préféré mettre au premier plan une hiérarchie des *fonctions*, qui avait peut-être à ses yeux l'avantage sur la hiérarchie des propositions, de dissimuler (ou du moins d'obscurcir) le fait qu'on renonçait ainsi à l'unité typologique de l'être ; après tout, les fonctions propositionnelles n'étaient pas exactement des entités. Mais cette remarque, évidemment, conduit à une nouvelle question : quelle est au juste l'ontologie de la théorie des types exposée à partir de 1908 ? Et que sont devenues, au regard de cette division des fonctions en types, les exigences de l'universalisme logique ? Les remarques qui suivent voudraient présenter non pas une réponse, mais quelques éléments de réflexion à ce sujet.

2.1. *La hiérarchie des fonctions*

La hiérarchie des types qui préside à l'exposition du système de la logique en 1908-1910 concerne essentiellement, on le sait, les fonctions propositionnelles (et subsidiairement les propositions qui, officiellement du moins, ne sont plus tenues pour des entités ; de plus, suivant une ligne de pensée dont Ramsey accusera la portée, les paradoxes propositionnels sont réputés « ne concerner qu'indirectement les mathématiques »). Au-delà du type des individus, les fonctions sont réparties en totalités deux à deux disjointes, ou types, le type d'une fonction étant déterminé à la fois par son *ordre* et par le nombre (et peut-être le type) de ses arguments [1], bien que le texte des *Principia* laisse

---

1. *Cf. P.M.*, première partie, Section B, *9 et *12. À propos des propositions du premier ordre, Russell note en *12 que « les propositions du premier ordre ne sont pas toutes du même type puisque, comme expliqué en *9, deux propositions qui ne contiennent pas le même nombre de variables apparentes ne peuvent être du même type » (*P.M.*, p. 169). La question de savoir quelles conclusions il faut tirer de cette remarque en ce qui concerne la répartition des fonctions en types n'est pas clarifiée dans le texte de *P.M.*.

largement dans l'ombre la manière exacte dont les fonctions du même ordre sont réparties en types distincts[1]. L'ordre d'une fonction est à son tour déterminé par l'ordre de ses arguments possibles ainsi que par celui des totalités auxquelles réfèrent les quantifications qu'elle contient (en attribuant à chaque totalité l'ordre des fonctions qu'elle contient, la totalité des individus étant dite d'ordre 0). Une fonction telle que l'ordre le plus élevé de ses arguments possibles ou des domaines auxquels réfèrent ses quantifications est égal à n sera dite d'ordre $n+1$. Dans le langage de Russell ce principe s'exprime ainsi :

> Si l'ordre le plus élevé de variable figurant dans une fonction, soit comme argument, soit comme variable apparente, est une fonction du n-ième ordre, alors la fonction où elle figure est d'ordre $n+1$[2].

On peut déplorer avec Quine la confusion qui règne dans ce genre de texte sur la notion de fonction propositionnelle, qui correspondrait tantôt à celle d'«énoncé ouvert» (ou «forme d'énoncé»), tantôt à celle d'entité abstraite (concept ou attribut), et voir dans cet «aller-retour [*give and take*] caractéristique entre signe et objet» l'un des fils directeurs de la construction progressive des ordres supérieurs dans les *Principia*. Usant

---

1. Il est cependant impossible d'endosser la description que propose Copi de la théorie des ordres. Selon lui, «la Théorie ramifiée des types divise chaque type au-dessus du niveau zéro en une nouvelle hiérarchie. Cette division des fonctions du même type en différents ordres est exigée par le principe du cercle vicieux» (Copi, *The Theory of Logical Types* [1971], p. 85). Copi présente les choses comme si les types *au sens de la théorie simple* étaient conservés dans *P.M.* et *subsidiairement* «ramifiés» en ordres sous la contrainte du principe du cercle vicieux. Il n'en est rien, les fonctions susceptibles d'avoir un même argument forment une totalité illégitime et doivent être réparties en *types* distincts sous la contrainte (en particulier) du principe du cercle vicieux. Russell le note brièvement : «Il est donc nécessaire, pour éviter les sophismes de cercle vicieux, de diviser nos *a*-fonctions en " types " dont aucun ne contient de fonctions référant à la totalité de ce type» (*P.M.*, introduction, II, § 5). En fait, la hiérarchie esquissée par Russell dans la première édition de *P.M.* ne mérite pas exactement le nom de théorie «ramifiée» des types, qui suggère inévitablement l'idée d'une subdivision des types en ordres.
2. *P.M.*, introduction, II, § 5. La version française publiée dans *R.M.M.*, 18, 1910, sous le titre «La théorie des types logiques», dit de manière moins ramassée : «Si la variable d'ordre le plus élevé intervenant dans une fonction – qu'elle soit un argument ou une variable apparente – est une fonction du n-ième ordre, la fonction où elle intervient sera du $n + 1$-ième ordre.» (p. 286.)

ici du terme « fonction propositionnelle » au sens d'attribut, et maintenant bien sûr qu'une variable ne peut figurer que dans une expression, Quine interprète ainsi l'affirmation de Russell citée plus haut (et d'autres de la même veine) :

La fonction propositionnelle acquiert son ordre à partir de l'expression abstractive, et l'ordre d'une variable est l'ordre de ses valeurs. L'exposition est facilitée par le fait qu'on permet au mot « ordre » d'avoir un double sens, puisqu'on attribue l'ordre aux notations, et, en parallèle, à leurs objets [1].

Je ne sais jusqu'où on peut aller dans cette tentative pour réinterpréter la construction de Russell selon l'idée de l'«aller-retour» entre expressions et entités abstraites, mais une chose est sûre : un minimum de fidélité à la conception qu'avait Russell des fonctions propositionnelles (aussi difficile à articuler soit-elle) est indispensable si l'on veut apprécier correctement la philosophie qui sous-tend cette construction. Les fonctions propositionnelles n'étaient pour Russell, on s'en souvient, ni des entités ni des expressions à proprement parler, et sous la notion d'*ambiguïté,* cette caractérisation des fonctions qui remonte aux *Principles* revient au premier plan en 1910 (alors que l'article de 1908 est muet sur ce point [2]). Mais les choses se compliquent encore de deux points de vue ; il faut prendre tout d'abord en compte les deux gestes liés de l'abstraction fonctionnelle – le passage de la forme φx à $\varphi \hat{x}$ – et de la quantification sur les fonctions (quantification restreinte à un certain ordre) après introduction de nouvelles variables fonctionnelles qui se trouvent être toutes des variables de fonctions prédicatives, c'est-à-dire de la forme $\varphi!\hat{x}$, $f!(\varphi!\hat{x})$, etc. (ce dernier point est sans pertinence ici, ce qui est décisif est la quantification sur des fonctions). Or si les fonctions sont, comme l'affirme Russell, des « ambiguïtés », que peut bien signifier le geste de quantifier sur

1. Quine, *Set Theory and its Logic,* 1969.
2. Dans « Mathematical logic as based on the theory of types » (1908), la hiérarchie des propositions, c'est-à-dire des valeurs possibles des fonctions, vient encore au premier plan ; le problème de l'application d'une fonction à elle-même ne se pose peut-être pas, dans la mesure où la restriction des arguments possibles d'une fonction est supposée donnée par l'existence ou la non-existence de propositions-valeurs de la fonction. Et la construction de la hiérarchie des propositions fait qu'il n'y a rien de tel qu'une proposition de la forme $\varphi(\varphi)$.

de telles ambiguïtés ? Peut-être faut-il dire que l'admission de l'abstraction fonctionnelle, comme l'introduction de variables fonctionnelles accessibles à la quantification, signent *de facto* un abandon de la conception initiale des fonctions propositionnelles incompatible avec l'usage que Russell est maintenant prêt à en faire ! Ensuite, la détermination des fonctions comme « ambiguës » n'est peut-être pas un argument décisif, dans la mesure où la notion d'ambiguïté est elle-même ambiguë. D'un certain point de vue, Russell introduit une seconde notion de l'ambiguïté fonctionnelle (indépendante, on va le voir, du principe du cercle vicieux), qui n'interdit pas que les fonctions soient considérées comme des entités de plein droit dont le statut serait comparable à celui des concepts. Il est important de faire la part de ces différents points de vue possibles sur la portée ontologique de la hiérarchie des fonctions si l'on veut porter une appréciation motivée sur le degré de « constructivisme » incorporé à ladite « théorie ramifiée » des types logiques.

Notons pour commencer que Russell, malgré tous les efforts tentés pour maintenir la thèse que l'« analyse des paradoxes à éviter montre qu'ils résultent tous d'un certain genre de cercle vicieux [1] », ne parvient pas à dériver la théorie des types esquissée dans les *Principia* du seul principe du cercle vicieux. Il y a déjà une première difficulté à résoudre, qui tient à l'absence de tout rapport immédiat entre le principe du cercle vicieux et le paradoxe dit de Russell sous sa forme intensionnelle. Cette difficulté, voilée en 1908 encore (souvenons-nous que la mise au premier plan du diagnostic de « sophisme de cercle vicieux » date de l'époque où les paradoxes sont essentiellement formulés en termes de « propositions, classes, nombres cardinaux et ordinaux », comme le rappelle Russell au chapitre II de l'introduction aux *Principia*), surgit dès que s'opère la réduction des paradoxes à ceux qui concernent les fonctions propositionnelles : réduction annoncée par Russell dans ces mêmes lignes des *Principia* [2]. Le principe du cercle vicieux à lui seul ne paraît pas interdire la construction de la fonction « ne pas être prédicable de soi-même », non plus que l'application de cette fonction à elle-même (forme intensionnelle du paradoxe de Russell),

1. *P.M.*, introduction, II, § 1.
2. *Ibid.*

puisque aucune quantification n'est à l'œuvre dans cette fonction. La première difficulté est donc la suivante : le principe du cercle vicieux, formulé sous sa forme habituelle « ce qui contient une variable apparente ne peut être une valeur de cette variable », semble tout à fait incapable de résoudre le paradoxe de Russell formulé en termes de fonctions.

Pourtant, comme l'annonce d'entrée de jeu Russell :

> Nous allons découvrir qu'on peut tomber dans un sophisme de cercle vicieux tout à fait immédiatement [*at the very outset*], en admettant parmi les arguments possibles d'une fonction propositionnelle des termes qui présupposent la fonction. Cette forme de sophisme est très instructive, et la nécessité de l'éviter conduit, nous allons le voir, à la hiérarchie des types[1].

En fait, bien que Russell parle à ce propos d'« un cas particulier, quoique peut-être le plus fondamental, du principe du cercle vicieux », il faut poser ici un nouveau principe, qui dit qu'une fonction présuppose la totalité de ses valeurs, et donc de ses arguments, ce qui, en vertu du principe du cercle vicieux, conduit à poser qu'une fonction ne peut avoir pour argument, ni elle-même ni quoi que ce soit qui présuppose la fonction : « Une fonction, comme nous l'avons vu, présuppose à titre de composante de sa signification la totalité de ses valeurs ou, ce qui revient au même, la totalité de ses arguments possibles[2]. » Et donc :

> En accord avec le principe du cercle vicieux, les valeurs d'une fonction ne peuvent contenir de termes définissables seulement à partir de la fonction. Or, étant donnée une fonction $\varphi\hat{x}$, les valeurs de la fonction sont toutes les propositions de la forme φx. Il s'ensuit qu'il n'y a pas de proposition de la forme φx où x a une valeur qui contient $\varphi\hat{x}$ [...]. Donc il n'y a rien de tel que la valeur de $\varphi\hat{x}$ pour l'argument $\varphi\hat{x}$, ou pour tout argument qui contient $\varphi\hat{x}$. C'est dire que le symbole « $\varphi(\varphi\hat{x})$ » ne doit pas exprimer une proposition[3].

1. *P.M.*, introduction, II, § 2.
2. *Ibid.*, § 5.
3. *Ibid.*, § 2.

La dernière phrase l'indique, le paradoxe de Russell est ainsi bloqué, et l'une des composantes de la théorie des types est ainsi obtenue, la notion de *domaine (range) de signification* d'une fonction : la variable *x* est de ce fait restreinte à la totalité des arguments possibles d'une fonction. Notons au passage que Russell admet à présent que la limitation de la variable à un certain domaine de signifiance d'une fonction « n'a pas besoin d'être explicitement formulée »[1], alors que quelques années auparavant, il pensait encore trouver dans la nécessité de formuler des restrictions de domaine le caractère *autoréfutant* de telles restrictions (puisque pour les formuler, il faut réintroduire une variable non restreinte). Mais nous n'aurons droit à aucune justification de ce changement radical de point de vue. En fait, ce mutisme sur des points aussi cruciaux que l'exigence de formuler ou non des restrictions de domaine est typique de la manière dont Russell a desserré les contraintes de l'universalisme à partir de 1908 : en silence, sans jamais expliciter les renoncements qu'ici ou là il acceptait.

Revenons à la tentative de dériver la théorie des types du principe du cercle vicieux, ainsi appliqué aux fonctions moyennant l'ajout du nouveau principe : une fonction présuppose la totalité des propositions qui en sont les valeurs (et donc la totalité de ses arguments, qui sont des constituants desdites propositions). La justification de ce principe, en lui-même indépendant du principe du cercle vicieux, est tirée par Russell d'une analyse de la « nature » des fonctions qui évoque irrésistiblement l'idée de 1903 des fonctions propositionnelles comme complexes dénotants. La fonction propositionnelle $\varphi\hat{x}$, comme jadis les « concepts dénotants », dénote une totalité de propositions, et présuppose la donnée de cette totalité pour être, comme on dit,

---

1. « Mathematical logic as based on the theory of types. » Russell écrit : « Si la fonction cesse d'être douée de signifiance quand la variable dépasse les bornes d'un certain domaine, alors la variable est *ipso facto* confinée à ce domaine, sans qu'il soit besoin de l'énoncer explicitement » (*in Logic and Knowledge*, 1956, p. 73). Russell abjure presque mot pour mot dans ce texte l'argument avancé dans « Les paradoxes de la logique », où l'hypothèse de la restriction de la variable à un « domaine de signifiance » est condamnée au motif qu'une telle restriction *doit être formulée* (sous forme d'antécédent d'une implication formelle), et que cette formulation réintroduit la variable non restreinte. Russell ne s'est pas expliqué sur cette volte-face, qui pourtant signe l'abandon de l'exigence de formuler la théorie dans les règles de grammaire qu'elle impose (*cf.* « Les paradoxes de la logique », *R.M.M.*, 14, p. 641).

« bien définie » (ce terme ne devant pas nous faire penser à l'interprétation constructiviste du principe du cercle vicieux, où « présuppose » veut dire « définissable en termes de », du point de vue de la connaissance et non de l'existence, selon le mot de Gödel [1]) ; en vertu de quoi elle ne peut figurer comme constituant des éléments de cette totalité.

Tel est le premier concept de l'ambiguïté fonctionnelle, ou « ambiguïté dénotante », pour insister sur son origine dans la vieille théorie des complexes dénotants (officiellement abandonnée en 1905, mais, sinon réactivée, du moins sous-jacente dans ce texte des *Principia*). Or cette analyse a pour conséquence immédiate d'interdire absolument de concevoir les fonctions propositionnelles comme des constituants des propositions qui en sont les valeurs (puisque les propositions, en tant que « complexes », présupposent logiquement leurs constituants). Ce point a d'ailleurs été mentionné à plusieurs reprises par Russell, par exemple :

> On doit se souvenir qu'une fonction n'est pas un constituant de ses valeurs : ainsi par exemple la fonction « $\hat{x}$ est humain » n'est pas un constituant de la proposition « Socrate est humain » [2].

Comme tout semble indiquer que le concept *humain* (pour reprendre l'exemple de Russell) est, lui, un authentique constituant de cette proposition, on ne peut suivant cette analyse assimiler les fonctions et les concepts, c'est-à-dire concevoir les fonctions propositionnelles comme des entités abstraites dont la donnée *ab initio* constituerait l'ontologie sous-jacente au sys-

1. Gödel, « Russell's mathematical logic », *in Collected Works*, t. II, p. 128.
2. *P.M.*, introduction, II, § 5. La théorie de l'ambiguïté dénotante des fonctions a pour conséquence, entre autres, une difficulté à propos des propositions du premier ordre non élémentaires, c'est-à-dire comportant une variable d'individu apparente (liée). Russell dit à plusieurs reprises que de telles propositions sont, avec les propositions élémentaires, les valeurs des fonctions du premier ordre ; suivant la théorie de l'ambiguïté dénotante, elles ne doivent donc pas contenir ces fonctions comme constituants. Comment comprendre alors l'affirmation suivant laquelle une proposition de la forme $(x)\varphi x$ contient ou présuppose la fonction $\varphi\hat{x}$ [*cf. P.M.*, introduction, II, §§ 2 et 3] ? Il semblerait qu'il faille abandonner l'une des deux thèses, et comme il est bien établi depuis 1908 que les propositions du premier ordre sont les *valeurs* des fonctions du premier ordre, on peut trouver là un motif supplémentaire d'abandonner l'idée que la fonction présuppose ses valeurs (et donc ne peut être un constituant des propositions qui sont ses valeurs).

tème (les variables fonctionnelles parcourant, suivant leur type, des régions ou des domaines de l'être). Tout se passe plutôt comme si, sous certaines conditions, les fonctions propositionnelles venaient en quelque sorte doubler les concepts, comme la fonction « $\hat{x}$ est humain » semble doubler le concept *humain* dans l'exemple pris par Russell. Il n'est pas trop difficile, en suivant le § 5 de ce chapitre de l'introduction aux *Principia* où il s'agit de « construire une hiérarchie », de préciser quelles sont ces conditions : comme une fonction « contient » au moins une variable liée, et que l'introduction d'une variable est soumise à la délimitation d'une totalité légitime (c'est-à-dire respectant le principe du cercle vicieux) que parcourt cette variable, l'introduction de fonctions – disons le moment de l'abstraction fonctionnelle – est soumise à la détermination préalable de telles totalités ou, ce qui revient au même, à l'introduction de nouvelles variables. Mais là, évidemment, commencent les difficultés : ce geste d'abstraction fonctionnelle évoque presque irrésistiblement une philosophie « constructiviste » de l'existence mathématique suivant laquelle les fonctions propositionnelles, bien que n'étant pas des constituants des propositions et ne préexistant donc pas à l'analyse que nous pouvons en faire, sont néanmoins dotées d'une existence relative à nos moyens de les connaître, c'est-à-dire de les définir (moyennant justement la constitution de totalités légitimes et l'introduction de variables). Ainsi, étant donné la totalité des individus, qui légitime l'introduction des variables x, y, etc., nous avons le droit d'abstraire, à partir des écritures φx, $\psi(x,y)$, etc. (qui représentent des propositions indéterminées, mais toutes élémentaires), les fonctions elles-mêmes $\varphi\hat{x}$, $\psi(\hat{x},\hat{y})$, etc., littéralement créées dans l'être par ce geste d'abstraction. Et le processus peut être itéré : sur la base de cette première abstraction, qui nous donne les fonctions du *premier ordre* (il faut ajouter à celles données à titre d'exemple les fonctions obtenues par quantification sur les variables d'individu $\forall y\ \varphi(\hat{x},y)$, $\forall y\forall z\ \chi(\hat{x},y,z)$, etc.), c'est-à-dire une totalité légitime d'entités construites selon une certaine procédure, nous pouvons introduire de nouvelles *variables,* ou variables fonctionnelles du premier ordre, $\varphi!\hat{x}$, $\psi!\hat{z}$, etc. Lesquelles variables vont permettre d'écrire, puis d'abstraire, de nouvelles fonctions, du second ordre cette fois (la première fonction $F(\varphi!\hat{z},x)$ de ce genre qui se présente est $\varphi!x$, fonction de deux variables, $\varphi!\hat{z}$ et x). D'où, à partir de la détermination de la totalité des fonctions du second ordre, l'introduction de variables fonctionnelles du second ordre à un argument $f!(\hat{\varphi}!\hat{z})$, à deux arguments, par exemple : $f!(\hat{\varphi}!\hat{z},\hat{x})$, etc. Il ne serait pas impossible de décrire de manière systématique cette construction *step by step* qui procède par abstraction et quantification alternées (plus exactement par abstraction et introduction de variables parcourant les entités abstraites à l'étape précédente, variables accessibles à la quantification), et une telle description serait relativement cohérente avec la décision d'interpréter de manière strictement constructiviste la hiérarchie fonctionnelle élaborée dans les *Principia* (mais cette interprétation strictement constructiviste butte sur une objection, relativement à la lettre du texte de Russell, qui tient à l'introduction *en bloc,* pour chaque ordre, de nouvelles « matrices » dont le contenu n'est pas spécifié ; j'ai laissé de côté cette difficulté dans cette esquisse pour y revenir ultérieurement dans le contexte de la discussion de l'interprétation constructiviste du système par Chwistek)[1].

Selon cet angle de lecture, et même si l'on ne voit pas trop d'obscurité dans l'idée que l'existence mathématique est liée de quelque façon à nos constructions (si l'on pense, autrement dit, que le conceptualisme est une position philosophiquement tenable), il faut cependant avouer que le texte des *Principia* offre quelque chose d'absolument énigmatique.

Tout d'abord, il est difficile de comprendre quelle est la nature des entités créées ou abstraites quand on passe de la notation φx à la notation $\varphi\hat{x}$, de $f(\varphi!\hat{z})$ à $f(\hat{\varphi}!\hat{z})$, autrement dit de la représentation d'une valeur indéterminée de la fonction à la nomination de la fonction elle-même abstraite de la totalité de ses valeurs. Russell dit à ce sujet :

> Nous pouvons regarder la fonction elle-même comme ce qui dénote de manière ambiguë, alors qu'une valeur indéterminée de la fonction est ce qui est dénoté de manière ambiguë. Si la valeur indéterminée est écrite « φx », nous écrirons la fonction elle-

1. Gödel, dans « Russell's mathematical logic », met au compte de l'« attitude constructiviste » cette construction *step by step* des fonctions d'ordre supérieur.

même « φ$\hat{x}$ ». [...] La fonction elle-même, φ$\hat{x}$, est la chose unique [*single*] qui dénote de manière ambiguë ses différentes [*many*] valeurs ; alors que φx, où x n'est pas spécifié, est l'un des objets dénotés, l'ambiguïté appartenant à la manière de dénoter[1].

Tout le problème est donc de savoir sur quoi au juste on quantifie quand on quantifie sur des fonctions (d'un certain ordre), et répondre que les variables fonctionnelles ont pour valeurs possibles des « ambiguïtés » n'est pas très satisfaisant ; c'est pourtant là tout ce qu'on peut répondre si l'on prend à la lettre cette idée de l'ambiguïté dénotante des fonctions. Mais de plus, cette interprétation constructiviste selon laquelle l'existence des fonctions est soumise à notre possibilité de les « abstraire » des propositions est en complet désaccord avec la philosophie des mathématiques professée par Russell : une existence qui dépend de quelque façon de nous ne peut être qu'une existence mentale. Et il n'y a aucune raison de penser que Russell aurait soudainement fait des concessions à l'idéalisme, fût-ce pour résoudre les paradoxes en allant au plus pressé, en écrivant les *Principia*.

La question est donc inévitable : faut-il prendre à la lettre cette théorie de l'ambiguïté dénotante des fonctions, avec ses conséquences désastreuses sur la cohérence de l'inspiration de Russell ? N'est-ce pas plutôt, avec son côté *ad hoc*, une mauvaise théorie, une théorie qu'il faudrait abandonner ? Russell ne l'a développée, on l'a vu, que pour tenter de résoudre le paradoxe de l'imprédicabilité à partir du principe du cercle vicieux, et en dériver la hiérarchie des types. Mais lui-même a reconnu, bien que de manière indirecte (et sans dire les choses clairement !), que la théorie des types, telle que présentée, n'était pas dérivable du seul principe du cercle vicieux (même renforcé par cette analyse de la « nature » des fonctions).

Je fais allusion ici à ce passage curieux de l'introduction où Russell semble revenir une seconde fois sur l'ambiguïté fonctionnelle, alors qu'on pouvait croire la chose réglée, et prétend confirmer par une « inspection directe » les arguments « plus ou moins indirects » invoqués jusqu'ici en faveur de l'idée qu'une

1. *P.M.*, introduction, II, § 2.

fonction ne peut avoir pour argument ni elle-même ni quoi que ce soit qui la présuppose. Or, bien que Russell tire de cette « inspection directe » une thèse dont la formulation est identique à celle énoncée plus haut – « une fonction est essentiellement une ambiguïté » –, il n'est pas difficile de voir que ni le concept d'ambiguïté ni les conséquences qui en découlent sur la constitution des types logiques ne sont exactement les mêmes. Ici, la signification de l'ambiguïté est qu'une fonction a des « cas » ou des « instances », à savoir les objets qui satisfont la fonction, et l'ambiguïté fonctionnelle n'est, si l'on peut dire, que l'inscription dans la fonction du caractère qu'elle partage avec tous les universaux (attributs, relations). Le rapprochement avec la notion frégéenne d'incomplétude, ou d'insaturation, s'impose d'évidence :

> Il est évident que nous ne pouvons substituer à une fonction quelque chose qui n'est pas une fonction : « $(x)\ \varphi x$ » signifie « φx dans tous les cas », et son caractère doué de sens repose sur le fait qu'il y a des « cas » de φx, c'est-à-dire sur l'ambiguïté qui est caractéristique d'une fonction. Cet exemple illustre le fait que lorsqu'une fonction peut figurer de manière douée de sens comme argument, quelque chose qui n'est pas une fonction ne peut pas figurer de manière douée de sens comme argument [1].

Le principe que fonde ce second concept d'ambiguïté est finalement plus fort que le principe tiré de l'ambiguïté dénotante, en ce que non seulement il interdit qu'une fonction se prenne elle-même comme argument, mais en outre défend les « types mixtes » ou, dans le langage de Russell, conduit à ce que les domaines de signifiance des fonctions constituent des types (§ 497 des *Principles*), c'est-à-dire assure que deux domaines de signifiance ayant un élément en commun sont identiques (ou que les types sont deux à deux disjoints) :

> Une inspection directe des fonctions qui ont des fonctions comme arguments, et des fonctions qui ont comme argument autre chose que des fonctions, montre sauf erreur que non seule-

---

1. *Ibid.*, § 4.

ment il est impossible pour une fonction $\varphi\hat{z}$ d'avoir pour argument elle-même ou quelque chose qui en dérive, mais que, si $\psi\hat{z}$ est une autre fonction telle qu'il y a des arguments a pour lesquels à la fois « φa » et « ψa » sont doués de sens, alors ni $\psi\hat{z}$ ni quoi que ce soit qui en dérive ne peuvent être des arguments de $\varphi\hat{z}$[1].

Ce principe est le contenu essentiel de la proposition primitive *1.11 et, comme l'a souligné Gödel, il est entièrement indépendant du principe du cercle vicieux, qui n'interdit nullement la constitution de types mixtes. En ce sens on peut dire que la théorie des types, telle qu'elle est construite dans les *Principia*, incorporant donc ce trait constitutif de ce qui serait une théorie simple des types, ne dérive pas du seul principe du cercle vicieux, malgré les affirmations tendancieuses de Russell sur ce point (et la confusion entretenue comme à dessein sur la notion d'ambiguïté fonctionnelle). Pour insister sur la différence conceptuelle des deux notions de l'ambiguïté ainsi que sur le fait que leurs conséquences ne sont pas équivalentes, je propose de baptiser « ambiguïté simple » (parce que considérée pour elle-même, elle conduirait à la théorie des types dite « simple ») la caractéristique des fonctions ainsi décrite au § 4 (chapitre II) de l'introduction aux *Principia*. Cette notion de l'ambiguïté conduisant à elle seule à l'idée qu'une fonction ne peut se prendre elle-même pour argument (l'ambiguïté qui caractérise une fonction étant spécifiée, elle exige un certain type d'argument pour être supprimée et donner lieu à une proposition), son intervention en second lieu rend finalement inutile l'ajout au principe général du cercle vicieux du principe particulier lié à l'ambiguïté dénotante. On pourrait donc sans trop de dommage abandonner ce second principe, qui n'intervient que pour maintenir la fiction selon laquelle la théorie des types à laquelle s'arrête finalement Russell découle du seul principe du cercle vicieux, et accepter de faire reposer cette théorie sur deux principes distincts, le principe du cercle vicieux d'une part (qui conduit à ce que l'ordre d'une fonction détermine son type), le principe de l'ambiguïté simple d'autre part (qui conduit à des types mutuellement distincts). Cette correction à la seule pré-

1. *Ibid.*

sentation des motifs de la théorie a l'avantage de lever toutes les difficultés d'interprétation liées à l'idée que les fonctions ne sont pas des constituants « authentiques » des propositions, indépendamment de nos possibilités de les en « abstraire ». Comme on peut tenir que l'ambiguïté simple des fonctions est un trait que possèdent également les concepts (les universaux en général), cette lecture conduit à identifier d'une certaine manière les fonctions et les entités conceptuelles, et à voir dans les types de la théorie des types d'entités, les entités (fonctions) d'un certain type étant les valeurs possibles des variables liées. C'est donc à une interprétation réaliste de la hiérarchie des fonctions que conduisent ces considérations : la totalité des fonctions, rangées en types selon leur ordre, est supposée donnée préalablement à la construction du système, et il n'y a aucune raison de penser que les fonctions définissables à partir des constantes primitives du système épuisent la totalité des fonctions admises dans l'ontologie (puisque l'abstraction fonctionnelle n'est plus conçue comme constitutive de l'existence). Du point de vue de cette confusion volontaire des fonctions et des concepts, la « construction » *step by step* de fonctions d'ordre supérieur (qui n'est plus qu'un procédé d'introduction progressive de variables fonctionnelles d'ordre supérieur) n'est plus qu'un artifice de présentation qui, même s'il est d'une certaine façon motivé, perd de son importance ou, plus exactement, perd sa portée ontologique ; il ne s'agit plus de créer littéralement les fonctions qu'on peut abstraire (et donc de limiter l'existence fonctionnelle à l'existence définissable dans le système), et c'est finalement l'interprétation de ce procédé comme indice d'une inspiration constructiviste, fût-elle latente, qui est abandonnée.

Mais alors, ce procédé de « construction » *step by step* a-t-il encore un intérêt autre que simplement pédagogique ? Je crois que Russell le tenait pour essentiel, mais pour des raisons qui ne tiennent pas du tout à la sphère d'idées constructivistes. Il faut plutôt y voir la tentative, hasardeuse sans doute, et dont le succès est contestable, pour répondre à ce qu'on peut appeler le quatrième problème de Poincaré en sauvegardant le *maximum* possible de l'inspiration universaliste originaire. Rappelons cette question posée par Poincaré après lecture de l'article de 1908 :

4° Plus généralement [...], la théorie des types est incompréhensible, si on ne suppose la théorie des ordinaux déjà constituée. Comment pourra-t-on fonder alors la théorie des ordinaux sur celle des types[1] ?

Or à ce genre de questions (qui soulève le problème de l'antériorité d'une arithmétique ordinale déjà édifiée relativement à la logique exposée suivant la théorie des types), il semble qu'il n'y ait que deux styles de réponses possibles. Soit l'on prend le parti héroïque et désespéré de soutenir qu'il n'y a rien de tel que cette théorie, et que la compréhension requise est de l'ordre de l'inexprimable (universalisme négatif : les propositions par lesquelles on se fera malgré tout comprendre n'appartenant pas au mode théorique du discours). Soit l'on admet la possibilité d'une telle théorie (au sens fort du terme) qui nécessite l'introduction de variables de type transfini (capables de parcourir tous les types finis), mais c'est au prix d'admettre que les règles du sens de cette théorie d'exposition sont différentes des règles de la théorie exposée, qui justement prohibe les types mixtes (et même si on lève cette dernière clause, la possibilité d'une itération indéfinie dans la construction de langages admettant des variables de type transfini toujours plus élevé ne paraît pas en harmonie avec l'idée d'une totalité du langage, essentielle, on l'a vu, à la perspective universaliste). Il est clair que Russell a vu, ou cru voir, dans la procédure *step by step,* un moyen d'échapper à l'aporie. Il n'y a pas de théorème démontré (par induction) pour tous les types, et cependant il y a matière à théorème, pour peu qu'on ne démontre jamais que du type n au type $n+1$. Et l'argument fourni par Russell en faveur de cette limitation montre qu'il a clairement perçu que le sort des exigences universalistes – du moins ce qu'il en reste après la typification de l'ontologie, c'est-à-dire l'abandon du principe de substituabilité uni-

---

1. Poincaré, « La logique de l'infini », *R.M.M.*, 17, juillet 1909. L'article est repris dans *Dernières Pensées,* 1933, p. 116. Dans la réponse de Russell en français à cet article de Poincaré, « La théorie des types logiques » (*R.M.M.*, 18), on trouve *in fine* un développement à ce propos, qui s'achève ainsi : « Ainsi, bien que les types aient un ordre, les ordinaux ne sont pas présupposés dans la théorie des types, et il n'y a aucun cercle logique à fonder la théorie des ordinaux sur un système qui suppose la théorie des types » (p. 301). Sauf erreur de ma part, ce fragment ne figure pas dans l'introduction de *P.M.*.

verselle, de la variable non restreinte, etc., l'exigence *d'unité* des formes du théorique – se jouait de nouveau ici :

> Ainsi nous pouvons prouver, à propos de n'importe quelle proposition donnée, qu'elle obéit aux propositions analogues aux propositions primitives de *1, mais nous ne pouvons le faire qu'en procédant pas à pas, et non par des méthodes rapides [*compendious*] telles que l'induction mathématique. Le fait que les types supérieurs ne peuvent être atteints que pas à pas [*step by step*] est essentiel, puisque pour procéder autrement nous aurions besoin d'une variable apparente qui irait de type en type [*which would wander from type to type*], ce qui serait contradictoire avec le principe sur la base duquel les types sont construits [1].

Il me semble, pour finir sur ce point, qu'il y a quelque chose d'admirable dans l'effort de Russell pour sauver ce qui peut l'être des exigences de l'universalisme positif : ne pas renoncer à la théorie sans tomber dans le pluralisme des formes du théorique ! La procédure *step by step* peut donc être comprise comme une voie étroite pour concilier une ontologie réaliste dont on ne peut parler en bloc sans transgresser la syntaxe qu'elle fonde, et la nécessité de réduire autant qu'il est possible la sphère de ce dont on ne peut vraiment pas parler.

En faveur de cette interprétation réaliste de la hiérarchie des fonctions, on pourrait tenter de retourner contre elle-même une certaine ligne d'argumentation, que Chwistek a développée au début des années vingt [2]. Que l'intention de Chwistek ait été de plaider en faveur de l'abandon de la théorie « ramifiée » des types et de son remplacement par la théorie dite « simple » (au nom d'une analyse des paradoxes du type Richard qui remonte à Peano : « *Exemplo de Richard non pertine ad Mathematica, sed ad linguistica* »), ou au contraire de « sauver » le système logique fondé sur la théorie des types proposée dans les *Principia*, ce point d'histoire disputé peut être laissé de côté ici ; seul importe, du point de vue des considérations présentes, l'un des arguments avancés par Chwistek, qui consiste à soutenir que la

---

1. *P.M.*, première partie, Section B, *9.
2. En particulier dans l'article « Antynomje logiki formalnej », *Przeglad Filozoficzny*, 24, 1921, p. 164-171 ; traduction anglaise sous le titre « Antinomies of formal logic », in *Polish Logic 1920-1939*, 1967, p. 338-345.

logique des *Principia*, si on lui ajoute l'Axiome de réductibilité (qui dit que pour toute fonction non prédicative, il existe une fonction prédicative formellement équivalente), est contradictoire. Plus précisément, Chwistek s'efforce de montrer que l'Axiome de réductibilité permet de reconstruire une version du paradoxe de Richard à l'intérieur du système de la logique (c'est-à-dire sans introduire de constante extra-logique dans le langage du système). Mais la manière dont Chwistek utilise l'Axiome contesté (aux fins de montrer que cet axiome doit être abandonné), permet *a contrario* de soutenir que l'interprétation constructiviste des *Principia* que Chwistek a en vue est justement exclue (ce renversement de l'argument présuppose de quelque manière que Russell ne se trompait pas en pensant que l'Axiome de réductibilité ne pouvait pas nous induire en erreur).

La notion qui dans la reconstruction de Chwistek prend la place de la « fini-définissabilité » de Richard est celle de constructibilité. Or la notion de fonction constructible (d'un type donné) est exprimable dans le système des *Principia* : puisqu'on peut énumérer les expressions (finies) construites sur un alphabet fini, et qu'une fonction constructible est (par définition) une fonction « représentable » par une suite de certains symboles de l'alphabet, on peut exprimer le fait qu'une fonction est constructible en l'affectant d'un indice dans une énumération (ou en coordonnant un nombre à la classe définie par une telle fonction). Ce qui revient à construire une relation *many-one* ayant pour domaine les entiers et pour codomaine les fonctions constructibles (ou les classes définies par les fonctions constructibles). Soit R_0 une telle relation ; dire qu'il existe un n tel que $nR_0\hat{x}(Fx)$, c'est dire que la fonction $F\hat{x}$ qui définit la classe $\hat{x}(Fx)$ est constructible.

L'intérêt d'une telle présentation est qu'il n'est pas besoin d'enrichir le langage d'une constante « sémantique » primitive pour exprimer la notion de définissabilité. Si l'argument de Chwistek était concluant, il serait donc très fort : ce n'est pas seulement une certaine limitation de l'universalité potentielle du langage des *Principia* qu'il ferait apparaître (l'impossibilité d'y exprimer une théorie sémantique non contradictoire sauf axiomes *ad hoc*), mais bien le caractère contradictoire du système logique construit dans ce langage.

Le cœur de l'argument est le suivant : considérons les entiers, ou des entiers d'un type quelconque déterminé, et une relation R quelconque entre ces entiers et les classes d'entiers. La fonction d'entier

$$\theta n = n \in \text{D'}R \wedge n \notin \check{R}\text{'}n$$

(qui exprime « n appartient au domaine de R et n'appartient pas à son image par R»), quel que soit son type, est d'un type parfaitement déterminé. Considérons à présent toutes les fonctions constructibles $\varphi\hat{n}$ du même type que la fonction $\theta\hat{n}$, et les classes $\hat{n}(\varphi n)$ définies par ces fonctions ; en vertu des remarques faites plus haut, il existe une relation R_o *many-one* des entiers aux classes $\hat{n}(\varphi n)$.

Considérons alors la fonction

$$\Phi_o\, n = n \in \text{D'}R_o \wedge n \notin \check{R}_o\text{'}n$$

et posons :

$$\tilde{\omega} = \hat{n}(\Phi_o\, n).$$

Si l'on admet, poursuit Chwistek, que la fonction $\Phi\hat{n}$ est : a) constructible et b) du même type que $\theta\hat{n}$, alors la proposition (I) s'ensuit :

$$\exists n\, (n\, R_o\, \tilde{\omega})$$

C'est-à-dire la classe « diagonale » $\tilde{\omega}$ figure dans l'énumération (ou appartient au codomaine de R_o). Or, si l'on demande à présent si le nombre coordonné à $\tilde{\omega}$ appartient ou n'appartient pas à $\tilde{\omega}$, de chaque supposition s'ensuit son opposée. D'où la contradiction, $\tilde{\omega}$ appartenant (par la proposition [II]) et n'appartenant pas (par *reductio ad absurdum*) au codomaine de R_o.

Voici maintenant le commentaire de Chwistek à propos du point b) qui affirme que la fonction $\Phi_o\hat{n}$ est du même type que $\theta\hat{n}$, et conduit donc à la proposition (I) :

> S'il faut tirer de tout cela une conclusion concernant la valeur du système de Whitehead et Russell, on doit d'abord remarquer que l'antinomie n'a pu être dérivée que grâce au principe de réductibilité. C'est en vertu de ce principe que la fonction $\Phi_o\hat{n}$ est du même type que la fonction $\theta\hat{n}$. Si nous posons pour le moment que le principe de réductibilité est faux, nous ne pouvons plus

affirmer que la fonction $\Phi_0\hat{n}$ est du même type que $\theta\hat{n}$, et donc le théorème (I) ne peut pas être obtenu. Devant ce fait, la conclusion est inévitable que nous devons rejeter le principe de réductibilité, si nous voulons résoudre le paradoxe de Richard sans modifier la structure de base de la théorie de la déduction contenue dans *Principia Mathematica* [1].

L'argumentation de Chwistek a de quoi surprendre (elle a visiblement surpris Ramsey, qui y a vu un « sophisme » [2]). Il est certes tout à fait vrai de dire qu'indépendamment de l'Axiome de réductibilité, la fonction $\Phi_0\hat{n}$ est d'un ordre supérieur à celui de la fonction $\theta\hat{n}$ (et donc d'un type différent), en raison de la quantification sur les fonctions $\varphi\hat{n}$ cachées dans sa définition. Mais l'ordre d'une fonction est ce qu'il est, avec ou sans l'Axiome de réductibilité ; et même dans un système logique augmenté de l'Axiome, la fonction en question reste d'un ordre supérieur : l'Axiome affirme seulement qu'*il existe* une fonction prédicative d'entier qui lui est formellement équivalente, sans rien nous dire sur le caractère « constructible » ou non, représentable ou non, de cette fonction [3]. Par conséquent, puisque l'Axiome ne saurait affecter l'ordre de $\Phi_0\hat{n}$, et ne dit rien sur le caractère constructible de la fonction dont il affirme l'existence, il n'y a aucune raison de penser qu'il existe un n dans la relation R_0 avec la classe définie par cette fonction (c'est en substance le contenu de l'observation de Ramsey contre Chwistek). Et donc, il est tendancieux de dire que l'Axiome de réductibilité conduit à la proposition (I) de Chwistek.

Cependant, ce n'est peut-être pas exactement un « sophisme » que commet ici Chwistek, et sa compréhension de la portée de l'Axiome de réductibilité (aussi fautive qu'elle ait paru à Ramsey de son point de vue « théologique » en logique) s'explique naturellement dans le cadre d'une interprétation globalement

---

1. Chwistek, « Antinomies of formal logic », *Polish Logic,* p. 342.

2. Ramsey, « The foundations of mathematics » (1925), article repris dans *Foundations,* 1978, p. 179, note 2.

3. Quine note : « Une fonction propositionnelle étant donnée, il peut arriver ou non qu'il y ait une expression abstractive désignant une fonction co-extensive et répondant à l'exigence de prédicativité [...]. Mais même à défaut d'une telle expression, une telle fonction prédicative existe, bien que non exprimée ; telle est la portée de l'axiome de réductibilité. » (Quine, *Set Theory and its Logic, op. cit.,* p. 250.)

constructiviste de l'ontologie des *Principia*, interprétation qui semblait à Chwistek la seule légitime [1]. En effet, si l'on pense de manière générale que l'existence des fonctions est corrélative de la construction progressive de ces mêmes fonctions (c'est-à-dire de leur représentation par des écritures formées sur l'alphabet du système), alors on peut comprendre l'affirmation d'existence que contient l'Axiome de réductibilité comme équivalente à une affirmation de constructibilité et, puisqu'on a sous la main une fonction effectivement construite (quoique d'un ordre supérieur), penser que l'Axiome a pour effet d'abaisser l'ordre de cette fonction (nous permet de la tenir pour prédicative). Bref, dans un cadre constructiviste, une affirmation d'existence prédicative ne peut être comprise que comme une affirmation de définissabilité prédicative.

Si telle est la logique qui a conduit Chwistek à son argumentation, on peut tout aussi bien retourner cette dernière. La proposition (I) menant à une contradiction analogue à celle utilisée dans la preuve du Théorème de Cantor, on peut voir dans ce fait la preuve par *reductio ad absurdum* que la fonction prédicative formellement équivalente à $\Phi_o\hat{n}$ postulée par l'Axiome n'est pas constructible. Et tirer de cette remarque la conclusion générale que pour maintenir le caractère non contradictoire de la logique des *Principia* enrichie de l'Axiome de réductibilité, une interprétation non constructiviste de l'ontologie sous-jacente est absolument nécessaire. Au bout du compte, la confiance avec laquelle Russell a introduit l'Axiome de réductibilité serait plutôt une preuve supplémentaire que lui-même avait une conception tout à fait réaliste de la hiérarchie fonctionnelle.

Et au fond, une telle conception ne serait même pas contradictoire avec la thèse de l'ambiguïté « dénotante » des fonctions, qui conduit à dire qu'elles sont d'une certaine manière « abstraites » des propositions. Car « abstraire » une fonction d'une totalité de propositions n'est pas nécessairement « construire » une fonction, c'est-à-dire la définir à partir des termes primitifs du système logique. À cet égard, il faut bien

---

1. Chwistek dit par exemple de la « conception fondamentale » de la logique qu'« il semble qu'elle doive être indépendante d'assomptions métaphysiques telles que l'existence de fonctions non constructibles » (« Antinomies of formal logic », *in Polish Logic, op. cit.*, p. 339).

voir que le texte de l'introduction aux *Principia* ne procède pas à la construction du système logique au sens où nous sommes habitués à l'entendre (donnée des constantes logiques primitives, des variables de tous ordres et des règles de construction d'expressions), mais n'est qu'un texte d'exposition, contenant des symboles qui ne sont que des « paramètres d'exposition », et qui ne se retrouveront pas dans les notations du système (il en est de même dans les premiers paragraphes des *Grundgesetze*, comme Frege le fait remarquer). C'est le cas en particulier des symboles comme φ, ψ, f, g, F, etc. (sans point d'exclamation), qui figurent notamment dans les « matrices » introduites à chaque étape de la construction, et qui ne sont ni des variables fonctionnelles ni des abréviations pour des fonctions déjà écrites avec le seul alphabet primitif du système logique. Du point de vue de la théorie de l'ambiguïté dénotante des fonctions, les choses se passent plutôt ainsi : la totalité des propositions élémentaires (c'est-à-dire sans variable liée) est supposée donnée avec les constituants de ces propositions ; certaines de ces propositions ont un de ces constituants en commun (par exemple toutes les propositions qui parlent de Socrate, Platon, Walter Scott, etc., pour en affirmer la même propriété) ; l'abstraction de la fonction propositionnelle est possible, puisque le remplacement des noms propres par une variable ne présuppose pas d'autre totalité que celle des individus. Dans la « matrice » ainsi obtenue (fonction propositionnelle du premier ordre sans aucune quantification), comme dans les autres fonctions du premier ordre (obtenues par quantification de certaines variables d'individu), ce que Russell appelait en 1903 la « partie fonctionnelle » de la fonction propositionnelle (qui est notée par les paramètres d'exposition φ, f, etc.) est absolument indéterminée, elle correspond seulement à ce que les propositions initiales affirmaient de Socrate, Platon, etc. Il en est de même pour les ordres supérieurs, où la donnée de fonctions d'ordre supérieur est certes soumise à la détermination préalable de totalités légitimes (pour ce qui concerne l'introduction de variables), mais où la « partie fonctionnelle » des matrices est également indéterminée. Si l'on comprend ainsi l'exposition de l'ontologie sousjacente au système (qui n'est donc pas encore l'exposition du système logique « pur »), les matrices signalent à chaque étape la prise en compte de nouvelles fonctions non spécifiées. Il n'y a donc aucune raison de penser que les variables fonctionnelles, qui ultérieurement parcourront cette totalité de fonctions, ne représentent que des fonctions définissables dans le système logique. Bien sûr, certaines fonctions sont définissables, précisément les fonctions logiques, par exemple

$$F(\varphi!\hat{z},x) = \varphi!x$$
Df.

mais ce n'est pas le cas général, le langage des *Principia* n'étant qu'une « syntaxe », non un « vocabulaire ». De ce point de vue, la théorie de l'ambiguïté dénotante des fonctions, qui implique que les fonctions ne soient pas d'authentiques constituants des propositions, rend particulièrement énigmatique la nature onto-logique des fonctions (c'est pour cette raison qu'il me paraît pré-férable de n'en pas tenir compte), elle n'est pas absolument contradictoire avec l'idée d'une réserve d'existence dans laquelle, à chaque étape, nous pouvons puiser en introduisant lesdites « matrices » fonctionnelles.

Gödel a soutenu que c'est seulement d'un point de vue constructiviste que la théorie des ordres (en tant qu'elle prohibe l'imprédicativité) apparaît comme autre chose qu'un ensemble d'hypothèses *ad hoc*, destinées seulement à éviter les para-doxes [1]. Ce jugement est peut-être vrai « dans l'absolu » ; mais si l'interprétation proposée ici a sa pertinence, il faut admettre comme un fait que Russell a cru dans la valeur fondamentale du principe du cercle vicieux sans du tout partager un point de vue philosophique constructiviste (au sens usuel de ce terme). Comme par ailleurs le fictionnalisme est largement abandonné (sauf en ce qui concerne les classes), et que lui seul avait paru permettre de concilier le principe du cercle vicieux avec les exi-gences de l'universalisme, il faut dire que la théorie des types

---

1. Gödel, « Russell's mathematical logic », *in Collected Works*, t. II, p. 133. Gödel reconnaît cependant que l'admission de l'Axiome de réductibilité revient à abandonner « pour l'essentiel » l'attitude constructiviste, puisque sa vérité suppose qu'on admette d'emblée l'existence d'une infinité de *qualitates occultae* (*ibid.*, p. 133 et 140). Il me semble que l'intervention à chaque étape de la construction, y compris donc pour les ordres supérieurs, de « matrices » dont la partie fonctionnelle est tout à fait non spécifiée, assure une « réserve » d'exis-tence dans laquelle l'axiome de réductibilité peut venir librement puiser (c'est-à-dire sans que l'existence soit nécessairement confondue avec la définissabilité).

logiques introduite dans les *Principia* inaugure ce crépuscule progressif de l'universalisme positif qui semble caractériser, on l'a noté, l'évolution ultérieure de la pensée de Russell. La « première partie » de la logique, si elle peut encore être conçue comme l'essentiel de la philosophie, ne sera plus justiciable des règles du sens auxquelles est soumise la logique mathématique, dont s'estompe ainsi le caractère de discipline première. L'universalité que conserve alors cette « seconde partie » de la logique est certes encore celle d'un « langage logiquement parfait » où toute théorie doit pouvoir s'écrire (par exemple, une théorie sémantique non contradictoire). Mais alors, la philosophie qui précède et fonde cette logique ne saurait donc être une théorie ? C'est dans cette situation, aussi inconfortable soit-elle pour le philosophe, que nous laisse Russell après la publication des *Principia*. On devine aisément de quelles promesses ou de quels dangers un tel état de chose était porteur : dissolution de la philosophie dans la positivité scientifique, identification de la philosophie à une simple activité de clarification, toutes ces voies ont été en effet explorées par le siècle. Par contraste, l'originalité de la première philosophie de Carnap mérite d'être soulignée : la syntaxe logique fut d'abord le projet de récupérer ce qu'il y avait de légitime dans la philosophie à l'intérieur du langage. C'est vers cet étonnant pari qu'il nous faut à présent nous tourner.

Deuxième partie

CARNAP

Ainsi s'éclairera l'essence de la logique, et la preuve sera apportée qu'il n'y a qu'une logique.

Note sur Wittgenstein dans la bibliographie de la brochure *Wissenschaftliche Weltauffassung : Der Wiener Kreis*, 1929.

Chapitre III

VERS LA FORMALISATION DES CONTEXTES D'EXPOSITION

3.0. La méthode de l'explication

L'affirmation qu'il n'y a qu'une logique peut s'entendre en au moins deux sens. Au sens de l'universalisme, elle consiste à soutenir que le discours métasystémique, celui des « contextes d'exposition », doit obéir aux mêmes règles du sens et de la déduction que le langage qu'il doit construire ; ultimement, par-delà les laborieux détours que les contraintes pédagogiques de la communication nous obligent à suivre, passé le moment où nous nous contentons de formuler la métathéorie dans le langage ordinaire (moment « naïf » de la syntaxe, selon l'expression de Carnap), la visée de l'universalisme est de « formuler la syntaxe d'un langage à l'intérieur de ce langage lui-même »[1], et plus généralement de montrer « qu'on peut faire avec un seul langage » – « *dass man tatsächlich mit einer Sprache auskommt*[2] ». Au sens de l'absolutisme logique, elle revient à soutenir que le mot « logique » doit être compris plutôt comme un nom propre désignant une sphère relativement bien déterminée de vérités ou de schémas d'inférence valides, et non comme un adjectif renvoyant à une propriété, l'élément de « logicité » éventuellement commun à des vérités de différents types, mais qu'elles auraient en partage en raison de leur position toute particulière relativement à un système de conventions (par exemple relativement à un « système sémantique » ou à des « postulats

---

1. *The Logical Syntax of Language* (désormais : *S.L.L.*), § 1, p. 3.
2. *Logische Syntax der Sprache* (désormais : *L.S.S.*), 1934, § 18, p. 46.

de signification »)[1]. L'absolutisme s'oppose au relativisme logique ; l'idéal universaliste s'oppose plutôt (ou résiste à se résigner) à une irréductible pluralité des langages, à ce qui est devenu l'évidence de la hiérarchie des « niveaux de langage ».

Du point de vue de ces distinctions conceptuelles, Carnap occupe une position singulière, à la fois universaliste, du moins en intention et dans le projet fondateur de la *Syntaxe logique du langage*, et résolument relativiste, comme le « Principe de tolérance » (du moins selon sa portée la plus manifeste, nous verrons qu'il est susceptible d'autres usages) et surtout le projet d'une « Syntaxe générale », puis d'une « sémantique générale » le marquent d'emblée. En ce qui concerne le premier point, la *Syntaxe logique du langage* me paraît une œuvre majeure du XXe siècle logique, où le destin de l'universalisme logique se joue de manière explicite et consciente : rarement le projet universaliste (dans la version que j'ai nommée, faute de mieux, « universalisme positif ») se sera déployé sous la forme d'une stratégie si complexe et si précise, reprenant certaines idées fondamentales pour Wittgenstein, en modifiant la portée sous l'influence du « formalisme » hilbertien et de la « métalogique » de l'école de Varsovie, utilisant à ses propres fins la méthode gödélienne de l'arithmétisation de la syntaxe. Mais aussi, le compte exact est fait des « complications gödéliennes qui surgissent », pour reprendre l'expression de Michael Friedman[2] : certains concepts syntaxiques précisément caractérisés (les concepts dits de la « dérivabilité ») sont insuffisants pour rendre compte en leur totalité des relations de conséquence logique à l'intérieur

1. L'idée de « vrai en vertu des règles sémantiques » comme moyen de caractériser les L-concepts sémantiques (par opposition aux concepts « radicaux » de la sémantique) est introduite par Carnap dans *Foundations of Logic and Mathematics* (désormais : *F.L.M.*), t. I de l'International Encyclopedia of Unified Science, University of Chicago Press, 1939, § 7. Elle est reprise et approfondie dans *Introduction to Semantics* (désormais : *I.S.*), première partie de *Studies in Semantics*, Harvard University Press, 1961 (1942 pour la première édition), §§ 15 et suivants. La notion de « postulats de signification » apparaît dans l'article « Meaning postulates », *Philosophical Studies*, 3, 1952, article publié ultérieurement dans l'édition augmentée de *Meaning and Necessity* (désormais : *M.N.*), 1956.

2. Michael Friedman, « Logical truth and analyticity in Carnap's *Logical Syntax of Language* », in *History and Philosophy of Modern Mathematics* (vol. 11), 1988, ouvrage paru dans la collection Minnesota Studies in the Philosophy of Science.

d'un système, le Langage II de la *Syntaxe logique du langage*, qui formalise la mathématique classique ; l'impact du premier théorème d'incomplétude de Gödel (1931) sur le projet de Carnap est qu'il devient nécessaire d'élargir la notion même de syntaxe, d'admettre à titre de concepts syntaxiques de tout nouveaux concepts, les concepts de l'analyticité. Et le point culminant de l'ouvrage est atteint ici sous la forme d'un résultat très général d'impossibilité : pour aucun langage consistant (*widerspruchsfrei*) L, le concept « analytique-dans-L » n'est définissable dans le langage L lui-même. Ainsi est administrée la preuve, au terme d'une exploration extrêmement serrée, que l'idéal universaliste ne saurait constituer un programme intégralement réalisable : « La mathématique exige une suite infinie de langages toujours plus riches » (*Die Mathematik erfordert eine unendliche Reihe immer reicherer Sprachen)* [1].

De la première déclaration, « on peut faire avec un seul langage », à ce résultat négatif, je voudrais refaire avec Carnap le chemin parcouru, à vrai dire, une seule fois. Car postérieurement à la *Syntaxe logique du langage*, il semble que Carnap ait définitivement abandonné tout scrupule universaliste ; la différence de nature (et non seulement de fonction) entre « langage-objet » et « métalangage » dans les recherches sémantiques ultérieures est un principe tellement irrécusable et premier que Carnap n'évoque même plus la manœuvre (toujours possible, bien sûr, dans certaines limites) de l'internalisation ; et la formalisation du métalangage dans un « méta-métalangage » reste une perspective simplement ouverte, une tâche renvoyée à plus tard. C'est pourquoi la rigueur si tendue de ce grand livre de Carnap ne se retrouve pas au même degré dans les suivants, quelle que soit leur toujours stupéfiante ingéniosité. C'est pourquoi aussi, dans le cadre d'une recherche consacrée aux figures de l'universalisme, la *Syntaxe logique* doit être au centre de l'attention. Cependant, dans la mesure où le sens philosophique du projet d'une métathéorie générale et son lien profond avec la position relativiste me paraissent plus clairs dès lors que cette théorie prend la forme d'une sémantique générale, je n'hésiterai pas, à l'occasion, à évoquer le premier tome des *Studies in Semantics*, où le point de vue général est dominant, pour le

---

1. *L.S.S.*, § 60, p. 165 ; *S.L.L.*, § 60c, p. 219.

confronter à la quatrième partie de la *Syntaxe logique*. La question de la cohérence ultime de la pensée de Carnap, vue sous l'angle des relations entre la syntaxe de l'analyticité et l'idée d'une théorie générale des systèmes, ne sera abordée qu'en conclusion, sous la forme d'un réexamen de l'idée de « Vrai par convention [1] ».

Si la seconde partie de la phrase consacrée à Wittgenstein et placée plus haut en exergue peut permettre de caractériser ainsi le projet initial de la *Syntaxe logique*, sa première partie, pour sa part, donne tout son sens à une déclaration comme celle-ci : « La logique va devenir une partie de la syntaxe [2] » – pour peu qu'on accepte l'idée qu'« éclairer l'essence de la logique » est une formulation vague (et une anticipation) de ce qui deviendra dans la pensée de Carnap la méthode fondamentale, philosophique par excellence, de l'*explication*. Et l'on est fondé à le faire, dans la mesure où la méthodologie de l'explication peut bien sûr s'appliquer à elle-même : la notion carnapienne d'explication peut être tenue en effet pour un bon *explicatum* de la notion traditionnelle de « définition réelle ». Il s'agit bien de « cerner une idée », de « clarifier une notion », à la seule réserve près que l'explication carnapienne est capable de faire le compte exact de ses opérations et de prendre la mesure de ses effets ; plutôt que de rendre claire et distincte une idée (formulation typiquement confuse !), l'explication reconnaît honnêtement qu'il s'agit de « remplacer » un concept par un autre. Même si en 1934-1937 Carnap n'a pas encore explicité la nature de l'explication, il me semble qu'on ne peut saisir la portée de la syntaxe logique (d'où lui vient, justement, l'appellation de « logique »), si l'on ne voit dans la construction des concepts syntaxiques fondamentaux une procédure d'explication, au sens technique carnapien, de concepts vagues et intuitifs de nature logique comme ceux de « logiquement valide », « logiquement vrai » ou « conséquence logique » (« *logisch-gültig* », « *aus logischen Gründen wahr* », « *Folge* »). Il arrive à Carnap, à cette époque, d'utiliser le même mot, *Folge* par exemple, pour le

---

1. À la différence de la *Syntaxe logique du langage*, les préoccupations de théorie *générale*, en opposition aux théories *spéciales* (qu'il s'agisse de sémantique ou de syntaxe), constituent le fil directeur de *I.S.* : les systèmes sémantiques particuliers qui y figurent ne sont introduits qu'à titre d'illustration.
2. *S.L.L.*, § 1, p. 2.

concept vague et pour le concept précis syntaxiquement reconstruit). Il est vrai que la terminologie carnapienne n'est pas encore fixée dans la *Syntaxe logique du langage.* Carnap parle parfois de « définition » pour un concept là où il s'agit manifestement d'explication à proprement parler[1], parfois plus précisément de « critère formel et complet de validité » (« *Gültigkeiskriterium* ») pour la construction de l'*explicatum,* comme dans le texte suivant :

> De cette manière, un critère complet de validité pour les mathématiques est obtenu. Nous allons définir le terme « analytique » d'une manière telle qu'il soit applicable à tous les énoncés, et seulement à eux, du Langage II qui sont valides (vrais, corrects) sur la base de la logique et des mathématiques classiques. Nous allons définir le terme « contradictoire » d'une manière telle qu'il s'applique aux énoncés qui sont faux au sens logico-mathématique[2].

Quelques mots, donc, sur la méthodologie de l'explication permettront de comprendre en quel sens la logique peut devenir une partie de la syntaxe.

C'est dans *Logical Foundations of Probability* qu'on trouve l'exposé le plus détaillé des questions méthodologiques de l'explication. Carnap y décrit une situation très générale où nous devons partir d'un concept vague et inexact enveloppé dans l'usage ordinaire ou préscientifique du langage, et où la procédure de l'explication consiste à remplacer ce concept, l'*explicandum,* par un nouveau concept, l'*explicatum* (Carnap indique que l'idée husserlienne d'une synthèse identifiante entre un sens inarticulé et un sens distinct est à l'origine de sa conception de l'explication). L'*explicatum* doit être donné par des règles d'usage explicites, par exemple par une définition qui l'incorpore à un système de concepts scientifiques bien construit ; c'est pourquoi il ne faut pas confondre la procédure elle-même, qui vise à donner une sorte d'équivalent (en un sens à préciser) du

---

1. « *Eine Definition für den Begriff " Folge " in seinem vollen Umfang aufzustellen, ist nicht mit einfachen Mitteln möglich* », écrit par exemple Carnap *in* L.S.S., § 10, p. 25.
2. *S.L.L.,* § 34a, p. 101. Ce paragraphe fait partie des textes rajoutés à l'édition anglaise de la *Syntaxe logique,* et parus initialement sous forme d'article, « Ein Gültigkeitskriterium für die Satze der klischen Mathematik », en 1934.

concept de départ, et le moment méthodologique de la définition proprement dite de l'*explicatum,* qui consiste à introduire
formellement un nouveau terme à partir de termes primitifs (ou
déjà définis) dans le cadre d'un langage dont les ressources d'expression sont exactement recensées. Enfin, la procédure normée
de l'explication ne fait que rendre explicite et consciente d'elle-
même une démarche habituelle aux philosophes : rétrospective-
ment, la définition logiciste des nombres naturels, la distinction
frégéenne de deux composants de la signification, comme le
concept sémantique du vrai, doivent être compris comme
autant de propositions d'*explicata* pour des concepts à l'œuvre
dans l'usage ordinaire du langage (ou dans la conception ordinaire de l'usage du langage, pour ce qui concerne les deux derniers [1]). Mais en rendant l'analyse conceptuelle consciente
d'elle-même, elle en modifie la portée, ou plutôt la révèle à elle-
même : non point assertion à contenu théorétique susceptible
d'être vraie ou fausse, mais justement « proposition » ou « suggestion » susceptible d'être jugée selon des critères pratiques de
simplicité, de fécondité et d'efficacité. L'idée que les éternelles
polémiques en philosophie proviennent essentiellement d'un
malentendu sur la portée même des énoncés philosophiques,
qui ne sont que des pseudo-assertions sans contenu théorique
ou cognitif réel, et en fait des décisions de convenance ou des
suggestions, cette idée est une des constantes fondamentales de
la pensée carnapienne. Au temps de la *Syntaxe logique,* c'est à
l'usage du mode matériel du discours, empruntant la figure
transposée des « pseudo-énoncés d'objet », qu'est attribuée la
responsabilité principale de ce malentendu ; et l'on peut
attendre du passage au mode formel que le sens de l'activité philosophique devienne enfin transparent à lui-même :

> L'usage du mode matériel du discours [*inhaltliche Redeweise*]
> conduit à l'oubli du caractère relatif à un langage des énoncés
> philosophiques ; il est responsable d'une compréhension absolu-
> tiste des énoncés philosophiques. Il faut surtout noter que le cas

1. *M.N.,* § 2 p. 8 et § 29 p. 126 : « Il semble que Frege, en introduisant la distinction entre *nominatum* et sens, avait pour intention de préciser une distinction que la logique traditionnelle avait faite sous des formes diverses. Ainsi, il
s'agissait d'une entreprise d'explication. » La méthode de l'extension et de l'intension est une proposition alternative d'explication.

échéant, la position d'une thèse philosophique ne représente pas une assertion, mais une suggestion [*keine Behauptung, sondern einen Vorschlag darstellt*]. Toute discussion concernant la vérité ou la fausseté d'une telle thèse est hors de propos, une simple querelle de mots ; on peut tout au plus discuter l'utilité pratique [*Zweckmassigkeit*] de la proposition ou examiner ses conséquences [1].

Ultérieurement, une fois levées les contraintes drastiques du mode formel et acceptée l'idée d'une « analyse sémantique » des concepts logiques ou des concepts de la signification, l'explication conservera cette valeur élucidante attribuée dans un premier temps au seul mode formel [2]. En ce sens, elle hérite des vertus apaisantes de la syntaxe logique.

Cependant, la procédure de l'explication est confrontée à un problème redoutable, en ce que le *datum, l'explicandum*, n'est pas déterminé de manière exacte. Et donc :

Puisque le *datum* est inexact, le problème lui-même n'est pas formulé en des termes exacts ; et pourtant, il nous faut donner une solution exacte. Telle est l'une des particularités déroutantes [*puzzling*] de l'explication [3].

Problème peut-être plus redoutable même que Carnap ne le croyait : car non seulement le concept de départ est en général suffisamment vague et imprécis pour que la question de l'adéquation de l'explication se pose de manière insistante, mais on peut même contester la réalité de l'*explicandum*, ou du moins se demander s'il mérite vraiment une explication. Le « scepticisme de Quine », par exemple, attaque l'explication carnapienne du concept d'intension sur les bords, non point en contestant la construction formelle d'un *explicatum* sémantique de l'intension, mais en doutant de la légitimité scientifique (en un sens behaviouriste) des notions de signification, d'intension, de synonymie, etc., en tant qu'*explicanda* pragmatiques ou linguis-

---

1. *S.L.L.*, § 78, p. 299.
2. *M.N.*, § 29, p. 128 en particulier. À propos justement de l'opposition entre l'analyse frégéenne de la signification et la méthode de l'extension et de l'intension, Carnap écrit : « Il ne s'agit même pas de questions théorétiques, mais simplement d'objectifs pratiques. »
3. *Logical Foundations of Probability*, chapitre premier, 1950.

tiques, c'est-à-dire applicables dans le cadre de l'analyse du langage ordinaire[1]. Du moins est-ce ainsi que Carnap interprète, dans l'article de 1955, « Meaning and synonymy in natural languages », les objections de Quine ; et l'on peut se demander, si ce faisant, il ne limite pas leur portée. Car il est probable que même s'il utilise cet argument au passage, ce que conteste Quine est plus fondamentalement l'intérêt même des tentatives pour construire des *explicata* de concepts usuels comme ceux de vérité logique, analyticité, etc. : l'idée que de telles explications sont susceptibles de nous apporter la moindre lumière sur ces notions. Je n'ai pas l'intention de poursuivre dans cette direction, mais un point est à noter, qui transparaît à travers l'opposition que fait spontanément Carnap entre les deux paires de termes, *explicandum*-pragmatique (plus ou moins identifiée à ce qu'il appelle en d'autres lieux la sémantique descriptive) d'une part, *explicatum*-sémantique d'autre part (la sémantique étant ici entendue au sens de la sémantique pure, c'est-à-dire de la théorie des systèmes linguistiques construits, artificiels, par opposition à l'étude des langages naturels historiquement donnés).

Le point est le suivant : quand la procédure de l'explication concerne un concept logico-linguistique, un concept lié d'une manière ou d'une autre au langage naturel (ce qui n'est nullement toujours le cas, une partie de l'activité scientifique classificatoire peut être comprise comme une construction d'*explicata* pour des concepts d'espèces naturelles), la construction de l'*explicatum* requiert non seulement un métalangage dont les ressources expressives soient à peu près délimitées (à défaut ou en attente d'une formalisation complète), mais un langage-objet construit ou artificiel relativement auquel l'*explicatum* peut

1. « Meaning and synonymy in natural languages », *Philosophical Studies*, 6, 1955. Cet article figure également dans l'édition augmentée de *M.N.* Carnap oppose dans ce texte son propre point de vue, dit « thèse intensionnaliste », selon lequel « la détermination d'une intension est une hypothèse empirique [...] qui peut être testée par l'observation du comportement linguistique », au point de vue de Quine (par exemple), ou « thèse extensionnaliste », selon lequel la détermination de l'extension laisse entièrement ouverte la question de l'intension sans qu'il y ait là de questions de fait. Carnap renvoie essentiellement à l'article de Quine, « The problem of meaning in linguistics » (1951), publié dans *From a Logical Point of View*, 1963.

s'appliquer. C'est pourquoi toute explication de ce type passe par la construction préalable d'un système, système syntaxique (ou calcul) ou sémantique suivant la nature du concept à définir, et aboutit à la définition d'expressions qui invariablement inscrivent cette relativité dans leur forme même, un terme suivi de la clause : « -dans L » (« L » comme « langage ») ou encore « -dans S » (« S » comme « système »). Autrement dit, la procédure de l'explication conduit à une sorte de retrait des langages naturels vers des systèmes de langage artificiels ; elle revient à abandonner, dans une certaine mesure, le domaine du linguiste ou de l'analyste des langues naturelles, comme si une clarification ne pouvait être obtenue sur le lieu même où les notions expliquées sont en usage, et exigeait un changement de terrain. C'est pourquoi on a pu accuser Carnap de sous-estimer les possibilités de la linguistique alors même que, dans certains textes au moins, il présente la construction d'*explicata* relatifs à un système artificiel comme la seule manière d'analyser, de manière « indirecte » il est vrai, la structure des langages naturels :

> La méthode de syntaxe présentée dans les pages suivantes ne se révélera pas utile seulement dans le cadre de l'analyse logique des théories scientifiques, elle servira aussi pour l'analyse logique des langages verbaux [*Wortsprachen*]. [...] Les propriétés syntaxiques d'un langage verbal particulier comme l'allemand (ou l'anglais), ou d'une classe particulière de tels langages, ou d'un sous-langage particulier d'un tel langage seront au mieux représentées et examinées par comparaison avec un langage construit qui serve de système de référence [1].

Outre la remarque générale que « notre intérêt ultime concerne le langage de la science » et qu'un des aspects de l'activité scientifique est la formalisation des théories (en prenant « formalisation » en un sens large, autrement dit non seulement représentation formelle d'une théorie par un calcul, mais également constitution d'une sémantique « formelle » qui permette de poser de manière précise la question de l'adéquation et de la

---

1. *S.L.L.*, § 2, p. 8. On trouvera une claire mise au point sur cette question (avec les références aux textes majeurs) dans Jacques Bouveresse, « Carnap, le langage et la philosophie », *in La parole malheureuse*, 1971.

complétude de la formalisation au sens étroit [1]), c'est-à-dire la construction de systèmes de langages artificiels, Carnap aurait répondu que cette relativisation des *explicata* à des systèmes construits était une contrainte inévitable pour la raison suivante : quelle que soit la valeur de clarification de l'explication, le réquisit minimal auquel doit satisfaire la construction de l'*explicatum* est la rigueur formelle. En particulier, les termes entrant dans la définition de l'*explicatum* doivent avoir un sens précis et fixé, et au bout du compte nous tombons sur des termes primitifs. Parfois, quand il s'agit de syntaxe spéciale, les seuls termes primitifs sont les catégories de symboles primitifs d'un langage spécifié dont l'extension est donnée de manière ostensive (ou quasi ostensive, s'il y a une infinité de symboles primitifs), et à partir de ces termes, moyennant les règles de formation, on peut construire le concept d'« expression bien formée » ou « formule », puis de proche en proche de nouveaux termes jusqu'à l'*explicatum* visé. Dans d'autres cas, quand il s'agit de syntaxe générale, on doit se contenter de prendre comme termes primitifs ceux de « formule » et de « conséquence immédiate », éventuellement caractérisés par un système d'axiomes [2], pour base de la chaîne des définitions. Mais dans tous les cas, les concepts donnés ou construits sont relatifs à un langage, qu'il s'agisse d'un langage spécifié ou d'un langage

---

1. *Cf.* par exemple la préface à *Formalization of Logic* (désormais : *F.L.*), t. II des *Studies in Semantics*, 1942 : « L'entreprise de formalisation d'une théorie, c'est-à-dire de sa représentation par un système formel ou calcul, appartient à la syntaxe, non à la sémantique. D'un autre côté, la question de savoir si un calcul donné formalise une certaine théorie adéquatement et complètement concerne les relations entre un calcul et un système interprété, et requiert donc une sémantique en plus de la syntaxe. » Sur la substitution, au problème de la sémantique naïve, « à la fois impossible à éliminer et impossible à résoudre », des questions de sémantique formelle, *cf.* Roger Martin, *Logique contemporaine et formalisation*, 1964, en particulier le chapitre IV, p. 55 à 70.
2. *Cf.* Tarski, par exemple, « On some fundamental concepts of metamathematics », *in Logic, Semantics, Metamathematics*, 1956, p. 30 : « Une définition exacte des deux concepts d'énoncé et de conséquence ne peut être donnée que dans les branches de la mathématique où le domaine de recherches est une discipline formalisée particulière. Mais en raison de la généralité des présentes considérations, ces concepts seront ici considérés comme primitifs et seront caractérisés par une série d'axiomes. » On peut également consulter sur ce point « Investigations into the sentential calculus » et « Fundamental concepts of the methodology of the deductive sciences », *op. cit.*

quelconque laissé indéterminé. Carnap le fait remarquer en introduction à la syntaxe générale :

> Dans la discussion suivante, nous admettons que les règles de transformation d'un langage quelconque S, c'est-à-dire la définition du terme « conséquence directe dans S », sont données. Nous montrerons alors comment les concepts syntaxiques les plus importants peuvent être définis au moyen du terme « conséquence directe ». Il deviendra clair au cours de ce procès que les règles de transformation déterminent non seulement des concepts comme « valide » ou « contra-valide », mais aussi la distinction entre symboles logiques et descriptifs, entre variables et constantes et, de plus, entre règles de transformation logiques et extra-logiques (physiques), d'où naît la différence entre « valide » et « analytique »[1].

En bref, si la donnée d'un calcul, spécifié ou quelconque, est une condition suffisante de la construction d'*explicata*, la donnée d'un langage-objet, spécifié ou non, est la condition nécessaire de cette construction. Cela à l'époque de la *Syntaxe logique*. Quand Carnap aura reconnu la nature irréductiblement sémantique de certains concepts, il faudra bien sûr ajouter au calcul un système sémantique pour rendre possible la construction des définitions. Mais, quoi qu'il en soit, la contrainte est profondément de même nature : l'exigence de rigueur à laquelle est soumise la métathéorie, même sous sa forme naïve et non encore pleinement formalisée, renvoie à la présence d'un langage-objet par rapport auquel les *explicata* sont déterminés. L'explication ne peut faire mieux que cette approximation liée à des langages construits. Je ne connais pas, pour ma part, de tentative pour réfuter cet argument tel que j'ai tenté de l'extraire de la démarche de Carnap.

Admettons donc la possibilité *a priori* qu'une explication ait une valeur philosophique clarificatrice (autrement dit, et jusqu'à nouvel examen, prenons le parti de Carnap contre Quine !) : cela ne veut pas dire bien sûr que toutes les explications se valent, et Carnap a pris le plus grand soin de préciser un ensemble de critères qui permettent de dire si oui ou non une solution est satisfaisante. Ici intervient tout d'abord la nécessité

---

1. *S.L.L.*, § 46, p. 169.

des « éclaircissements » (*explanations*) préliminaires qui, bien qu'ils appartiennent encore à la formulation du problème, non à sa solution, sont susceptibles de nous aider à trouver la bonne direction : indication du sens visé en termes généraux, suggestions destinées à aider le lecteur, exemples d'usages particulièrement nets du concept visé. La démarche de Tarski dans le « Wahrheitsbegriff » est, selon Carnap, une illustration typique de ce moment préliminaire : on éclaircit le sens de « vrai » dans l'usage ordinaire avant de fournir une explication par une définition à l'intérieur d'un système de concepts sémantiques. À l'école de Tarski encore, on peut extraire de ces réflexions sur l'usage ordinaire un critère d'adéquation, c'est-à-dire une convention qui stipule à quelles conditions un concept ultérieurement défini pourra être considéré comme un prédicat adéquat, c'est-à-dire un bon *explicatum*. Ainsi, de la remarque que, d'une certaine façon, « affirmer qu'un énoncé est vrai a même signification qu'affirmer l'énoncé lui-même », l'*Introduction à la sémantique* tire, sous une formulation analogue à la Convention T, une définition de l'adéquation de toute définition d'un prédicat de vérité[1]. Un exemple typique peut également mener à la formulation d'une convention d'adéquation ; dans le même ouvrage, de la remarque que dans un certain système sémantique S_3, les règles sémantiques suffisent à prouver la vérité de l'énoncé (s_1) :

$$P(a) \vee \neg\, P(a),$$

Carnap tire les conclusions suivantes :

> Nous avons trouvé que s_1 est vrai sans faire usage d'aucune connaissance factuelle en utilisant simplement les règles sémantiques. Nous avons auparavant caractérisé les énoncés L-vrais comme étant les énoncés vrais pour des raisons logiques, sans spécifier cependant ce que sont des raisons logiques par opposition à des raisons factuelles. Nous voyons à présent que nous pouvons préciser cette caractérisation. Les raisons logiques qui fondent la L-vérité sont les règles sémantiques. Un énoncé de S_3 est *L-vrai* dans S_3 si et seulement s'il est vrai dans S_3 d'une manière telle que sa vérité s'ensuit [*follows*] des règles sémantiques de S_3 seulement. [...]

1. *I.S.*, § 7, p. 26-27.

Le résultat trouvé à propos du système S_3 peut être généralisé. Nous serons en accord avec notre intention originale concernant les L-concepts comme avec les traits essentiels de l'usage traditionnel de ces concepts si nous adoptons la convention suivante : nous appliquerons le concept de L-vérité à un énoncé s_i dans un système sémantique S si et seulement si s_i est vrai dans S d'une manière telle que sa vérité s'ensuit des règles sémantiques de S seules sans qu'il soit fait usage d'aucune connaissance factuelle [1].

Cette convention conduit à une définition de l'adéquation de tout prédicat pour L-vrai dans S (définition D 16-1), définition qu'on me pardonnera de ne pas citer maintenant parce qu'elle pose des problèmes qu'il est impossible d'étudier dès à présent.

Une variante de la même démarche consiste à tirer de la réflexion sur l'usage ordinaire un système de postulats auxquels devra satisfaire tout *explicatum* à définir. Je cite encore un texte de l'*Introduction à la sémantique*, où la recherche de Carnap s'entoure d'un grand luxe de précautions préliminaires :

> L'éclaircissement qui précède du sens attendu pour les L-termes, c'est-à-dire de la façon dont nous avons l'intention de les utiliser, est bien sûr plutôt vague. [...] Un compte précis du sens des L-termes doit être donné par leurs définitions, et le but principal des discussions suivantes est de chercher des voies propices pour parvenir à ces définitions. Les éclaircissements circonscrivent simplement ce que nous cherchons. Afin de le circonscrire plus précisément, nous allons formuler quelques *postulats*. Ils sont en accord avec nos intentions quant aux L-termes, et guideront notre recherche de définitions [2].

Par exemple, on admet généralement que l'implication logique (la déductibilité, la conséquence logique [*entailment*] est plus étroite que l'implication matérielle. Ce qui motive le postulat P14-3 (je simplifie la notation de Carnap) : si s_i L-implique s_j, s_i implique s_j, où « L-implique » est un terme non défini (il ne s'agit pas de définition implicite de la L-implication, mais plutôt d'un système de contraintes pour toute définition explicite ultérieure). Deux autres postulats moins triviaux, l'un selon

---

1. *I.S.*, § 15, p. 79-81. Les L-termes, comme « L-vrai », « L-implique », etc., sont de manière générale les *explicata* des concepts proprement logiques.
2. *I.S.*, § 14, p. 62.

lequel un énoncé L-vrai est impliqué par tout énoncé (P14-14), l'autre selon lequel un énoncé L-faux implique tout énoncé (P14-15), caractérisent le concept classique d'implication logique ou assurent le caractère « formel » de la logique considérée. Finalement, on pourra montrer que ces postulats deviennent des théorèmes sur la base d'une définition sémantique explicite du terme « L-vrai » à partir des concepts des « domaines » *(L-range)*, c'est-à-dire de l'ensemble des états de choses admis par un énoncé (intuitivement parlant) ; autrement dit, que l'*explicatum* défini satisfait bien certaines des conditions d'adéquation.

Mais, Carnap le rappelle dans *Logical Foundations*, « un éclaircissement [*explanation*] n'est pas encore une explication ». Quelle que soit la prudence mise à l'œuvre dans ces démarches préliminaires et les lumières que nous en avons reçues, la question fondamentale demeure : en quel sens peut-on dire que le concept exact correspond au concept inexact de départ ? Quel genre de correspondance est requis entre les deux, puisque la situation qui a motivé la procédure elle-même exclut d'emblée que les extensions des deux concepts coïncident ; le concept de départ est vague, relatif à un langage dont les contours et les formes de construction sont mal délimitées (la notion de « grammatical » y conserve nécessairement un aspect soit relativement arbitraire soit flou), alors que l'*explicatum*, on l'a vu, est relatif à un langage artificiel dont les formes d'expression sont exactement spécifiées. Outre les critères généraux de simplicité, fécondité et correction formelle, Carnap n'exige donc qu'une « similitude » avec l'*explicandum*, au sens où certains usages cruciaux se recoupent.

Si l'on a en main les concepts de calcul d'une part, de système sémantique d'autre part, on peut chercher à remplacer cette question, qui n'admet pas de réponse précise, par les questions de la formalisation qui, elles, appartiennent à la « Théorie des systèmes », et comme telles sont susceptibles de réponses exactes : se demander si un système sémantique S est une interprétation L-vraie d'un calcul C, c'est-à-dire si la C-dérivabilité d'un énoncé de C implique qu'il soit L-impliqué dans S par les énoncés correspondants, si les énoncés C-vrais (c'est-à-dire les énoncés primitifs et les énoncés prouvables) du calcul sont

L-vrais dans S. Ou, mieux encore, un système sémantique étant donné, examiner si un calcul C proposé pour formaliser S est un calcul *L-exhaustif* (complet sémantiquement), au sens où la C-dérivabilité coïncide avec la L-implication, les énoncés C-vrais avec les énoncés L-vrais, etc. [1] À l'époque de la *Syntaxe logique*, où non seulement les considérations sémantiques sont interdites au titre de pseudo-énoncés d'objet (§ 75), mais où Carnap pense que « la méthode formelle, si elle est menée assez loin, embrasse tous les problèmes logiques, y compris les problèmes dits de contenu ou de sens » (« *die sogenannten inhaltlichen oder Sinn-Probleme* », § 73), il n'est évidemment pas question de se poser des problèmes d'adéquation ou de complétude sous cette forme. Cependant, Carnap a utilisé un moyen très ingénieux pour poser et résoudre la question de l'adéquation de l'*explicatum* le plus fondamental, le concept « analytique dans un langage L », dans les limites où elle pouvait être alors traitée, c'est-à-dire, en quelque sorte, de l'intérieur. La question est posée sous la forme de la « complétude du critère de validité » : « La complétude du critère de validité que nous allons construire [...] sera prouvée en montrant que tout énoncé logique du système (c'est-à-dire ne comportant que des signes logiques) est L-déterminé » ; autrement dit analytique ou contradictoire [2]. Ou encore, pour reprendre l'expression de Quine, en montrant qu'on a pu reproduire en termes syntaxiques la dichotomie vrai-faux [3]. Elle est résolue positivement, par exemple en ce qui concerne les mathématiques classiques, d'une part en montrant que tout énoncé logique du Langage II est L-déterminé (Théorème 34e.11), d'autre part en démontrant que tous les énoncés démontrables, c'est-à-dire primitifs ou dérivables de l'ensemble vide de prémisses, sont analytiques ; en particulier, le principe d'induction et l'axiome du choix (ou plus

---

1. *I.S.*, §§ 34 et 36. Comme le note Carnap p. 222, la notion de calcul L-exhaustif est, du point de vue pratique, la plus importante, soit que le système sémantique S ne contienne pas d'énoncés factuels, auquel cas « exhaustif » coïncide avec « L-exhaustif » pour le calcul proposé comme formalisation de S, soit que S contienne un petit nombre d'énoncés factuels dont les équivalents formels seront ajoutés à un calcul L-exhaustif pour S (étape de la formalisation de la logique sous-jacente à la théorie) sous forme d'énoncés primitifs (le calcul devient alors un système d'axiomes).

2. *S.L.L.*, § 34a, p. 101.

3. Quine, « Carnap and logical truth », *in Logic and Language*, 1962, p. 55.

exactement les formules correspondantes du Langage II), qui sont parmi les formules primitives du Langage II, sont analytiques (§ 34h). Comme la démonstration de l'analyticité de ces deux formules du langage-objet fait chaque fois appel aux principes correspondants dans la métathéorie, ou langage de syntaxe, et présuppose donc la validité de ces deux principes, on a finalement montré que si ces deux principes sont valides, ils sont (ou du moins leurs traductions dans le Langage II) analytiques. Naturellement, la portée exacte de ce Théorème 34i.21 n'est pas épuisée par ces remarques ; mais je réserve pour la conclusion sa discussion, dans la mesure où ce point touche à la question du conventionnalisme carnapien. En attendant, comme le note Carnap :

> On ne doit pas interpréter les preuves de ces deux théorèmes comme si par elles était prouvé que le principe d'induction et le principe du choix étaient matériellement vrais. Elles montrent seulement que notre définition d'« analytique » accomplit sur ce point ce qu'on en escomptait, à savoir la caractérisation d'un énoncé comme analytique si, dans l'interprétation matérielle, il est considéré comme logiquement valide [1].

C'est le mieux qu'on puisse faire. Il n'est évidemment pas vrai que tous les énoncés analytiques soient démontrables, et il est hors de question de prouver formellement que « la définition d'"analytique dans II" est construite de manière telle que tous les énoncés, et seulement eux, qui sont logiquement valides dans leur interprétation matérielle [*bei inhaltlicher Deutung logisch-gültig*], sont dits analytiques » ; bien que Carnap, assez curieusement, affirme qu'il en est bien ainsi justement dans ce passage et en admet une « preuve non formelle » sur laquelle nous reviendrons [2].

On comprend donc mieux, à la lumière de la procédure de l'explication, en quel sens la *Syntaxe logique* peut annoncer cette résorption de la logique dans la syntaxe ou déclarer que « la logique de la science est la syntaxe du langage de la science » (§ 81). Pour ceux, de plus, qui partagent « le point de vue antimétaphysique », il sera montré en même temps par sur-

---

1. *S.L.L.*, § 34h, p. 124.
2. *S.L.L.*, § 36, p. 131-132.

croît que « tous les problèmes philosophiques doués de sens appartiennent à la syntaxe » (§ 72). Ce n'est qu'après cette démonstration faite de la puissance d'explication conceptuelle de la syntaxe qu'on pourra déclarer sans trop de dogmatisme (ou du moins avec quelques bons arguments) que « la traductibilité dans le mode formel du discours constitue la pierre de touche pour tous les énoncés philosophiques » (§ 81). Il ne faut pas oublier, devant de telles déclarations, l'énorme travail de construction préalable qui les justifie.

3.1. La théorie formelle du langage

Les rapports de la *Syntaxe logique* avec l'ensemble des démarches liées d'une manière ou d'une autre à la pensée de Hilbert sont complexes. D'une part le point de vue syntaxique peut être tenu pour une généralisation, libérée du souci originel d'une preuve absolue de consistance, du projet métamathématique : « Hilbert a été le premier à traiter les mathématiques comme un calcul au sens strict, c'est-à-dire à construire un système de règles ayant pour objet les formules mathématiques[1] », mais « tandis que Hilbert concevait sa métamathématique dans le but spécial de prouver la consistance d'un système mathématique formulé dans le langage-objet, je visais à la construction d'une théorie générale des formes linguistiques[2] ». D'un autre côté, l'intérêt intrinsèque du problème de « la détermination en un nombre fini d'opérations[3] » motive, au nom du Principe de tolérance, la prise en compte de « certaines tendances communément désignées comme " finitistes " ou " constructivistes " [qui] trouvent, en un certain sens, leur réalisation dans notre Langage I, qui est un langage effectif [*definit*][4] ». Mais ce point

1. *S.L.L.*, § 2, p. 9.
2. Carnap, « Autobiography », *in The Philosophy of Rudolf Carnap* (désormais : *P.R.C.*), 1962, p. 54.
3. David Hilbert, « Axiomatisches Denken », conférence faite à la réunion annuelle de la Société mathématique suisse tenue à Zurich le 11 septembre 1917 ; traduction : « Pensée axiomatique », *in L'Enseignement mathématique*, 20, 1919-1920.
4. *S.L.L.*, § 16, p. 46. Sur la traduction du terme allemand *definit* par « effectif », *cf.* plus loin. En général, un langage ou un système formel est dit « effectif » si les notions de formule et de démonstration sont décidables (*cf.* par exemple Roger Martin, *Logique contemporaine et formalisation*, Paris, P.U.F., 1964, p. 15) ; cette notion caractérise donc la syntaxe du langage, non les concepts

de vue légitime ne doit pas être dogmatiquement durci, et l'on peut également admettre des langages non effectifs (§ 43 : nous verrons ultérieurement que ce point touche à un mouvement de pensée essentiel de la *Syntaxe logique*). Pour ce qui concerne la philosophie proprement dite du « formalisme », certaines déclarations de Carnap semblent renvoyer dos-à-dos les deux adversaires que sont le formalisme et le logicisme, tous deux victimes du mode matériel du discours. Par exemple le débat sur ce que sont réellement les nombres, entre les deux thèses opposées qui affirment, l'une que « les nombres sont des classes de classes d'individus », l'autre que « les nombres constituent une catégorie spéciale et primitive d'objets », est un débat sans fin et philosophiquement stérile. Il y sera mis fin par passage au mode formel authentique (respectivement : « les expressions numériques sont des expressions de classe du second niveau » et « les expressions numériques sont des expressions du niveau zéro »), grâce auquel les deux adversaires reconnaîtront peut-être qu'ils proposent différentes formes de langage (§ 70). Mais une lecture plus attentive montre que cette question n'était, aux yeux de Carnap, qu'un point tout à fait annexe du débat, qu'en revanche il y a un authentique problème philosophique des fondements des mathématiques qui appelle, non pas simplement cette base d'accord minimale obtenue par dissolution du débat, mais une véritable réconciliation, une « fusion » du logicisme et du formalisme selon l'expression de Beth, qui écrit :

> Le programme d'une fusion du logicisme et du formalisme a été poursuivi par Carnap dans l'ouvrage célèbre *La Syntaxe logique du langage*. [...] Plutôt que pour une fusion de la logique *[sic]* et du formalisme ou une incorporation du formalisme dans le logicisme, la *Syntaxe logique* semble plaider pour une reddition [*surrender*] du logicisme au formalisme, bien qu'il ne s'agisse pas d'une reddition sans condition ; elle dépend de l'acceptation de méthodes non constructives qui se sont révélées inévitables en

---

qu'il peut exprimer. Cependant, dans la perspective de l'internalisation de la syntaxe, l'effectivité des notions syntaxiques devient un cas particulier de l'effectivité générale qui est représentée par le langage en question. Il y a dans le compte rendu par Kleene de la *Syntaxe logique* (*JSL*, 4, 1939) une suggestion en faveur de ce choix de traduction : « Communément, les seules règles formelles utilisées sont " definite ", c'est-à-dire constructives ou effectivement applicables. »

raison des résultats de Gödel sur l'incomplétude de certains systèmes formels. C'est principalement par l'introduction de règles non constructives, quoique purement formelles, que la syntaxe de Carnap se distingue de la théorie de la démonstration telle qu'elle fut originellement conçue par Hilbert[1].

Je ne crois pas qu'on puisse être entièrement d'accord avec Beth sur son interprétation de la « fusion » comme « reddition » du logicisme ou intégration de ce dernier à un formalisme libéralisé. En fait, le point du débat, selon Carnap, touchait à la question de la possibilité d'une interprétation de la totalité des mathématiques classiques (y compris donc ce que Hilbert appelait les « propositions idéales de la théorie »), et ici Carnap pensait que la *Syntaxe logique*, tout en donnant satisfaction aux exigences hilbertiennes, assurait (ce qui était fondamental) la possibilité d'une interprétation. Nous verrons plus loin comment. Pour l'instant, il suffit d'observer que ce n'est pas sans réserves que Carnap a endossé l'évaluation de Beth (contrairement à ce qu'affirme un peu hâtivement Michael Friedman[2]). En fait, si intégration il y a, il s'agit plutôt d'une intégration du formalisme au logicisme. Voici ce que, bien des années après la *Syntaxe logique*, Carnap répond à Beth :

[...] Je suis d'accord, de manière générale, avec ses commentaires. Mais il me semble désirable de faire une distinction plus claire entre le formalisme et la méthode formaliste. La *méthode formaliste*, ou dans ma terminologie la méthode syntaxique, consiste à décrire un langage L avec ses règles de déduction seulement en référence aux signes et à leur ordre d'occurrence dans les expressions, donc sans aucune référence au sens. L'application de la méthode formaliste à la construction d'un langage L n'exclut pas en elle-même l'ajout d'une interprétation pour L, mais si nous le faisons, cette interprétation n'entre pas dans les règles syntaxiques pour L. Le *formalisme*, au sens de la conception de la nature des mathématiques représentée par Hilbert et ses disciples, consiste à la fois dans le projet d'appliquer la méthode formaliste et, plus fondamentalement, dans la *thèse du formalisme*

1. Beth, « Carnap's views on the advantages of constructed systems over natural languages in the philosophy of science », *P.R.C.*, p. 476.
2. « Carnap endosse cette appréciation dans sa réponse à Beth », écrit Michael Friedman, *op. cit.*, p. 83.

suivant laquelle c'est la seule manière de construire un système adéquat de mathématiques, puisqu'il est impossible de donner une interprétation pour les mathématiques (classiques). Dans cette affirmation, la *thèse du logicisme* suivant laquelle tous les termes mathématiques peuvent être interprétés en termes de logique est rejetée. J'ai repris à mon compte la méthode formaliste et l'ai développée dans des domaines plus larges, mais je n'ai pas accepté la thèse du formalisme, et j'ai au contraire maintenu celle du logicisme [1].

En 1962, Carnap parle évidemment de « méthode formaliste » en un sens précis et restreint, selon lequel la construction d'un système syntaxique doit être complétée par celle d'un système sémantique qui justement assure au premier une interprétation. Mais on ne saurait mieux caractériser la méthode formaliste telle qu'elle est conçue en 1934-1937 qu'en disant qu'elle absorbe en elle les questions d'interprétation, qu'elle suffit dans son principe à munir le langage construit d'un contenu. En ce sens, ce ne sont pas simplement des calculs mais des langages que construit la *Syntaxe logique*, malgré certaines affirmations de Carnap : « La syntaxe logique traite le langage comme un calcul [...], elle ne s'occupe que de cette partie du langage qui a les attributs d'un calcul – c'est-à-dire elle est limitée à l'aspect formel du langage » (§ 2). Pour désigner cette conception élargie de la syntaxe, où en traitant l'aspect simplement formel on recouvre du même coup les aspects liés au contenu (sans jamais en parler, bien sûr, de manière autrement que formelle !), je propose de parler de « philosophie du mode formel ». Le terme de « philosophie » dans ce contexte est destiné à souligner qu'il y a là, de la part de Carnap, un pari hasardeux : l'idée que l'« interprétation entre dans les règles syntaxiques pour L » (pour reprendre les termes de Carnap), à moins de rester une idée vague, est fausse si on la prend à la lettre. Mais elle est essentielle à ce que Carnap appelle en 1934 « le point de vue de la théorie formelle du langage », qui dépasse le cadre sobre de la méthode formaliste au sens strict. Et elle est essentielle au projet carnapien de sauver, si l'on peut dire, dans un style formaliste le logicisme lui-même.

Avant d'entrer dans les problèmes posés par l'interprétation,

1. Carnap, « Reply to E.W. Beth », *P.R.C.*, p. 928.

il est préférable d'isoler, dans un premier temps, ce qui dans ce point de vue formel relève de la méthode formaliste au sens strict, de la syntaxe en tant que description ou construction d'un calcul. À titre d'exercice, parce que ses formes d'expression sont relativement simples, prenons le Langage I. Bien évidemment, même si à cette étape « naïve » le langage de syntaxe est à peu de choses près le langage ordinaire, l'attention est dirigée sur la puissance de construction de la syntaxe, les moyens expressifs que requiert la métathéorie, les concepts syntaxiques qu'on peut y définir.

Comme le langage de syntaxe est pour le moment un langage de communication, un langage à « contenu », définir un terme dans ce langage est du même coup spécifier un concept ou une classe d'objets ; définir par exemple le terme « énoncé de I », c'est spécifier la classe des objets qui sont les énoncés du langage. Par ailleurs, les premiers concepts définis (terme, énoncé, etc.) ne sont que des outils pour parvenir aux concepts les plus importants, ceux de la « syntaxe des transformations » (§ 45). Enfin, la présentation usuelle, sous forme de la donnée de règles de bonne formation et de règles d'inférence, et éventuellement de formules primitives (axiomes), est convertie en définitions des termes « énoncé », « conséquence directe » (ou du moins on doit savoir qu'une telle reformulation est possible). Carnap écrit :

> Nous supposerons désormais que les règles de transformation de S qui ont été données sous une forme ou une autre sont converties dans la forme qu'on vient d'indiquer d'une définition de « conséquence directe dans S ». La terminologie dans laquelle les règles ont été originellement posées est indifférente ; la seule chose nécessaire est qu'il soit clair à quelles formes d'expression ces règles sont en général applicables (ce qui nous donne la définition d'« énoncé »), et sous quelles conditions une transformation ou inférence est permise (ce qui nous donne la définition de « conséquence directe »)[1].

Les concepts primitifs de la syntaxe du Langage I sont spéci-

---

1. *S.L.L.*, § 47, p. 171. « S » comme *Sprache* : il s'agit ici d'un langage quelconque, dans la mesure où la citation est extraite d'un passage traitant de la syntaxe générale.

fiés par la donnée ostensive (ou quasi ostensive) d'objets ou de symboles (parenthèse ouvrante et fermante, accent, virgule, connecteurs habituels, signe d'identité, quantificateur existentiel, opérateur), des variables (numériques) en nombre indéterminé et la constante « 0 ». Dans la mesure où les formes du langage I peuvent être utilisées pour formuler des énoncés factuels, on peut, dans le cadre d'un langage appliqué, adjoindre des prédicats et foncteurs à titre de symboles primitifs. Dans le calcul pur, il n'y a pas de prédicat ni de foncteur parmi les symboles primitifs, mais seulement à titre de parties composantes d'expressions introduites par définition (exprimer l'opération successeur par l'accent et non par un foncteur à proprement parler permet simplement à Carnap de simplifier la définition de « symbole descriptif » par opposition à « symbole logique » : pour les symboles primitifs, tous les prédicats et foncteurs sont descriptifs. L'intention est évidemment que l'accent soit compté comme symbole logique : § 8).

Si l'on doit parler de spécification « quasi ostensive », ce n'est pas seulement parce que les variables sont en nombre indéterminé et qu'on indique seulement une sorte de loi pour l'écriture des variables – minuscules de l'alphabet, éventuellement avec indices souscrits. C'est surtout parce que ces concepts sont déterminés, non par la donnée d'objets concrets, mais par celle de formes abstraites (*syntaktische Gestalt*) ou de classes d'équivalence d'objets concrets ; les deux occurrences concrètes « (» et « [», ou encore « = » et « $\equiv$ », bien que visuellement différentes, sont semblables à l'intérieur de chaque paire. Et « quand deux signes ou deux expressions sont syntaxiquement semblables, nous disons qu'elles ont la même forme syntaxique » (§ 4). En tant que syntaxe pure, par opposition à la syntaxe descriptive, la métathéorie n'est concernée que par des symboles en ce sens abstrait.

Le fait que dans la syntaxe spéciale d'un langage les concepts primitifs voient leur contenu déterminé par la donnée d'objets est invoqué par Tarski comme un motif puissant pour choisir de comprendre par un symbole un objet concret, par exemple une inscription matérielle. L'argument est que même si nous prenons pour symboles des objets abstraits, il faut que ces objets soient reconnaissables, c'est-à-dire identifiables et distinguables

les uns des autres, sous peine de voir l'exigence d'effectivité (au sens usuel d'un langage effectif) remise en question : pour pouvoir, devant une expression donnée, décider si oui ou non il s'agit d'une formule, il faut que nous puissions reconnaître ses parties composantes, que nous disposions d'un alphabet, c'est-à-dire d'objets manipulables [1]. On peut concevoir que pour manipuler ces objets abstraits nous utilisions un représentant dans chaque classe d'équivalence : le signe « = » sera, par exemple, dans chacune de ses occurrences, le représentant de toutes les inscriptions qui lui sont semblables d'une certaine manière. Cependant, si la situation est ainsi comprise, il semble qu'on continue à faire référence à la forme concrète de certaines lettres, ou du moins à un schéma visuel commun à plusieurs variantes graphiques.

En fait, le « formalisme » de Carnap va sur ce point plus loin que celui de Hilbert, et l'on pourrait remplacer le célèbre dicton hilbertien « au commencement était le signe [2] » par : « au commencement était la forme syntaxique ». Que la syntaxe ne s'occupe ainsi que d'arrangements d'éléments absolument quelconques, c'est là le second sens de « formel » à côté du sens premier, où « formel » indique qu'il n'est jamais question de *designata* des expressions (sauf à titre de considération préliminaire). Carnap écrit :

> Il doit être clair à présent que n'importe quelle suite de choses quelconques peut aussi bien servir comme termes ou expressions d'un calcul, ou plus particulièrement d'un langage. Il est seulement nécessaire de distribuer ces choses en classes déterminées [...].
> La syntaxe d'un langage ou de n'importe quel autre calcul est concernée en général par les structures d'ordre de suite possibles d'éléments quelconques [*von den Strukturen möglicher Reihenordnungen beliebiger Elemente*]. [...] La syntaxe pure s'occupe des

---

1. C'est vrai du moins pour les premiers articles de Tarski. « Ce qui convient le mieux est de regarder les énoncés comme des inscriptions, et donc comme des corps physiques concrets », écrit-il en 1930 (Woodger, p. 62). En 1933, Tarski a modifié sa position (*cf.* « Some observations on the concepts of ω-Consistency and ω-Completeness », *Woodger*, p. 282, note 2).
2. David Hilbert, « Neubegründung der Mathematik. Erste Mitteilung », 1922 ; reproduit dans *David Hilberts gesammelte Abhandlungen*, t. III, et traduit dans Jean Ladrière, *Les Limitations internes des formalismes*, 1957, p. 4.

arrangements possibles, sans référence ni à la nature des choses qui constituent les différents éléments, ni à la question de savoir lesquels, parmi tous les arrangements possibles de ces éléments, sont actuellement réalisés[1].

Ce caractère formel de la syntaxe pure, au sens où elle ne présuppose aucune existence ou situation empirique, factuelle, permet à Carnap de soutenir avec quelque vraisemblance que « la syntaxe pure est entièrement analytique » (§ 2). Cependant, au point où nous en sommes, le sens de cette affirmation est loin d'être clair. Dans cet usage, le mot est simplement repris des écrits « exotériques » de Carnap et des milieux du cercle de Vienne, où « analytique » (héritier de la tautologie du *Tractatus*) signifie « sans contenu » par opposition aux énoncés empiriques doués d'un contenu factuel. « Dans la syntaxe pure, écrit Carnap, seules des définitions sont posées et les conséquences de ces définitions sont développées. La syntaxe pure est donc entièrement analytique » (§ 2). Mais pour autant que le langage de syntaxe n'est pas entièrement formalisé, que sa logique n'est pas exactement explicitée, la notion de « conséquence » dans la syntaxe n'a pas de sens précis et le terme « analytique » hérite inévitablement de ce vague.

Nous touchons ici, en fait, au point le plus central de la *Syntaxe logique*. Car pour l'instant, rien n'interdit de penser que l'analyticité de la syntaxe est, au même titre que la notion générale de « logiquement valide », l'*explicandum* dont devra (et éventuellement pourra) rendre compte l'*explicatum* construit par la syntaxe elle-même : le concept précis et formel d'« analytique » (dans un certain langage convenablement spécifié). On pourrait ainsi montrer, dans un deuxième temps, que la syntaxe est analytique au sens du concept d'analytique qu'elle est en charge de construire. Nous examinerons ultérieurement quelles seraient les conditions de succès d'une telle opération et la démonstration que fournit finalement Carnap de son impossibilité. Il convient cependant d'avoir clairement conscience que cette affirmation initiale du caractère analytique de la syntaxe est en attente d'une explication et d'une justification ultérieures, d'autant plus que l'usage fait par Carnap du même mot pour

1. *S.L.L.*, § 2, p. 7.

désigner à la fois l'*explicatum* à construire et le concept intuitif de départ (comme caractéristique tout au moins de la syntaxe) risque d'obscurcir les termes du problème.

Pour revenir à la construction du Langage I, à partir des concepts primitifs ainsi spécifiés sont définis les deux concepts des règles de formation (*Formbestimmungen*) : les notions d'expression numérique (*Zahlausdruck*, qui correspond à la notion usuelle de « terme »), et d'énoncé (*Satz*, « formule »). Les expressions numériques de I sont les variables, 0 seul ou suivi de *n* accents (*Strichausdruck* : par exemple 0", 0"', etc.), les numéraux définis (par exemple : 2 introduit comme abréviation de 0"), les expressions numériques accentuées, les expressions avec foncteur suivi du nombre approprié d'arguments, et finalement les descriptions construites avec l'opérateur de description K. En raison de la présence de cet opérateur, dans la mesure où une description est construite à partir d'un énoncé ouvert à une variable libre que vient lier cet opérateur, la notion de terme présuppose en partie celle d'énoncé, puisqu'un terme peut contenir un énoncé (ouvert) à titre de fragment. Les énoncés contenant également des termes, les deux définitions d'expression numérique et d'énoncé « renvoient l'une à l'autre » sans qu'il y ait cercle vicieux dans la mesure où le renvoi s'effectue à des parties propres d'expression (§ 9 : ce point n'est pas de grande importance en lui-même, mais vient extraordinairement compliquer le processus des définitions syntaxiques dans le cadre de la syntaxe arithmétisée).

Un énoncé est soit une équation (*Gleichung* : égalité de deux termes), soit un énoncé de la forme prédicat-argument, soit un énoncé construit avec les connecteurs usuels, soit une quantification (universelle ou existentielle) bornée.

Si l'on sort un instant du cadre formel strict pour penser en termes d'interprétation à contenu du langage, c'est ce caractère borné des quantificateurs comme de l'opérateur de description qui spécifie fondamentalement le Langage I comme un langage de l'effectivité (*definite Sprache*). Carnap note :

> Le Langage I recouvre du domaine mathématique l'arithmétique élémentaire des nombres naturels d'une manière limitée correspondant approximativement à ces théories qui se désignent comme constructivistes, finitistes ou intuitionnistes. La limita-

tion consiste essentiellement dans le fait qu'y figurent seulement des propriétés numériques effectives [*definite Zahleigenschaften, definite Begriffe*], c'est-à-dire celles pour qui leur possession ou leur non-possession par un nombre quelconque peut être décidée [*entschieden werden kann*] en un nombre fini de pas suivant une procédure fixée. C'est en raison de cette limitation que nous appelons I un langage effectif [*definit*][1].

On doit distinguer sous la plume de Carnap deux sens du mot *definit*, qui proviennent de l'usage de ce terme chez Gödel 1931, mais avec une certaine inflexion. Une propriété (une relation) est dite par Gödel *entscheidungsdefinit* relativement à un système S s'il existe dans S un signe de relation approprié satisfaisant les deux clauses du Théorème V (ou Théorème de représentation des relations récursives primitives) : bien que la traduction anglaise rende ici *entscheidungsdefinit* par *decidable*, le concept introduit par Gödel est plus celui de « exprimable de manière numérique » (*numeralwise expressible* dans la terminologie de Kleene, 1952) que le concept désormais usuel de décidabilité, au sens de l'existence d'une procédure effective, ou algorithme, de décision[2]. Comme par le Théorème V, toutes les relations récursives (primitives) sont décidables en ce sens, et comme par ailleurs toutes ces relations sont décidables au sens usuel (calculables), Carnap utilise le terme *definit* au sens de « propriété pour laquelle il existe une procédure de décision ». Par extension, un langage est *definit* s'il formalise des propriétés *definit* en ce sens. Je propose, comme je l'ai déjà indiqué, de traduire par « langage effectif » dans la mesure où, du point de vue de la formulation de la syntaxe dans le langage-objet lui-même, le caractère effectif des concepts syntaxiques de « terme », « énoncé », « dérivation », n'est qu'un cas particulier de l'effectivité générale des propriétés formalisées par ce langage. Notons encore, pour finir sur ce point, que Carnap ne se préoccupe pas, dans la *Syntaxe logique*, d'une caractérisation exacte de la notion d'effectivité (le mot « récursif » n'y est utilisé qu'à propos des « définitions récursives » d'un foncteur, et non pour définir une certaine classe de fonctions). Mais ceci peut s'expli-

1. *S.L.L.*, § 3, p. 11.
2. Ce point est noté par Kleene dans sa note introductive à Gödel 1931, *in* Kurt Gödel, *Collected Works*, t. I, 1986, p. 130, note c.

quer par le fait que toutes les considérations qui touchent à l'arithmétique à contenu ou présupposent l'interprétation arithmétique des langages construits, restent volontairement informelles, sans statut théorique ultime, simples *Erlaüterungen* (§ 20). De fait, dans la mesure où Carnap effectue l'arithmétisation de la syntaxe directement dans le langage-objet formel, il ne lui est pas indispensable de disposer d'un concept exact comme celui de récursif primitif pour pouvoir montrer ensuite (comme le fait Gödel) que toutes les fonctions et relations ayant cette propriété sont représentables (*numeralwise expressible*) par des expressions du système formel.

Dans l'article de Gödel 1931, un énoncé qui n'est ni démontrable ni réfutable (c'est-à-dire dont la négation est démontrable), est dit *unentscheidbar*, *undecidable* dans la traduction anglaise ; et un système qui contient de tels énoncés est dit *nicht entscheidungsdefinit* (incomplet). Carnap utilise là encore le même mot, *definit* tout court, pour caractériser un langage dont tous les énoncés seraient *entscheidbar*, « résolubles », c'est-à-dire soit démontrables, soit réfutables. En ce second sens, le langage I n'est pas *definit* ou est incomplet (dans la mesure où on peut y exprimer la généralité non bornée par des énoncés à variables libres [§ 6 et 15], on peut y construire une variante de l'énoncé gödélien [sans quantificateur], et la démonstration du caractère irrésoluble de cet énoncé peut y être faite : § 36 fin). C'est pourquoi, pour conclure sur ce point, Carnap peut à la fois affirmer que le Langage I est *definit* au sens où il est effectif, ou plus précisément apte à formaliser l'effectivité, mais n'est pas *definit* au second sens, ou est incomplet (§ 3). Je ne garderai ultérieurement que le premier sens, en parlant de « langage effectif » pour tout langage capable (car c'est là, du point de vue de la *Syntaxe logique*, le point important) d'exprimer les concepts de la syntaxe de l'effectivité.

Le lien entre l'exigence générale d'effectivité et la limitation des ressources expressives du Langage I à des quantificateurs bornés peut être éclairé par les remarques suivantes, concernant les prédicats définis (c'est-à-dire introduits par des définitions). Du point de vue formel, on dira qu'un symbole défini est effectif (*definit*) quand « aucun opérateur non borné ne figure dans sa chaîne de définition » (§ 43). Par exemple le prédicat

« Grgl », qu'on peut lire comme ≥ (« *grosser oder gleich* »), est introduit par la chaîne de définition suivante :

(1)	nf(x) = x'	D1
(2)	1. som(0,y) = y	D2
(3)	2. som(x',y) = nf(som(x,y))	
(4)	Grgl(x,y) = (∃u) x (x = som(y,u))	D8

où la suite de formules de (1) à (4) est dite la chaîne de définition de « Grgl », où les foncteurs « nf » et « som » doivent être compris comme les équivalents formels de « successeur » et de « somme » respectivement, et où l'expression « (∃u) x » doit être lue « il existe un u entre 0 et x, 0 et x inclus » qu'on note parfois :

$$x$$
$$∃u$$
$$u = o$$

(§ 6 et 20). Du point de vue de l'interprétation à contenu, il en résulte que pour tout couple d'entiers n et m, il peut être déterminé en un nombre fini de pas si oui ou non n est supérieur ou égal à m : c'est en effet une procédure finie de passer en revue tous les nombres de 0 à n pour vérifier s'il y en a un qui, ajouté à m, donne n (le caractère calculable de la fonction somme étant admis comme allant de soi).

L'importance du quantificateur borné est mise en lumière par opposition à l'effet d'une quantification non bornée dans le cas général. Supposons qu'à partir d'un prédicat binaire Q décidable, on définisse un prédicat unaire P en posant :

Px si et seulement si ∃y Q(x,y)

par particularisation de Q sur la deuxième variable. On voit facilement que le caractère décidable de la relation Q n'assure pas nécessairement le caractère décidable de la propriété P : se demander si un x donné a la propriété P revient en effet à se demander si pour cet x, il existe un y tel que Q(x,y) ; dans le cas où un tel y n'existe pas, nous n'obtiendrons pas de réponse « non ! » au bout d'un nombre fini de pas[1].

---

1. Cette considération est inspirée des remarques de Hermes, *Enumerability, Decidability, Computability*, 1965, § 11, p. 71-72. Sur le caractère en général admissible des concepts non effectifs, *cf. S.L.L.*, § 43.

Un autre exemple (emprunté également à la suite des définitions syntaxiques dans I) aidera à saisir le sens de l'opérateur K de description. Le foncteur « prim(...) » introduit par la définition récursive D 13 :

1. prim (0) = 0
2. prim(n') = (Km) nf[fak(prim(n))] [Prem(m).Gr(m, prim(n))]

doit être compris (dans l'interprétation à contenu) comme exprimant la fonction « nombre premier », c'est-à-dire la fonction qui calcule le n-ième nombre premier ; dans une notation plus usuelle pour l'arithmétique récursive

1. prim(0) = 0

$$2.\ \text{prim}(n') = \mathop{\mu}_{y=o}^{\text{prim}(n)!+1} (\text{Prem}(y) \land y > \text{prim}(n))$$

où « n! » signifie « factorielle de n », « Prem(y) », « y est un nombre premier », et l'opérateur μ borné dans le contexte

$$\mathop{\mu\ S(y)}_{y=o}^{z}$$

a le sens attribué par Carnap à l'opérateur borné « (Ky)z » :

le plus petit y entre 0 et z compris tel que S(y), s'il en existe un, et 0 sinon.

On peut remarquer que la définition utilise pour la limite supérieure de l'opérateur borné le fait qu'il existe toujours un nombre premier entre n et n!+1, donc en particulier entre prim(n) et prim(n)!+1 ; on est donc sûr que prim(n') ne sera jamais 0. [1]

D'un point de vue plus général, Carnap le précise dans *Meaning and Necessity*, le choix qui est ici fait en ce qui concerne l'*extension* (le *designatum*) d'une description lorsque la condition d'existence ou d'unicité n'est pas remplie, parmi les trois méthodes canoniques de Hilbert, Russell et Frege, est une variante de la méthode frégéenne ; cette variante est naturelle

---

1. Noté par Hermes, *ibid.*, p. 77.

dans le cadre d'un système où il y a une différence de type entre les individus d'une classe et cette classe elle-même (elle permettra donc d'intégrer ultérieurement l'opérateur K dans le Langage II, qui est un système avec types, de sorte que le Langage I devienne un sous-langage du Langage II). Elle consiste à choisir une fois pour toutes une entité appartenant au domaine de valeurs des variables que peut lier l'opérateur et à en faire le *designatum* de toutes les descriptions qui ne satisfont pas les clauses d'existence ou d'unicité. Pour un langage de «coordonnées» comme I, c'est-à-dire où, d'une certaine manière, les individus de la base du système sont les entiers, il est naturel de choisir 0 (la position initiale). C'est, rappelle Carnap, le choix de Gödel en 1931 pour l'opérateur ε, dont l'opérateur K n'est que la réplique bornée [1].

L'incidence de l'opérateur borné sur les questions d'effectivité peut être éclairée par la remarque suivante : soit R un prédicat (binaire pour simplifier) décidable ; si pour un x quelconque il existe un y tel que R(x,y), alors il existe un plus petit y tel que R(x,y), qu'on notera

$$\mu \, y \, R(x, \, y)$$

et s'il n'existe pas de tel y, alors

$$\mu \, y \, R(x,y) = 0$$

donc $\mu \, y \, R(x,y)$ est toujours défini. L'opérateur non borné μ permet d'associer à toute relation n-aire une fonction n-1-aire ; dans l'exemple, on peut définir une fonction f unaire en posant :

$$f(x) = \mu \, y \, R(x,y).$$

Mais le fait que R soit décidable n'entraîne pas nécessairement le caractère calculable de f. Tant qu'il existe un y tel que R(x,y), on peut décider successivement si oui ou non on a R(x,0), R(x,1)..., jusqu'au premier y tel que R(x,y) ; et il est vrai que cet y = f(x). En revanche, s'il n'existe pas de tel y, on n'a plus de calcul (fini) de f(x). Il est donc possible que R soit calculable et que f ne le soit pas.

Il faut donc, si l'on se contente d'un opérateur non borné, introduire une notion plus stricte, celle de prédicat régulier : R

---

1. Noté par Carnap *in M.N.*, § 8, p. 36.

est régulier ssi pour tout x, il existe un y tel que R(x,y). C'est seulement sous cette restriction qu'on peut dire : si R (régulier) est décidable, alors

$$f(x) = \mu\, y\, R(x,y)$$

est calculable. L'introduction de l'opérateur borné, qui assure le caractère fini du calcul dans tous les cas, dispense donc de la restriction à des prédicats réguliers[1].

Toutes ces considérations qui motivent le choix de certaines formes d'expression de I (et qui permettront ultérieurement d'assigner des limites précises à la syntaxe de l'effectivité) débordent cependant le cadre purement formel de la construction du Langage I. Une dernière remarque à propos de la définition d'« énoncé de I » par les règles de formation : les définitions dans I sont des énoncés à part entière, et plus précisément des équations (un seul énoncé s'il s'agit de définition explicite, deux énoncés pour les définitions récursives). Ce ne sont donc pas simplement des abréviations dont on peut en principe se dispenser (contrairement à Gödel 1931, *cf.* note 6, page 134) ; dans le cadre de l'arithmétisation de la syntaxe, un nombre de Gödel leur sera associé *via* le nombre de Gödel associé au symbole défini qui y figure. Ce point est lié à la construction ultérieure de la syntaxe de I dans I, qui exige que les définitions syntaxiques soient des énoncés de I.

Du point de vue du calcul, toutes ces définitions ne sont que des préalables pour parvenir au concept de la syntaxe des transformations. L'intention est que la donnée de règles de transformation (*Umformungsbestimmungen*) « détermine sous quelles conditions un énoncé est conséquence [*Folge*] d'un autre ou de plusieurs énoncés » (§ 10). Cette construction s'effectue à partir de la définition du concept syntaxique « conséquence directe », qui est une relation entre un énoncé s et une classe d'énoncés K : s est conséquence directe de K si (mais, pour des raisons fondamentales, pas nécessairement seulement si) s peut être obtenu de K par application de règles de conséquence (*Folgebestimmungen* : § 47). Mais ici s'effectue une bifurcation

---

1. Néanmoins, l'application de l'opérateur μ non borné à un prédicat récursif primitif régulier ne donne pas toujours une fonction récursive primitive (*cf.* par exemple Hermes, *op. cit.*, §§ 12 et 13).

essentielle entre deux sortes de règles : les règles de la dérivation (*Ableitungsbestimmungen*), qui engendrent les concepts de la dérivabilité (pour faire bref, d-règles et d-concepts), et les règles de la conséquence proprement dites (c-règles et c-concepts) ; d'où « la différence fondamentale entre " dérivable dans S " (*ableitbar in S*) et " conséquence dans S " (*Folge in S*), et de manière analogue pour toute paire qui consiste en un d-concept et en le c-concept correspondant » (§ 48).

La reconnaissance de cette distinction (liée bien sûr au premier théorème de Gödel 1931) et l'exploration de ses conséquences sur le programme universaliste initial sont au cœur de la recherche logique menée dans la *Syntaxe logique*. Pour l'instant, contentons-nous de préciser que les concepts de la dérivabilité, bien qu'ils ne coïncident nullement avec les concepts de la syntaxe de l'effectivité, sont cependant fondés sur eux d'une manière particulière, en ce qu'ils peuvent être construits à partir de règles de transformation formulées de manière effective, qui sont précisément les d-règles (§ 47). Carnap note :

> Les principaux concepts concernant les transformations, à savoir « dérivable » [*ableitbar*] et « démontrable » [*beweisbar*], sont non effectifs dans le cas de la plupart des langages ; ils ne sont effectifs que pour des systèmes très simples, par exemple le calcul des énoncés. Néanmoins, nous pouvons formuler les règles de transformation de manière effective si, comme il est fait habituellement, nous ne définissons pas ces termes directement mais procédons par l'intermédiaire de la définition des termes effectifs « directement dérivable » (usuellement formulée à l'aide de règles d'inférence) et « énoncés primitifs. [1] »

Si de plus nous notons que « dans presque tous les systèmes connus, seules des règles de tranformation effectives, c'est-à-dire des d-règles, sont formulées » (§ 48), il est raisonnable de ne considérer pour l'instant que les d-règles pour le langage I, même si celles-ci ne permettent pas de cerner complètement la notion de conséquence dans I. C'est ainsi que procède Carnap, et de plus l'intérêt de l'ajout d'une règle à caractère non finitiste, la règle d'induction infinie, ne devient manifeste qu'après

1. *S.L.L.*, § 45, p. 166-167.

construction du critère complet de validité qu'est le concept d'« analytique » (§ 14).

Dans un souci d'exhaustivité, l'*Introduction à la sémantique* distingue deux formulations possibles de la syntaxe de la déduction. La formulation A consiste à partir des deux concepts « énoncés primitifs » et « directement dérivable » pour définir de manière indépendante les deux concepts de preuve et de dérivation (définitions D25-A1 et D25-A3). La méthode B se caractérise par l'emploi de la notion de classe vide d'énoncés : elle permet de définir le concept de preuve à partir de celui de dérivation (D26-3 : une suite R est une preuve $=_{Df}$ R est une dérivation avec Λ [la classe vide] pour ensemble de prémisses), et également de réduire le concept d'énoncé primitif à celui de directement dérivable (D26-1 : s est un énoncé primitif $=_{Df}$ s est directement dérivable de Λ). Le seul concept de base (pris comme concept primitif s'il s'agit de syntaxe générale) est alors celui de « directement dérivable » ; l'avantage est que « les deux parties des règles de déduction prennent la même forme. De ce point de vue, un énoncé primitif n'est rien d'autre qu'un cas spécial de règle d'inférence où la classe K est Λ »[1].

La syntaxe du Langage I est formulée suivant une méthode intermédiaire : d'abord sont donnés les énoncés primitifs (*Grundsätze*), trois axiomes du calcul des énoncés (sous forme de schémas d'axiomes en raison de l'absence de variables propositionnelles dans I) ; les axiomes habituels de l'identité ; deux des axiomes de Peano (0 n'est le successeur d'aucun nombre, deux nombres différents n'ont pas le même successeur) ; enfin des axiomes qui sont censés donner le sens attendu au quantificateur universel borné et à l'opérateur K. Carnap le fait remarquer, les deux axiomes :

PS1-4 $\qquad\qquad (z)0\ (s) \equiv s\binom{z}{0}$

et PS1-5 $\quad (z_1)\ z'_2\ (s) \equiv [(z_3)\ z_2\ (s\ \binom{z_1}{z_3}))\ .\ s\ \binom{z_1}{z_2},)]$

où « z », avec ou sans indice, est une variable syntaxique de

1. *I.S.*, § 26, p. 162.

variable du langage-objet, « s » une variable syntaxique d'énoncé et « 0 » est utilisé de manière autonyme (je simplifie les notations gothiques de Carnap), ces deux axiomes constituent, « si l'on peut dire, une définition récursive de l'opérateur universel borné » (§ 11) : dire que s est vrai de tout nombre jusqu'à 0 revient à dire que s est vrai de 0 ; et dire que s est vrai de tout nombre jusqu'à n+1, c'est dire que s est vrai de tout nombre jusqu'à n, et également de n+1. De même, le dernier axiome peut être compris comme une paraphrase à la manière d'une définition contextuelle russellienne de l'opérateur borné de description. Nous reviendrons dans le prochain paragraphe sur cette idée que d'une certaine manière les règles d'inférence « donnent » le sens [1].

Enfin, les règles d'inférence (*Schlussregeln*), règle de substitution de termes à des variables numériques, règles de réécriture des connecteurs, Modus Ponens et règle d'induction complète (formulée comme un schéma pour des énoncés quelconques du langage-objet et avec une variable libre exprimant la généralité dans la conclusion) sont données sous forme d'une définition de « s est directement dérivable de K », où K est une classe ne comportant qu'une ou deux prémisses (si bien qu'on peut en fait construire la relation de dérivation directe comme une relation entre énoncés).

Moyennant cette définition, sont enfin obtenus dans l'ordre les concepts syntaxiques fondamentaux :

– une dérivation (*Ableitung*) à partir de prémisses est une suite d'énoncés telle que chaque énoncé de la suite est l'une des prémisses ou un énoncé primitif, ou un énoncé définitionnel, ou est directement dérivable d'énoncés qui précèdent dans la suite (§ 10) :

– une preuve (*Beweis*) est une dérivation à partir de l'ensemble vide de prémisses ;

– s est dérivable à partir de prémisses s'il existe une dérivation de s à partir de ces prémisses ;

1. Le Langage I est essentiellement différent des systèmes introduits par Hilbert (*cf.* par exemple « Über das Unendliche », 1925, *Mathematische Annalen*, 95, 1926 ; traduction française par Jean Largeault *in Logique mathématique. Textes*, 1972), en ce qu'il est dépourvu des « Axiomes transfinis » destinés à retrouver les « propositions idéales » de l'arithmétique. Que les axiomes de l'arithmétique y figurent à titre d'énoncés primitifs est, de l'aveu de Carnap, sans importance (*S.L.L.*, § 84).

– s est démontrable (*beweisbar*) s'il est dérivable à partir de Λ (ou alternativement s'il existe une preuve de s) ;

– s est réfutable (*widerlegbar*), dans le cas où s contient des variables libres, si au moins une instance de la négation de s est démontrable (une instance de s est obtenue par substitution d'expressions accentuées à ses variables libres) ; dans le cas où s est clos, si ⌐s est démontrable ;

– s est irrésoluble (*unentscheidbar*) s'il n'est ni démontrable ni réfutable.

Sans attendre la formalisation complète de la syntaxe pour le Langage I, qui seule clarifiera ce point, on peut déjà noter que les définitions de « dérivable » et de « prouvable » supposent l'usage d'une quantification (dans le langage ordinaire) existentielle non bornée. Il est donc possible de tracer la frontière entre la syntaxe de l'effectivité et la syntaxe de la dérivabilité, qui, quoique fondée sur la première, la dépasse (je reparlerai plus loin de l'usage philosophique fait par Carnap de ce point). Le texte suivant tire les conséquences du résultat de Gödel 1931 en ce qui concerne les limites de la syntaxe de la dérivabilité : les d-concepts ne peuvent fournir un critère complet de la validité logico-mathématique (un *explicatum* satisfaisant). Mais, au passage, il fait le point sur l'articulation entre les d-concepts et l'effectivité :

> Nous pouvons construire un critère de validité qui, bien que non effectif, est pourtant fondé sur des règles effectives. De ce type est la méthode utilisée dans tous les systèmes modernes (par exemple les systèmes de Frege, Peano, Whitehead et Russell, Hilbert et autres). Nous l'appellerons la *méthode de dérivation* ou *d-méthode*. Elle consiste à poser des énoncés primitifs et des règles d'inférence [...]. Soit les énoncés primitifs sont donnés en nombre fini, soit ils émergent par substitution d'un nombre fini de schémas d'énoncés primitifs. Dans les règles d'inférence ne figure qu'un nombre fini de prémisses (usuellement une ou deux). La construction des énoncés primitifs et des règles d'inférence peut être comprise comme la définition du concept « directement dérivable » (d'une classe de prémisses) ; pour les énoncés primitifs, la classe de prémisses est vide. Il est habituel de construire les règles d'une manière telle que le concept « directement dérivable » soit toujours un concept effectif c'est-à-dire qu'il peut être décidé dans tout cas particulier si oui ou non nous

sommes devant une instance d'un énoncé primitif ou d'une application d'une règle d'inférence, selon le cas. Nous avons vu comment les concepts « dérivable », « démontrable », « réfutable », « résoluble » sont définis sur la base de cette d-méthode. Puisque aucune limite supérieure n'est fixée à la longueur d'une chaîne de dérivation, les concepts mentionnés, bien qu'ils soient fondés sur le concept effectif « directement dérivable », sont eux-mêmes non effectifs[1].

Il faut s'attendre, évidemment, à retrouver ce point au moment de la formulation de la syntaxe de I dans le Langage I. Du point de vue des contraintes liées aux exigences finitistes en général (indépendamment des questions d'expression de la syntaxe), notons encore ce point : dans le Langage I, le Principe du tiers exclu est préservé, sous la forme d'un (méta)théorème qui affirme que tout énoncé de la forme (s ∨ ⌐s) est démontrable (Théorème 13.2). Cependant, les inférences qui iraient de la réfutation d'un énoncé universel à une affirmation d'existence (preuve indirecte) sont bloquées, non pas en excluant certaines transformations, mais plutôt dès les règles de formation. Carnap fait remarquer :

> Dans I il n'y a pas d'énoncé existentiel non borné, et ce fait correspond aussi à une exigence formulée par l'intuitionnisme, à savoir qu'un énoncé existentiel ne peut être posé que si un exemple concret peut être exhibé, ou du moins une méthode donnée pour construire un exemple en un nombre fini, limité, de pas[2].

En fait, les inférences indésirables sont bloquées par le fait que si la généralité non bornée peut être affirmée (par le moyen des variables libres), elle ne peut être niée (« ⌐Px » a le sens de aucun nombre n'est « P », mais on ne peut dire dans I : « ce n'est pas le cas que tous les nombres sont P »). Ces deux traits conjointement, maintien du tiers exclu et impossibilité de nier la généralité, font que le style de la solution aux problèmes d'existence absolue est plus hilbertien qu'intuitionniste[3].

1. *S.L.L.*, § 34a, p. 99.
2. S.L.L., § 16, p. 47.
3. Hilbert écrit dans « Sur l'infini » (*op. cit.*) : « Par exemple l'assertion que, quand *a* est un chiffre, on doit toujours avoir : $a + 1 = 1 + a$ *n'est pas susceptible d'avoir une négation*, autant qu'on reste dans le cadre de l'attitude finitiste. [...] Il s'ensuit notamment que nous ne pouvons pas, dans le cadre de l'attitude

3.2. *Langage, système, calcul*

D'un côté la syntaxe logique est « le système qui comprend les règles de formation et de transformation » (§ 1). Mais d'un autre côté, « on entend par calcul un système de conventions ou de règles » (§ 2). Il semble donc que la règle apparaisse tantôt du côté de la métathéorie, tantôt du côté du langage-objet. Faut-il conclure de cet apparent flottement qu'il y a dans la *Syntaxe logique* une ambiguïté sur le statut de la règle, qui serait à la fois formulation d'une convention ou d'une prescription, en tant que composante de la syntaxe, et loi de production ou mécanisme d'engendrement de certaines suites parmi toutes les expressions possibles, en tant que partie intégrante du langage objet [1] ?

En fait, nous n'avons à distinguer ces deux sens de la règle que si nous pensons le langage-objet comme donné préalablement à la théorie ou à l'étude qu'on peut en faire, comme un langage naturel. Car si le langage est construit ou artificiel, il est à proprement parler engendré par la théorie, et donc la règle au sens d'énoncé d'une convention est bien le mécanisme causal engendrant les suites admissibles, puisque rien n'est une expression bien formée sinon en vertu des règles édictées par la syntaxe. Si l'on s'en tient strictement au point de vue de la syntaxe pure, par opposition à la syntaxe descriptive qui s'occupe

---

finitiste, nous prévaloir de l'alternative dans laquelle une équation telle que celle exhibée plus haut, qui contient un chiffre indéterminé, ou bien est satisfaite pour tout chiffre ou bien est réfutée par un contre-exemple. En effet, cette alternative est une application du Tiers Exclu et dépend de ce qu'on a admis d'avance que l'assertion que cette équation est vraie en général est susceptible d'avoir une négation. »

Dans le Langage I de Carnap, de même, la négation de la généralité n'est pas exprimable. Par ailleurs, Hilbert ajoute dans le même article : « On pourrait essayer de déterminer les lois logiques valables pour le domaine des propositions finitistes, mais cela ne nous serait d'aucune aide car nous entendons bien ne pas nous priver d'employer les lois simples de la logique d'Aristote... » En écho à cette double exigence de Hilbert, Carnap fait remarquer que « c'est pour exclure cette inférence aboutissant à un énoncé existentiel non borné, non constructif que Brouwer renonce à ladite loi du Tiers Exclu. La forme de langage de I montre cependant que le même résultat peut être obtenu par d'autres méthodes – à savoir par l'exclusion d'opérateurs non bornés. [...] Ici, la loi du Tiers Exclu reste valide dans I » (*S.L.L.*, § 16, p. 48).

1. Cette apparente « ambiguïté » est relevée et analysée par Jacques Bouveresse dans l'article « Carnap, le langage et la philosophie », *in La Parole malheureuse, op. cit.*, p. 253 et 265 *sqq.*

d'« expressions empiriquement données » (§ 2), l'ambiguïté disparaît. En fait, le problème n'a surgi qu'en raison d'un usage trop vague ou trop général du terme « langage » dans la *Syntaxe logique*. Dans *Foundations of Logic and Mathematics*, Carnap s'emploie à clarifier ce point en introduisant l'importante distinction terminologique entre langage et système de langage (*das System einer Sprache* : l'expression figure dès la version allemande de la *Syntaxe logique*, mais n'y est pas exploitée).

Carnap imagine que nous sommes placés, en tant qu'observateurs, devant un langage effectivement parlé B, dont il importe de dire que nous ne comprenons pas les locuteurs, pas plus qu'ils ne sont susceptibles de nous comprendre : nous sommes donc placés dans les conditions de la traduction radicale au sens de Quine (en fait, nous observons certains faits, que nous interprétons comme effets d'un ensemble d'habitudes et de dispositions qui est à proprement parler le langage B). Après observation, nous découvrons des régularités dans le comportement linguistique des locuteurs de B, à vrai dire des régularités et des irrégularités. Par exemple, il se peut que 90 % des gens disent *mond* en présence de la lune, et 2 % en présence d'une certaine lanterne. Nous avons alors à décider si *mond* signifie la lune, auquel cas la petite minorité a tort, ou si *mond* désigne à la fois la lune et la lanterne. Le moment théorique de la construction des règles est clairement sous-déterminé par les faits. Mais nous devons choisir une règle : l'ensemble des règles que nous adoptons est le système sémantique B.S. pour le langage B (Carnap ne veut pas dire par là que nos choix sont absolument arbitraires, n'aboutissant qu'à un système d'hypothèses analytiques pour notre grammaire ; au contraire, il s'agit d'hypothèses empiriques, testables par un protocole d'observations[1]).

1. À ce propos, il est curieux que le gradualisme de Quine admette une exception notable concernant les hypothèses « analytiques » à l'œuvre dans la traduction radicale (*Word and Object*, § 15). La thèse de Quine revient en effet à soutenir (si je comprends bien) que même l'analyse ou la détermination des extensions, contrairement à ce qu'affirme Carnap dans « Meaning and synonymy in natural languages » (*op. cit.*), n'est pas une « procédure scientifique » au sens où l'on pourrait décrire une « procédure opérationnelle », un critère behaviouriste pour la co-extensivité (inscrutabilité de la référence). Quine affirme à ce propos que les hypothèses analytiques « ne sont des hypothèses qu'en un sens incomplet » (§ 16 : « Le point n'est pas que nous ne pouvons être sûrs qu'une hypothèse analytique est correcte, mais qu'il n'y a même pas de question de fait, comme c'était le cas avec " Gavagai ", pour laquelle il y aurait matière à avoir

À strictement parler, les règles que nous allons poser ne sont pas des règles du langage B factuellement donné ; elles constituent plutôt un système de langage correspondant à B que nous appellerons le système sémantique B.S. Le langage B appartient au monde des faits ; il possède de nombreuses propriétés, certaines que nous avons découvertes, d'autres qui nous restent inconnues. Le système de langage B.S, au contraire, est quelque chose que nous avons construit ; il a toutes les propriétés, et seulement elles, que nous avons établies par les règles[1].

Il en est de même pour les systèmes syntaxiques, ou calculs, obtenus à partir des systèmes sémantiques par un pas supplémentaire dans l'abstraction. Mais dans le cadre de la syntaxe pure, la contrepartie empirique est absente ; un langage artificiel n'est rien d'autre qu'un système de langage.

Est-ce à dire pour autant, comme Carnap l'affirme au § 2 de la *Syntaxe logique*, que « la syntaxe ne s'occupe que de cette partie d'un langage qui a les attributs d'un calcul – autrement dit elle est limitée à l'aspect formel du langage » ? Que la syntaxe n'utilise que les ressources du mode formel du discours, en ce qu'elle ne fait jamais référence à des entités qui seraient les *designata* d'expressions et se refuse à tomber dans le non-sens de l'ontologie, c'est certes ce qui la définit comme « théorie des formes linguistiques ». Que le résultat de la syntaxe ne soit pour autant qu'un calcul, c'est-à-dire un système syntaxique non interprété, c'est là une tout autre idée, que démentent de nombreux passages de la *Syntaxe logique*. Nous retrouvons ici, avec la « philosophie du mode formel », la question de l'interprétation.

Que la syntaxe, en 1934, ne soit pas qu'un moment méthodologique destiné à être complété par le moment sémantique, qu'elle soit au contraire la théorie formelle d'un objet non formel parce qu'elle suffit à dire tout le dicible, c'est là non seulement ce qui caractérise le concept de « syntaxe » à cette époque de la pensée de Carnap, mais ce qui annonce un renversement

---

raison ou se tromper. » La vanité carnapienne des questions ontologiques serait donc retrouvée par Quine quand nous prétendons sortir de notre paroisse : ce qui était chez Carnap choix d'un schème linguistique devient ici adoption d'un système d'hypothèses analytiques par lesquelles « nous nous catapultons nous-mêmes dans le langage de jungle » (§ 15). L'usage du terme « analytique » dans ce contexte est néanmoins curieux.

1. *F.L.M.*, § 4, p. 7.

révolutionnaire de point de vue. Ce n'est pas sans quelque *pathos* que Carnap décrit cette révolution dans la pensée :

> Jusqu'ici, dans la construction d'un langage, la procédure a usuellement consisté à assigner d'abord un sens aux symboles mathématico-logiques fondamentaux, pour ensuite examiner quels énoncés et quelles inférences sont logiquement corrects en accord avec ce sens. Puisque l'assignation du sens est exprimée en mots et ne peut donc qu'être inexacte, les conclusions auxquelles on parvient par cette voie ne peuvent être qu'inexactes et ambiguës. Ce n'est qu'en partant de la direction opposée que la connexion deviendra claire : choisissons arbitrairement n'importe quels postulats et règles d'inférence, ce choix, quel qu'il soit, déterminera le sens qu'il faut donner aux symboles logiques fondamentaux [1].

L'idée que la règle détermine le sens n'est pas à cette époque une idée entièrement nouvelle, et l'on peut penser que de la manière brutale et prophétique dont elle est exprimée ici, Carnap la reprend à Wittgenstein [2]. Heureusement, Carnap a consacré des développements plus analytiques à cette idée, en particulier dans le contexte de la recheche d'une réconciliation entre le logicisme et le formalisme.

Aux yeux de Carnap, la question n'était pas tant de savoir « si les mathématiques peuvent être dérivées de la logique ou doivent être construites simultanément avec elle, que de savoir si la construction doit être purement formelle ou si le sens des symboles doit être déterminé » (§ 84). Pour réconcilier les deux points de vue, il faut qu'en effet la construction soit opérée de manière formelle, sans référence explicite au sens des symboles fondamentaux, mais qu'en même temps et par là même, l'interprétation de ces symboles soit donnée. La solution devra venir de la construction d'un langage qui soit autre chose qu'un calcul logico-mathématique pur, qui permette d'exprimer l'application

1. *S.L.L.*, avant-propos, p. XV.
2. *Cf.* par exemple l'entretien du 19 juin 1930 entre Wittgenstein et Waismann : « L'alternative de Frege était la suivante : ou bien nous avons affaire à des traits d'encre sur le papier, ou bien ces traits d'encre sont des signes de *quelque chose*, et ce pour quoi ils figurent est leur référence. Que cette alternative ne soit pas juste précisément le jeu d'échecs le montre [...]. Justement, il y a une troisième possibilité : les signes peuvent être utilisés comme dans un jeu » (*Ludwig Wittgenstein und der Wiener Kreis, Gespräche*, traduction française *in Manifeste du cercle de Vienne et autres écrits*, 1985).

des mathématiques à la réalité empirique, et qui donc contienne des symboles non logiques (descriptifs) à partir desquels des énoncés descriptifs (synthétiques, factuels) pourront être construits (l'origine de cette idée est à chercher chez Russell). Si l'interprétation des symboles descriptifs peut être donnée de manière purement formelle et syntaxique (ce qui constitue un premier problème), alors, s'il est vrai que l'interprétation des symboles logico-mathématiques est donnée par surcroît dans un tel calcul contenant des « P-règles » (c'est-à-dire des règles extra-logiques de la conséquence) en plus des L-règles (ou règles logiques), la thèse d'une interprétation que la syntaxe suffirait à donner peut devenir vraisemblable. Du moins est-ce l'espoir exprimé par Carnap :

> Une structure de ce genre satisfait simultanément à la fois les demandes du formalisme et du logicisme. Car d'un côté la procédure est purement formelle et de l'autre, le sens des symboles mathématiques est établi et par là même l'application des mathématiques dans la science du réel est rendue possible, à savoir par l'inclusion du calcul mathématique dans le langage total. [...] L'exigence du logicisme doit être ainsi formulée : la tâche de la fondation logique des mathématiques n'est pas achevée par une métamathématique seule (c'est-à-dire par une syntaxe des mathématiques), mais seulement par une syntaxe pour le langage total, qui contient à la fois des énoncés logico-mathématiques et des énoncés synthétiques [1].

Pour une syntaxe d'un tel langage total (le langage de la science), il est donc clair que le premier problème est : comment un sens peut-il être donné aux symboles descriptifs (on suppose qu'en relation avec tel langage spécifié, la distinction entre symboles logiques et symboles descriptifs a été donnée sous forme d'une classification des symboles primitifs) ? Or, en ce qui concerne cette première catégorie, ce n'est pas la donnée de règles de transformation (des P-règles) qui règle syntaxiquement le problème de les munir d'une interprétation. Carnap lui-même note, au § 62, que l'interprétation des symboles descriptifs pri-

---

1. *S.L.L.*, § 84, p. 327. Ajoutons que cette idée programmatique est loin d'être claire, et que Carnap semble l'avoir rapidement abandonnée (*cf. F.L.M.*, § 20 en particulier).

mitifs est largement sous-déterminée par tout ce que nous pouvons dire par ailleurs concernant les autres symboles : « Ainsi, par exemple, il n'est pas déterminé par les règles de transformation du Langage II ni par l'interprétation des autres symboles, si " P1 " doit être interprété, disons, par " rouge " ou par " vert ", ou par la désignation de toute autre propriété de positions » (§ 62).

En fait, nous rencontrons là le premier exemple d'élargissement fait par Carnap de la syntaxe, au point qu'on peut se demander si le concept de « syntaxe » possède encore un sens précis. Car finalement, l'interprétation (*Deutung*) d'un langage, pour autant que celui-ci contienne des symboles descriptifs, passe par une traduction (*Übersetzung*) dans un autre langage ou dans un sous-langage d'un langage obtenu par extension d'un langage existant ; et il semble clair, pour autant que la traduction doive donner ce qu'on attend d'elle, à savoir faire du langage traduit un « langage de communication » (*Mitteilungssprache*), que la traduction doive s'effectuer dans un langage à contenu où les symboles et expressions aient un sens connu. Or dans la mesure où une traduction n'est qu'un certain type de corrélation syntaxique entre les expressions de deux langages (qui, en gros, préserve les relations de conséquence, § 61), elle peut être formellement représentée. Finalement, « l'interprétation d'un langage est une traduction [*die Deutung ist eine Übersetzung*] et peut donc être formellement représentée ; la construction et l'examen des interprétations appartiennent à la syntaxe formelle » (§ 62). Mais que l'interprétation soit une opération formellement représentable ne signifie pas que la syntaxe suffise à elle seule à donner le sens, dans la mesure où la signification est déjà incorporée au langage de traduction.

Un second problème est lié au statut de la constante « 0 » et de l'accent, qui officiellement sont classés parmi les symboles logiques primitifs du Langage I comme du Langage II (§ 29). On pourrait donc s'attendre à ce que dans leur cas, les règles de transformation qui les concernent (au moins dans le Langage II, axiomes de l'arithmétique, PSII.12, PSII.13, et PSII.20, le principe d'induction complète formulé en second ordre [§ 30] suffisent à fixer l'interprétation, au moins à un isomorphisme près ; les expressions accentuées (*Strichausdruck*) seraient ainsi les noms d'entités dont le système forme une progression (pour user de la terminologie de Russell). On aurait ainsi une caractérisation axiomatique de type Peano des entiers naturels (noté par Carnap, § 33 : «Comme Peano, nous prenons "0" et un symbole pour successeur (') comme symboles primitifs»), sous réserve évidemment que les autres symboles logiques figurant dans ces axiomes aient leur sens habituel. Mais curieusement, dans les textes où il est question d'interprétation, Carnap traite régulièrement « 0 » et l'accent comme des symboles descriptifs, au sens où leur interprétation passe par une traduction (et donc ne semble pas assurée, comme dans le cas des connecteurs et des quantificateurs, par la donnée des règles de transformation). Par exemple :

> Soit II_1 le sous-langage logique de II (note : II_1 est donc un calcul fonctionnel pur, sans symbole de prédicat ni foncteur descriptif). II_1 est à interpréter par une traduction relativement aux expressions dans un autre langage approprié [...]. On donnera seulement les correspondants de deux symboles : « 0 » sera traduit par « 0 » et « ' » par « +1 ». De cette manière, l'interprétation de la totalité du langage II_1, qui contient les mathématiques classiques, est établie[1].

On peut suggérer l'interprétation suivante de cette difficulté à propos de « 0 » et de l'accent, à la lumière du § 17 de *Foundations of Logic* : le Langage II présente l'arithmétique de Peano comme un système axiomatique, c'est-à-dire comme un calcul mathématique incorporé à un calcul logique au sens étroit d'ordre supérieur. Et il est bien vrai que si ce système d'axiomes caractérise les progressions en général, il est néanmoins susceptible d'interprétations correctes en nombre quelconque, parmi lesquelles l'interprétation selon laquelle il s'agit de la progression des cardinaux finis n'est que l'interprétation habituelle. Mais un autre exemple d'interprétation que donne Carnap dans le même texte est le suivant :

> Exemple : « b » désigne le 14 août 1938 ; si une expression : « ... » désigne un jour, l'expression « ...' » désigne le jour suivant ; « N » désigne la classe (supposée infinie) de toutes les journées à partir

1. *S.L.L.*, § 62, p. 230.

du 14 août 1938. Cette interprétation du système de Peano est descriptive, alors que l'interprétation habituelle est logique[1].

Or dans la *Syntaxe logique*, les langages I et II ne sont pas seulement destinés à exprimer d'une manière ou d'une autre l'arithmétique de Peano, mais sont conçus comme des langages de coordonnées, c'est-à-dire des langages « désignant les objets du domaine concerné par des désignations de position » (§ 3). La position initiale dans une suite discrète à une dimension sera ainsi désignée par « 0 », la position suivante par « 0' », etc., si bien que les expressions numériques désignent tout autant des positions que les entiers naturels. Les motifs de Carnap en faveur d'un tel choix étaient principalement au nombre de deux : la possibilité d'appliquer ces langages pour les utiliser comme langages pour la science empirique à une époque où l'arithmétisation, c'est-à-dire la substitution de grandeurs aux qualités sensibles, est chose courante (§ 3) ; et surtout, Carnap voyait dans ce procédé une solution aux problèmes posés par la logicité de l'Axiome de l'infini et en général aux « problèmes d'existence en logique », meilleure que la *if-then solution* proposée antérieurement pour parer aux difficultés du logicisme[2] :

> Si la logique doit être indépendante de la connaissance empirique, alors elle ne doit rien présupposer concernant *l'existence des objets.* Pour cette raison, Wittgenstein refusait l'axiome de l'infini, qui affirme l'existence d'un nombre infini d'objets. [...] Dans nos langages-objets I et II, la chose est toute différente en raison du fait qu'il ne s'agit pas de langages de noms, mais de langages de coordonnées. Les expressions du type 0 (note : du type inférieur, c'est-à-dire les expressions numériques) ne désignent pas des objets, mais des positions. L'axiome de l'infini (§ 33) et des énoncés comme « ($\exists$x)(x=x) » sont démontrables dans II, et les énoncés correspondants dans I. Mais les doutes qu'on vient de mentionner ne sont pas pertinents ici. Car ces énoncés disent seulement, respectivement, qu'à toute position en succède immédiatement une, et qu'au moins une position existe. Mais rien n'est dit concernant des objets qu'on pourrait trouver ou non à ces positions[3].

1. *F.L.M.*, § 17, p. 39.
2. Carnap, « Die logizistische Gründlegung der Mathematik », *Erkenntnis*, 1931 ; traduction anglaise sous le titre « The logicist foundations of mathematics » *in* Benacerraf et Putnam, *Philosophy of Mathematics*, 1964, p. 31-41.
3. *S.L.L.*, § 38a, p. 141.

On peut donc dire ceci : si « 0 » et l'accent peuvent être comptés au nombre des symboles logiques (conformément à ce qu'on attend), c'est dans la mesure où les règles de transformation qui les concernent (au moins dans II) déterminent à un isomorphisme près l'interprétation des expressions accentuées ; la syntaxe suffit à caractériser les progressions (toujours sous la réserve que les autres symboles logiques aient leur interprétation attendue). Néanmoins, seule une traduction peut faire le départ entre ce que *Foundations* appelle l'interprétation descriptive, où il s'agit de positions, et l'interprétation logique, où il s'agit des entiers naturels. Le problème crucial reste donc bien de savoir dans quelle mesure la syntaxe, c'est-à-dire l'ensemble des règles de transformation, suffit à assurer l'interprétation des symboles logiques au sens usuel, connecteurs et quantificateurs. Or tout dépend ici de ce qu'on est prêt à entendre par « syntaxe ».

Dans les formalismes usuels, qui ne contiennent que des règles de dérivation (d-règles), il est faux que les règles de transformation déterminent de manière univoque une interprétation correcte : à côté de l'interprétation normale, d'autres sont admissibles au sens où elles préservent les relations de conséquence ; dans la terminologie du tome II des *Studies in Semantics. Formalization of logic*, on peut dire que les calculs « du type habituel » ne constituent pas une pleine formalisation (*full formalization*) de la logique :

> Si un calcul K contenant les connecteurs usuels de la logique propositionnelle pouvait être construit d'une manière telle qu'il formalise toutes les propriétés essentielles de ces connecteurs de sorte qu'il exclut la possibilité d'interpréter les connecteurs autrement que de la manière habituelle (note : comme ils le sont à travers les tables de vérités normales), alors nous dirions que K est une pleine formalisation de la logique propositionnelle. Et si K, en outre, pouvait imposer l'interprétation ordinaire des opérateurs universel et existentiel, alors nous parlerions d'une pleine formalisation de la logique fonctionnelle. [...]
> Les discussions suivantes, cependant, nous ferons parvenir à la conclusion surprenante que tel n'est pas le cas [1].

En fait, au moins pour ce qui concerne les quantificateurs,

1. *F.L.*, § 1, p. 5.

Carnap sait dès la *Syntaxe logique* que, du point de vue des « concepts ordinaires de la syntaxe », plusieurs interprétations sont compatibles avec les d-règles. On peut le montrer ainsi : soient P et Q deux symboles de prédicat (du premier niveau, de degré 1 et descriptifs, mais ces points ne sont pas essentiels à l'argument) ; soit II-d le langage II réduit aux seules d-règles de transformation (par exemple ∃ est introduit comme abréviation de la manière habituelle et, pour simplifier, limitons-nous à la restriction du schéma de substitution, PSII.16, en premier ordre, sous la forme de l'axiome habituel de la quantification avec des variables numériques

$$(x)\ S \Rightarrow S\binom{x}{t}$$

où « t » est une expression numérique [terme] quelconque).

Dans II-d ainsi défini, le quantificateur universel « (x) » est un opérateur universel impropre au sens où tout énoncé de la forme « P(t) » est conséquence (peut être dérivé de) l'énoncé universel « (x)P(x) », mais la réciproque n'est pas vraie (si du moins la règle d'induction infinie n'est pas admise comme d-règle) : l'énoncé universel n'est pas dérivable de la classe infinie de tous les énoncés de la forme « P(t) » (§ 55). Appelons s_1 l'énoncé « (x)P(x) » de II-d ; une première interprétation, J_1, associe s_1 avec lui-même en tant qu'énoncé de II (muni, donc, de la totalité de ses règles de transformation, y compris les c-règles) ; en vertu de ces règles, qui font de « (x) » dans II un opérateur universel propre, l'image de s_1 par J_1, $J_1(s_1)$, a le sens attendu, « pour tout objet x, x est P ». Mais une autre interprétation J_2 est possible, où s_1 est associé à l'énoncé $J_2(s_1)$:

$$(x)P(x).Q(5)$$

Soit maintenant s_2 l'énoncé « (∃x)P(x) » et $J_2(s_2)$ l'énoncé :

$$(\exists x)\ P(x) \lor Q(5)$$

On peut remarquer que $J_2(s_1)$ est « plus riche en contenu » que $J_1(s_1)$, qui est s_1 lui-même, et que $J_2(s_2)$ est « plus pauvre en contenu » que $J_1(s_2)$, qui est s_2 lui-même. Et pourtant J_2 est bien une traduction, c'est-à-dire une corrélation qui préserve les relations de conséquence :

Par exemple, soit s_3 l'énoncé « $P(0^{(n)})$ » (note : je note ainsi, sans respecter les notations de Carnap, « 0 » suivi de n accents) ; alors s_3 est conséquence de s_1, et s_2 est conséquence de s_3 ; et de manière correspondante, $J_2(s_3)$ est conséquence de $J_2(s_1)$ qu'on vient de donner, et $J_2(s_2)$ est conséquence de $J_2(s_3)$, c'est-à-dire s_3. La raison pour laquelle, en plus de l'interprétation ordinaire, l'interprétation essentiellement différente J_2, qui interprète les opérateurs de manière descriptive, est aussi possible, est que les règles de transformation de II-d déterminent seulement que tout énoncé de la forme $P(0^{(n)})$ est conséquence de $(x)P(x)$, mais ne déterminent pas si cet énoncé universel est équipollent à (comme dans l'interprétation usuelle J_1), ou plus riche en contenu que (comme dans J_2) la classe des énoncés de la forme $P(0^{(n)})$ [1].

Ce point a une conséquence curieuse : l'énoncé gödelien affirmant sa propre indémontrabilité contient un quantificateur universel (dans II comme dans le système P utilisé par Gödel 1931) ; cet énoncé est analytique, donc déterminé, mais irrésoluble, donc non démontrable, dans II. Néanmoins, dans tous les formalismes usuels comme dans II-d, qui ne contiennent que des d-règles de transformation, cet énoncé est indéterminé (au sens des d-règles). Par conséquent, selon les catégories de la syntaxe générale, d'après laquelle sont dits « logiques » les symboles primitifs tels que tous les énoncés construits à partir d'eux seulement sont déterminés (§ 50), il faut dire que le quantificateur universel, dans la plupart des systèmes (*Principia Mathematica*, ou II-d), n'est pas un symbole logique mais descriptif (noté par Carnap, § 62).

La conclusion de ces remarques est que les règles de transformation, si l'on entend par là les règles de la syntaxe au sens habituel, ne suffisent pas à fixer de manière univoque l'interprétation des symboles logiques. Seules les règles de la conséquence, ou c-règles, y parviennent. Mais, on le verra, ces règles ne peuvent encore être dites syntaxiques qu'en un sens tout à fait extraordinaire de la syntaxe. En fait, elles reviennent précisément à donner une interprétation, et même l'interprétation normale aux symboles logiques. Les déclarations de Carnap sur la capacité de la règle à fixer le sens sont donc pour le moins hâtives.

---

1. *S.L.L.*, § 62, p. 231-232. Pour une preuve analogue concernant le calcul propositionnel, *cf. F.L.*, §§ 10 à 18.

Cependant, quelle que soit la plausibilité de l'idée que les règles syntaxiques déterminent l'interprétation, c'est un fait que Carnap l'a soutenue. Dans cette mesure, les systèmes de la *Syntaxe logique* ne sont pas simplement des calculs, mais d'authentiques langages. Il reste vrai néanmoins que de cette interprétation nous ne devrions en toute rigueur jamais parler (sauf justement en énonçant les règles, c'est-à-dire sur le mode formel du discours [*in formaler Redeweise*]). C'est seulement à des fins d'éclaircissement préliminaire, concession aux besoins de la communication, que nous pouvons expliciter le sens. Ce que Carnap appelle régulièrement l'« interprétation matérielle » ou, mieux peut-être, l'« interprétation contentuelle » (*inhaltliche Deutung*), désigne très exactement ce moment préthéorique où, pour parler comme tout le monde, nous disons le sens en faisant référence au sens lui-même – où, plus exactement, nous faisons comme si nous référions au sens, puisque c'est là, en toute rigueur, chose impossible, insensée[1].

L'adjectif « contentuel » dans « interprétation contentuelle » ne veut donc pas dire que par là un contenu (*Inhalt*) est donné ; c'est le résultat de toute *Deutung* en général. « Contentuel » précise le mode de discours utilisé pour formuler l'interprétation. Ce qui caractérise une interprétation comme contentuelle, c'est qu'elle pratique le mode contentuel du discours : *inhaltliche Redeweise*. En effet, une grande partie des énoncés du mode matériel sont des énoncés sémantiques *prima facie*, des énoncés au sujet de la signification : *Sätze über Bedeutung*.

> Particulièrement importants ici sont les énoncés qui expriment une relation de désignation [*Bezeichnungsbeziehung*], c'est-à-dire ceux où figure l'une des expressions suivantes : « traite de », « parle de », « veut dire » [*besagt*], « nomme » [*benennt*], « est un nom de », « désigne » [*bezeichnet*], « signifie » [*bedeutet*], et autres semblables[2].

La question se pose donc de savoir pourquoi Carnap, à l'époque de la *Syntaxe logique*, a prohibé l'usage théorique des énoncés explicitement sémantiques.

---

1. *Cf.* par exemple cette phrase caractéristique : « *Auf Grund der gegebenen Erläuterungen, die mit inhaltlichen Deutungen waren...* », *L.S.S.*, § 28, p. 78.
2. *L.S.S.*, § 75, p. 215.

La réponse est évidemment qu'entre les questions et les énoncés d'objet, qui concernent un domaine déterminé d'une science empirique (ou peut-être, plus largement, les questions posées à l'intérieur d'un schème conceptuel ; dans cette mesure, les questions d'objet sont l'ancêtre de ce que Carnap appellera les « questions internes »), et les questions et énoncés ouvertement syntaxiques, il n'y a pas de place théorique pour un genre intermédiaire qui serait celui des questions et énoncés de l'ontologie formelle (philosophie de la science). Et que, bien que Carnap fasse une différence entre les énoncés qui réfèrent au sens, au contenu ou à la signification (*Sinn, Inhalt oder Bedeutung*) d'une part, et d'autre part les énoncés qui contiennent des mots universels employés de manière catégorématique (*Allwörter* : on reconnaît là les « concepts formels » du *Tractatus,* les désignations de types et de catégories, §§ 76 et 77), il n'y a pas de différence essentielle, selon lui, entre la sémantique et l'ontologie. La première a sombré dans le naufrage de la seconde.

Dans la *Syntaxe logique*, le procès est définitivement clos ; le point de vue « antimétaphysique » général du cercle de Vienne a été renforcé et spécifié par la démonstration faite par Wittgenstein du caractère dénué de sens des pseudo-énoncés de l'ontologie formelle. Il n'y a donc pas lieu ici de reprendre l'argumentation. En revanche, on trouve dans la *Syntaxe logique* une interprétation plus ou moins consciemment non wittgensteinienne des thèses du *Tractatus*, qui peut aussi bien être comprise comme une stratégie de contournement des interdits formulés par Wittgenstein. L'interprétation – ou le malentendu – a lieu à la faveur du terme « syntaxe logique » :

> C'est Wittgenstein qui le premier montra l'étroite connexion entre la logique de la science (ce qu'il appelle la « philosophie ») et la syntaxe. En particulier, il clarifia la nature formelle de la logique et insista sur le fait que les règles et les preuves de la syntaxe ne doivent pas comporter de référence au sens des symboles [1].

En effet, au moment où, dans le *Tractatus*, Wittgenstein fait grief à la théorie russellienne des types d'aller chercher dans la

---

1. *S.L.L.*, § 73, p. 282.

nature des entités en jeu (des *Bedeutungen* des signes), l'explication du fait qu'une fonction ne peut se prendre comme argument, au moment où il affirme, de plus, que la théorie des types
se résume à une loi de bon usage des signes, il écrit :

> Dans la syntaxe logique, la signification des signes ne doit jamais
> jouer un rôle. Il doit être possible d'établir la syntaxe logique sans
> qu'il soit jamais question de la signification d'un signe ; elle ne
> doit dépendre que de la description des expressions (3.33).

Mais il ajoutait aussitôt : « Les règles de la syntaxe logique
doivent aller sans dire » (3.334).

En fait, ce dernier aphorisme veut dire à la fois qu'il est
impossible de justifier les règles de formation, mais aussi qu'il
est ou doit être inutile de les formuler ; dans un langage logiquement parfait, il doit être impossible d'écrire un énoncé dénué de
sens, la grammaticalité de toute expression possible devant être
assurée par la forme même des signes composants (un réquisit
de ce type, on le sait, se trouve déjà chez Frege). Par « syntaxe
logique », Wittgenstein n'entendait donc pas du tout une théorie
des formes d'expression, mais le mode de concaténation
immanent à un langage logiquement parfait ; son usage du
terme est au plus proche de l'usage russellien du mot « syntaxe », quand Russell dit en 1918 que le langage des *Principia*,
en tant que logique et en tant que logiquement parfait, est une
syntaxe, ou quand il spécule sur la possibilité d'un langage où la
forme logique serait exprimée directement par la syntaxe, c'est-
à-dire par des formes de concaténation[1]. On pourrait épingler
ainsi un sens Russell-Wittgenstein du terme de syntaxe, selon
lequel la syntaxe est le langage en tant qu'il ne contient que l'expression de la forme logique. Et bien sûr, ce sens n'a pratiquement rien à voir avec la notion carnapienne de syntaxe.

Du coup, la thèse d'inexprimabilité, sur laquelle en un certain

---

1. Russell écrit : « Le langage construit dans *Principia Mathematica* [...] est
un langage qui a seulement une syntaxe et pas de vocabulaire du tout » (« The
philosophy of logical atomism », *Logic and Knowledge, op. cit*, p. 198). Et dans
Introduction to Mathematical Philosophy : « En admettant, comme je crois que
nous pouvons le faire, que la forme des propositions *peut* être représentée par la
forme des propositions [*sic*] qui les expriment sans aucun mot spécial pour la
forme, nous arriverions à un langage où tout le formel appartient à la syntaxe et
non au vocabulaire » (chapitre XVIII, p. 200).

sens Carnap est d'accord avec Wittgenstein, peut être remplacée par une thèse d'exprimabilité ; ce qu'on ne peut exprimer (sur le mode matériel), on peut cependant l'exprimer, sur le mode formel et de manière rigoureusement théorique, au sens fort et prégnant de ce mot, comme aurait dit Husserl. Plus précisément : les énoncés dénués de sens de l'ontologie formelle sont moins des pseudo-énoncés que des pseudo-énoncés d'*objet*. Ils ont bien un contenu, mais ce contenu étant en réalité syntaxique, il est déguisé dans les formes du mode matériel du discours, qui devient ici un mode inauthentique, transposé.

> Ces énoncés sont des énoncés syntaxiques en vertu de leur contenu, bien qu'ils soient déguisés en énoncés d'objet. Nous les appellerons des pseudo-énoncés d'objet. Si nous voulons représenter de manière formelle la distinction qui est ici informellement indiquée, nous verrons que ces pseudo-énoncés d'objet sont simplement des énoncés *quasi syntaxiques du mode contentuel du discours*[1].

Il en résulte qu'il est même contestable de parler d'un accord de Carnap sur une thèse d'inexprimabilité, parce que Carnap et Wittgenstein n'interprètent pas de la même façon le fait incontestable que les énoncés philosophiques sont dénués de sens. Dans la pensée de Wittgenstein, il le dit explicitement dans l'aphorisme 4.126, le problème posé par les concepts formels est de même nature que celui des propriétés internes ou formelles des faits. Et la raison pour laquelle le langage ne peut parler des objets, des concepts, des relations ou des nombres en général, pour en dire que ce sont des objets, des concepts, etc., est profondément la même que la raison pour laquelle on ne peut parler de la forme logique des énoncés et des faits : dans les deux cas, ce dont on ne peut parler, c'est de ce qu'il y a de commun au langage et au monde pour que le langage puisse représenter le monde. Ce qu'il y a de commun, la possibilité de la représentation, ne peut que se montrer : de même que l'énoncé montre la forme logique, de même le nom ou la variable montre que ce qui est en question tombe sous le concept formel d'objet. De sorte que l'inexprimable est exactement ce qui se montre et qui, en un sens, est le plus important.

---

1. *S.L.L.*, § 74, p. 285. Pour la notion d'énoncé « quasi syntaxique », *cf.* § 64.

À l'opposition du dire et du montrer, Carnap substitue donc l'opposition : dire sur le mode contentuel (inauthentique) *versus* dire sur le mode formel du discours. Mais ce qui semble conquête du côté du dicible est aussi bien perte du côté de l'exprimable (ou de l'inexprimable) – du côté de ce qui est supposé se montrer. Car une fois qu'on a dit tout ce qu'on peut dire, dans le mode formel, on a dit tout ce qu'il fallait dire : il n'y a pas d'inexprimable (l'énoncé « il y a de l'inexprimable » ne peut passer le test de la traduction dans le mode formel ; il est donc absolument un non-sens, et Wittgenstein est tombé dans la « mythologie de l'inexprimable » : § 81). Il est clair par exemple que par « forme logique », Wittgenstein et Carnap n'entendent pas du tout la même chose : quand Carnap prétend avoir réfuté l'une des thèses « négatives » de Wittgenstein en invoquant la possibilité de construire des énoncés théoriques (syntaxiques) sur la forme, cette forme, c'est-à-dire les constructions grammaticales stipulées par convention, n'est pas la forme au sens de Wittgenstein, c'est-à-dire ce que tout langage doit avoir en commun avec la réalité pour être un langage. De manière générale, il n'y a rien de tel chez Carnap qu'une structure de la réalité qui fonderait la logicité du langage, que cette structure doive simplement se montrer ou qu'elle puisse être exprimée indirectement par passage au mode formel. Et à les bien comprendre, les énoncés syntaxiques fondamentaux (les autres découlant analytiquement de ces définitions) sont moins des énoncés, fût-ce sur le mode formel, que des prescriptions, suggestions et propositions qui ne sont discutables que du point de vue pragmatique, mais n'ont aucun contenu cognitif ou théorétique[1]. Finalement, le point de vue de Carnap est moins réfutation positive de la thèse d'inexprimabilité qu'annulation du sens même de la thèse.

On peut donc dire que si Carnap et Wittgenstein tiennent pour acquise l'impossibilité de l'ontologie, ce n'est pas en mettant l'accent sur la même partie du mot : pour Wittgenstein, c'est en tant que *logos* que l'ontologie est impossible. Pour Carnap, c'est qu'il n'y a pas d'*être* qui se révélerait : « En logique,

---

1. *S.L.L.*, § 78. Ce point est particulièrement souligné par Bar-Hillel dans son article « Remarks on Carnap's logical syntax of language », *PRC*, p. 519 *sq.* Carnap, dans sa réponse, endosse cette analyse (*cf. ibid.*, p. 941).

pas de morale !» (§ 17). Il y a donc à la fois divergence sur le diagnostic porté sur la philosophie (effort tragique pour dire l'inexprimable ou mode maladroit du discours) et divergence sur le remède (l'universalisme négatif de Wittgenstein conduit à se taire pour laisser parler le langage). Le passage au mode formel est solidaire du principe de tolérance et n'appelle que des justifications pragmatiques.

Faut-il nécessairement qualifier de sceptique ou de sophistique (au sens bien sûr de l'«authentique et noble sophistique» dont parle Platon) la position de Carnap ? Il me semble que non, et l'argument est le suivant : toute tentative pour discuter du point de vue du vrai et du faux une thèse ontologique, c'est-à-dire qui présupposerait qu'on peut accorder un contenu cognitif à un énoncé ontologique, oublierait que le cadre de la discussion est relatif à un schème conceptuel général, c'est-à-dire à un choix préalable de langage, et la discussion de ce choix renverrait nécessairement à l'établissement d'un cadre linguistique encore préalable. De sorte que sous peine de régression à l'infini, il vaut mieux reconnaître d'emblée que toute discussion ontologique n'est qu'affaire de choix de langage, autrement dit n'est qu'une question externe, sans portée cognitive (nous ne connaîtrons pas mieux l'être, serait-ce au sens de la méthodologie scientifique, c'est-à-dire sous forme d'hypothèse révisable, après y avoir répondu).

Cet argument est à l'œuvre dans la thèse que soutient Carnap dans l'important article de 1950, «Empirisme, sémantique et ontologie». Il n'est pas étonnant qu'après avoir frappé d'un interdit commun les énoncés explicitement sémantiques et les énoncés ontologiques comme pseudo-énoncés d'objet, Carnap ait éprouvé le besoin de clarifier la nature des liens entre les considérations sémantiques – plus précisément la construction des systèmes sémantiques – et les thèses dites «d'engagement ontologique» (Carnap refuserait cette appellation, puisqu'il soutient justement qu'il n'y a pas là matière à «engagement» ou à acceptation d'une croyance). La question est de savoir si la restauration de la légitimité d'un langage utilisant des termes sémantiques, comme le métalangage dans lequel sont construits les systèmes sémantiques, doit conduire à réviser la position fondamentale de Carnap sur les questions d'ontologie selon laquelle il s'agit de pseudo-questions, toute apparence de réponse étant vide de contenu cognitif (ce qui n'exclut pas le charme particulier de la spéculation ontologique, mais cet aspect des choses est simplement lié au contenu émotionnel de ces énoncés). La réponse est non. Utiliser par exemple dans la construction d'un système sémantique un langage référant à des entités abstraites (classes, propriétés ou nombres) n'implique nullement « un retour à une ontologie métaphysique de type platonicien ».

La justification de cette thèse à première vue surprenante est simple et radicale : la sémantique n'engage aucune ontologie particulière, parce qu'il n'y a rien de tel que l'ontologie, si l'on comprend par là « les questions concernant l'existence ou la réalité d'un système d'entités pris comme un tout » conçues (à tort) comme des questions théorétiques ou d'une nature cognitive. L'ontologie au sens habituel et fictif du terme ne consiste qu'en questions externes déguisées en questions internes, en questions d'existence à l'intérieur d'un schème linguistique (*linguistic framework*) où l'on reconnaît sous une forme nouvelle l'opposition du mode contentuel transposé, déguisant un contenu syntaxique dans une pseudo-référence à des objets, et du mode formel authentique en tant que convention. La clarification de la situation montre que seules sont en jeu des questions de choix de langage approprié :

> Des questions internes nous devons clairement distinguer les questions externes, c'est-à-dire les questions philosophiques concernant l'existence ou la réalité du système total des nouvelles entités. De nombreux philosophes considèrent une question de ce genre comme une question ontologique qu'on doit poser et résoudre *avant* l'introduction de nouvelles formes de langage. Une telle introduction, pensent-ils, n'est légitime que si on peut la justifier par une intuition ontologique apportant une réponse affirmative à la question de la réalité. En opposition à ce point de vue, notre position est que l'introduction de nouvelles façons de parler n'exige pas de justification théorétique parce qu'elle n'implique aucune assertion de réalité. [...] Toute prétendue affirmation quant à la réalité d'un système d'entités est une pseudo-affirmation sans contenu cognitif [1].

---

1. Carnap, « Empiricism, semantics and ontology », *Revue internationale de philosophie*, 4, 1950. Article reproduit dans l'édition augmentée de *M.N.*.

Une conséquence de ce point est la suivante : si Carnap est verbalement d'accord avec le dicton de Quine, « Être, c'est être la valeur d'une variable », en fait le concept d'existence se dédouble suivant que le quantificateur existentiel est compris comme référant à un domaine d'objets vu de l'intérieur du schème conceptuel utilisé, et dans ce cas les questions d'existence sont parfaitement sensées, même si certaines sont triviales (par exemple la question « Y a-t-il des nombres ? » dans un système utilisant des constantes numériques), ou qu'il est compris comme exprimant « le concept ontologique d'existence ou de réalité ». Auquel cas, nous tombons dans une question externe [1]. L'ontologie, chez Carnap, n'est pas naturalisée.

Pour revenir à notre point de départ : que la syntaxe soit conçue en 1934 comme donnant le sens est un point dont toute l'importance va apparaître dès qu'il s'agira de formaliser la syntaxe elle-même.

---

1. *M.N.*, § 10.

Chapitre IV

L'INTERNALISATION DE LA SYNTAXE
ET L'ANALYTICITÉ

4.0. *Un seul langage*

Que doit être un langage pour valoir comme langage de syntaxe relativement à un langage L ? D'une part, ce doit être un langage logique, c'est-à-dire tel que ses symboles primitifs soient des symboles logiques. D'autre part, il doit exister une correspondance bi-univoque entre les expressions de L et les expressions d'un sous-ensemble de ce langage, telle que les images des expressions de L par cette corrélation soient « isogènes », c'est-à-dire appartiennent au même type syntaxique. Autrement dit, qu'elles soient des noms ou des désignations syntaxiques des expressions de L. Les prédicats et foncteurs de ce langage auxquels conviennent comme arguments les expressions de ce sous-ensemble sont alors dits prédicats et foncteurs syntaxiques. Ce langage de syntaxe pour L peut être un sous-langage d'un langage plus vaste, auquel cas on dira que ce dernier contient la syntaxe de L. Comme on le voit, les conditions auxquelles doit satisfaire un langage pour être un langage de syntaxe sont extrêmement générales et ne préjugent en rien des réponses qu'on peut fournir aux questions les plus importantes : ce langage peut-il, et éventuellement doit-il, être « strictement formalisé » ? Doit-il nécessairement être différent du langage L ou, sous certaines conditions, L lui-même peut-il être utilisé comme langage de syntaxe (§§ 63 et 34d) ?

Carnap a annoncé dès les premières lignes de la *Syntaxe logique* que par rapport à l'idéal d'une expression « correcte » des définitions et énoncés de la syntaxe, tout ce que nous pouvions dire dans le langage ordinaire (fût-il enrichi de signes gothiques [variables syntaxiques] et de symboles et notions mathématiques), n'était qu'une formulation provisoire en attente de l'étape rigoureuse de la formalisation. Ainsi les pages qui précèdent, et particulièrement le paragraphe 3.1., ne constituent encore qu'une approche naïve de la syntaxe au sens où l'on parle d'une théorie naïve à propos d'une théorie formulée en langage ordinaire, où les concepts sont désignés par les mots usuels, où les procédures de construction et de définition manquent à être exactement spécifiées, où enfin la logique sous-jacente n'a pas été explicitée. Mais parce que c'est là le destin de toute théorie naïve, parce qu'il s'agit d'une exigence tout à fait générale de la science (l'exigence même qui a conduit à construire un langage-objet représentant quelque théorie naturelle), la formalisation du langage de syntaxe est la condition de constitution de la syntaxe comme théorie.

Cependant, si l'exigence est tout à fait générale, la situation dans laquelle nous devons la satisfaire est, elle, toute particulière. Car si la syntaxe a vocation à devenir l'héritière de la philosophie de la science, ne doit-elle pas également hériter de quelque caractère absolument premier, de quelque exigence d'absence de toute présupposition, qui semble devoir appartenir à toute discipline qui mérite le nom de philosophie ou qui du moins se destine à remplacer définitivement la philosophie ? Or l'impératif de formalisation semble bien faire obstacle à cette exigence d'autofondation, car la formalisation d'une théorie passe, nous l'avons vu, par un langage de syntaxe. La formalisation de la syntaxe ne suppose-t-elle pas, pareillement, un méta-métalangage où se dirait la formalisation du métalangage qu'est le langage de syntaxe de quelque langage-objet ? Mais qu'en est-il alors de ce méta-métalangage ? Les contraintes de la formalisation semblent ainsi renvoyer à une hiérarchie infinie de langages, où chacun doit attendre d'un langage plus élevé dans la hiérarchie sa formalisation. C'est pourquoi la formalisation de la syntaxe semble une tâche toujours future, à moins que quelque moyen se présente de trancher ce nœud.

Or la formalisation est indispensable à qui veut caractériser exactement, c'est-à-dire sur le mode formel et syntaxique du discours, les ressources expressives du langage de syntaxe. Rappelons-nous à ce sujet combien le langage ordinaire était peu apte à exprimer clairement la construction des concepts syntaxiques. Quand nous lisons la définition du concept « être dérivable » – si S est le dernier énoncé d'une dérivation avec les prémisses S_1 ..., S_m, alors S est dit dérivable de S_1 , ..., S_m (§ 10) –, il n'est pas immédiatement clair que la définition de ce concept contient une quantification existentielle sur les dérivations non seulement écrites, mais possibles, et que de plus cette quantification est non bornée. Autrement dit, il n'est pas immédiatement clair que le langage de syntaxe utilisé jusqu'à présent, c'est-à-dire le langage à peu près ordinaire, est non effectif (*indefini*) au sens où la propriété d'être dérivable n'est pas construite de manière à être décidable. Et encore n'est-ce là qu'une caractérisation en termes d'interprétation contentuelle qu'il faut ultimement remplacer par une détermination purement syntaxique de la notion de langage effectif (§ 15). Du point de vue de la logique au sens strict qui règne dans la syntaxe, les choses, si l'on peut dire, sont encore pis. Nous avons vu que, faute d'une spécification précise des règles de transformation admises dans la théorie syntaxique, l'affirmation suivant laquelle la syntaxe est « purement analytique » parce que ses énoncés ne sont que la « conséquence » des définitions n'a pour l'instant aucun sens précis. Rien ne montre, dans le texte de la *Syntaxe logique*, que Carnap ait pris la mesure de la difficulté cachée dans cette proclamation du caractère analytique de la syntaxe. Encore que, comme nous le verrons, la solution que Carnap prétend trouver au problème de la formalisation peut être comprise comme une tentative pour donner, par surcroît, un sens précis à cette affirmation.

Voici cependant un texte, postérieur à la *Syntaxe logique*, où Carnap affirme nettement qu'à défaut d'une formalisation du langage de syntaxe, le terme « conséquence » n'a pas de sens précis pour la métathéorie, et ne peut donc figurer dans la construction d'un concept métathéorique. On l'a vu au chapitre III (§ 1), on peut tirer de l'idée intuitive de « vrai pour des raisons logiques » un critère d'adéquation pour le concept formel « L-vrai » : on dira qu'un énoncé est L-vrai dans un système sémantique S si et seulement si sa vérité s'ensuit des règles sémantiques de S seules[1]. La question qui se pose (et que j'ai laissée de côté plus haut) est de savoir pourquoi cette clause ne peut être considérée comme une définition de « L-vrai dans un système S ».

La réponse de Carnap est que cette clause, malgré les apparences, n'appartient pas au métalangage M dans lequel sont formulées les règles du système sémantique S, mais au métamétalangage MM qui doit être utilisé pour construire M comme un véritable système sémantique (pour formaliser M). Elle permet donc tout au plus de définir, dans MM, le concept d'adéquation pour un prédicat à définir dans M avec le sens attendu de « L-vrai », et n'a d'usage véritable que si M a été déjà pleinement formalisé dans MM. Je ne peux mieux faire que citer le texte de l'*Introduction à la sémantique, in extenso*, parce qu'il est d'une parfaite clarté et qu'il lave Carnap de l'accusation suivant laquelle il aurait tenu la notion de « vrai par convention » pour une explication suffisante de la vérité logique[2] :

> Dans la discussion qui précède, nous avons trouvé un trait caractéristique des énoncés L-vrais d'un système sémantique S ; leur vérité s'ensuit des règles de S seulement. Telle quelle, cette caractérisation ne peut être considérée comme une définition de « L-vrai dans S ». Si nous explicitons l'expression « la vérité de l'énoncé s s'ensuit des règles sémantiques de S », nous voyons qu'elle n'appartient pas au métalangage M dans lequel la définition de « L-vrai dans S » doit être formulée, mais au métamétalangage MM, c'est-à-dire au langage dans lequel les règles pour M doivent être formulées. « ...s'ensuit de... » veut dire « ...découle logiquement de... » ou, dans notre terminologie, « ...est un L-impliqué de... ». Donc la formulation pleinement développée de cette expression est quelque chose comme : « L'énoncé (dans M) " s est vrai dans S " est un L-impliqué dans M des règles de S. » Or les règles de S ne sont rien d'autre qu'une définition de « vrai dans S » ; et si une définition est incorporée à un système (ici M), tout énoncé qui est L-impliqué par cette définition est L-vrai dans ce système. Nous pouvons donc reformuler l'expression en question ainsi : « L'énoncé " s est vrai dans S " est L-vrai dans M. » Cette expression cependant parle de M, et appartient donc à MM et non à M. Elle ne peut donc servir de *definiens* pour « s est L-vrai dans S ». [...]

---

1. *I.S.*, § 15, p. 81.
2. Je reviendrai sur cette notion de « vrai par convention » en conclusion.

La définition (de l'adéquation d'un concept de L-vrai dans S) utilise le terme « L-vrai dans M », et présuppose donc que M a été construit comme un système sémantique et que, outre une définition pour « vrai dans M », une définition pour « L-vrai dans M » a été donnée dans MM [1].

Ce qu'on voit mal, en revanche, c'est à quoi peut bien servir ce critère d'adéquation tant que M n'a pas été formalisé dans MM ; comment « s'en servir comme d'un critère pour l'examen de toute définition de L-vrai qu'on nous propose en sémantique générale ou dans une sémantique spéciale [2] » tant que nous ne savons pas ce qu'est « L-vrai dans M » ? Carnap ne semble pas s'être soucié de la difficulté dans le texte de 1942, alors même qu'elle illustre parfaitement cette nécessaire précédence de la formalisation à elle-même, où justement Carnap en 1934 voyait une objection fatale à toute formalisation externe : qu'elle renvoyât à une hiérarchie infinie de formalisations.

La thèse initiale de la *Syntaxe logique* est à cet égard tout à fait radicale : ou bien la formalisation n'est jamais achevée, ou bien la syntaxe doit être formalisée dans le langage-objet lui-même, de sorte que la syntaxe, dans le moment même où elle formalise le langage-objet, formalise ce langage en tant que langage de syntaxe – auto-formalisation de la syntaxe.

Il faut reconnaître que Carnap n'a pas été particulièrement disert sur cette question. On ne trouve, dans la *Syntaxe logique,* que deux passages où la question du choix de langage de syntaxe est abordée dans toute son ampleur. Et je reconnais que je sollicite le second texte, bien que cette interprétation me semble justifiée (indépendamment de l'argument qu'on peut en extraire) par la deuxième partie de l'ouvrage, où Carnap accomplit cette construction de la syntaxe à l'intérieur du langage-objet, et (négativement, si je puis dire) par la tension philosophique qu'elle accorde du coup à l'œuvre tout entière : comme je l'ai suggéré, administration de la preuve *nolens volens* de l'impossibilité de l'universalisme logique.

Le premier texte présente une alternative dont les deux voies semblent également possibles, à la réserve près que la seconde

---

1. *I.S.,* § 16, p. 83-84.
2. *I.S., loc. cit.*

paraît porteuse de quelque danger d'antinomie pour raison d'autoréférence. Voici comment Carnap dessine cette alternative :

> Les énoncés, définitions et règles de la syntaxe d'un langage sont concernés par les formes de ce langage. Mais comment exprimer correctement ces énoncés, définitions et règles elles-mêmes ? Un genre de super-langage est-il nécessaire à cette fin ? Et, à nouveau, un troisième langage pour expliquer la syntaxe de ce super-langage, et ainsi de suite à l'infini ? Ou bien est-il possible de formuler la syntaxe d'un langage à l'intérieur de ce langage lui-même ? On va naturellement craindre dans ce dernier cas qu'en raison de certaines définitions réflexives, des contradictions d'une nature apparemment semblable à celles qu'on connaît bien, à la fois dans la théorie cantorienne des ensembles transfinis et dans la logique prérussellienne, ne puissent surgir. Mais nous verrons plus tard que, sans qu'il y ait danger de contradictions ou d'antinomies, il est possible d'exprimer la syntaxe d'un langage dans ce langage lui-même, dans une mesure déterminée par la richesse en moyens d'expression du langage en question [1].

Hiérarchie des formalisations ou confusion des langages ? En fait, nous n'avons pas le choix : la seconde possibilité est véritablement une nécessité liée à l'aporie qu'entraînerait une hiérarchie infinie. Dans le second texte que j'évoquais, Carnap oppose assez curieusement deux points de vue, épinglés l'un comme celui de Herbrand, l'autre comme celui de Wittgenstein, qu'il renvoie dos-à-dos au profit d'une troisième position. Contre Herbrand, il ne doit exister qu'un langage, mais contre Wittgenstein, cela ne veut pas dire renoncer à la syntaxe, si justement la syntaxe est formulée dans ce langage :

> Jusqu'à présent, nous avons distingué entre le langage-objet et le langage de syntaxe dans lequel est formulée la syntaxe du langage-objet. S'agit-il nécessairement de deux langages séparés ? Si à cette question on répond par l'affirmative (comme le fait Herbrand en connexion avec la métamathématique), alors un troisième langage sera nécessaire à la formulation de la syntaxe du langage de syntaxe, et ainsi de suite à l'infini. Selon une autre

---

1. *S.L.L.*, § 1, p. 3.

opinion (celle de Wittgenstein), il n'existe qu'un langage et ce que nous appelons la syntaxe ne peut du tout être exprimé, cela peut seulement être « montré ». En opposition à ces points de vue, nous voulons montrer que, de fait, il est possible de faire avec un seul langage, sans pour autant renoncer à la syntaxe, mais en montrant que la syntaxe d'un langage peut être formulée dans ce langage lui-même, et sans qu'aucune contradiction ne surgisse[1].

Il n'est pas sûr que l'attribution à Herbrand d'un point de vue aussi fermement soutenu soit historiquement justifiée[2]. Mais le rapprochement incongru de ces deux auteurs me paraît relever de l'interprétation suivante : selon Carnap, au-delà de l'apparente opposition, il y a une étroite solidarité entre les deux positions au sens où, si réellement la hiérarchie infinie est une contrainte qui pèse sur la formalisation, alors Wittgenstein a au bout du compte raison (exactement au sens où Russell, dans la préface au *Tractatus*, lui accorde que finalement il pourrait bien avoir raison concernant la totalité de la hiérarchie imaginée de langages de différents ordres, à supposer qu'il y ait une telle totalité[3] !) et la syntaxe ne peut véritablement être formulée. L'argument, qu'on peut appeler « argument du troisième langage », pourrait être formulé ainsi : l'idée d'une hiérarchie finie est théoriquement fausse (une hiérarchie finie ne peut correspondre qu'à un état imparfait et provisoire de la formalisation). Par exemple, la métathéorie de la métamathématique naïve peut bien suffire tant qu'on se situe dans le cadre du programme hilbertien de preuves finitistes de consistance ; car tant qu'on est sûr de disposer avec la mathématique « constructive » d'un instrument fiable, la formalisation de ce langage de syntaxe

1. *S.L.L.*, § 18, p. 53.
2. La thèse de Herbrand, « Recherches sur la théorie de la démonstration » (1930), est citée dans la bibliographie de la *Syntaxe logique*. Peut-être Carnap fait-il ici allusion à ces lignes extraites de l'introduction : « Il ne faut pas oublier que l'étude du raisonnement métamathématique pourrait nous fournir une nouvelle théorie, dont celui-ci serait l'objet, et que cette échelle de métamathématiques de différents " types " peut être poursuivie indéfiniment ; mais ces considérations débordent de beaucoup le cadre que nous nous sommes imposé » (*in* Jacques Herbrand, *Écrits Logiques*, 1968, p. 40). Il est difficile de conclure de cette remarque en passant (comme y insiste la dernière phrase) à une théorie ou un point de vue élaboré.
3. Bertrand Russell, introduction au *Tractatus*, Routledge et Kegan Paul, 1971, p. XXII.

n'est peut-être pas une tâche urgente[1]. Mais du point de vue de l'idéal théorique, la formalisation de chaque langage utilisé est une exigence absolue. Mais par ailleurs, l'effectuation d'une infinité de formalisations est principiellement impossible. On doit ainsi admettre qu'à un certain niveau de langage, la syntaxe ne puisse être véritablement et correctement formulée (sauf à en rester à des considérations informelles en langage ordinaire qui doivent ultimement s'effacer). Si donc la syntaxe d'un langage devait nécessairement être formulée dans un autre langage, à un niveau au moins la syntaxe serait finalement inexprimable ; mais c'est là l'essence de la thèse négative de Wittgenstein. Non point sans doute la lettre des pensées évoquées dans le *Tractatus,* car Wittgenstein voulait probablement dire que d'aucun fragment de langage on ne pouvait véritablement parler, et n'eût pas admis (je suppose) qu'on opposât le caractère exprimable de la syntaxe d'un fragment de langage (par exemple dans le cas où le langage-objet est un sous-langage d'un langage qui contient la syntaxe du langage-objet) au caractère inexprimable de la syntaxe de la totalité du langage. Mais ce n'est que sous cette forme que le fantôme de Wittgenstein, si l'on peut dire, pouvait hanter Carnap ; car l'existence attestée de la syntaxe (métamathématique hilbertienne, métalogique de l'école polonaise et, *a fortiori,* méthode gödelienne de l'arithmétisation) avait d'ores et déjà réfuté, « dans la pratique », la lettre de la thèse wittgensteinienne. Si donc le problème pouvait encore se poser, c'était sous la forme nouvelle où la question concernait la totalité du langage, à supposer qu'il y ait une telle totalité, c'est-à-dire le langage en général dans son unicité. Alors, si une distinction des niveaux de langage s'impose (par exemple parce que chaque langage de syntaxe doit être « plus riche » que le lan-

---

1. Dans ce genre de contexte, le terme « formalisation » est tantôt employé au sens fort de représentation d'une théorie dans un formalisme (ou système formel), tantôt en un sens plus faible de représentation d'une théorie intuitive dans une autre théorie intuitive (par exemple quand on passe de la métathéorie à l'arithmétique récursive). Ladrière écrit ainsi : « Nous pouvons aussi nous proposer de formaliser la métalangue, et cela devient même indispensable si nous voulons y introduire des relations d'une certaine complexité [...]. C'est précisément en vue d'arriver à une telle formalisation que Gödel a inventé sa méthode d'arithmétisation » (*in* Jean Ladrière, *Les Limitations internes des formalismes,* 1957, p. 96). Il va de soi que lorsque Carnap parle de « formalisation », il s'agit de formalisation au sens fort.

gage-objet auquel il est relatif), il se pourrait en effet qu'on puisse exprimer la syntaxe de fragments sans pouvoir exprimer la syntaxe de la totalité, du langage en tant que comprenant tous ces niveaux. On aurait là une sorte de réponse faible à la thèse de Wittgenstein. Mais il est clair que Carnap est à la recherche d'une réponse « forte » à Wittgenstein ; et pour qu'une thèse d'exprimabilité réfute véritablement ce qui reste de la thèse d'inexprimabilité, il faut montrer qu'un seul langage suffit à exprimer sa propre syntaxe.

On pourrait objecter que, ce faisant, on a montré, à propos d'un certain langage, qu'il était capable d'exprimer sa propre syntaxe (par exemple le Langage II) ; mais qu'il ne s'agissait pas, à l'origine, d'un langage, mais du langage tout court. À cette objection, Carnap aurait sans doute répondu que le Langage II, c'est-à-dire un système voisin de celui des *Principia*, était suffisamment riche pour valoir comme représentatif du langage en général, ou était du moins une bonne représentation du genre de langage dont la science avait besoin (même s'il n'était pas prêt à dire que c'était là un « langage formulaire de la pensée pure »). À un risque près, qui mérite discussion.

Le Langage II introduit dans la troisième partie de la *Syntaxe logique* est une variante de la théorie simple des types, au plus proche de la formulation de Hilbert-Ackermann 1938 (et en raison de la présence d'un axiome d'extensionnalité, une théorie typifiée des ensembles, §§ 27 et 33). Quant au motif d'une telle restriction à la théorie simple des types, Carnap tient que Ramsey a définitivement montré que la théorie ramifiée était une complication inutile, libérant ainsi le logicisme de la difficulté liée au caractère inacceptable (du point de vue de sa logicité) de l'axiome de réductibilité. Commentant correctement la distinction que fait Ramsey entre les antinomies du groupe A, « qui ne supposent que des termes logiques ou mathématiques », et les autres « qui ne peuvent être construites uniquement en termes logiques [1] », Carnap écrit, dans « Die logizistische Grundlegung der Mathematik » :

---

1. Ramsey, « The foundations of mathematics », *in Foundations*, 1970, p. 171.

Ramsey a montré qu'il y a deux genres d'antinomies complètement différentes. Celles du premier genre peuvent être exprimées
en symboles logiques et sont dites « antinomies logiques » (au
sens étroit). [...] Ramsey a montré que les antinomies de ce genre
sont éliminées par la théorie simple des types. [...] Ramsey a montré que les antinomies du second genre ne peuvent être construites
dans le langage symbolique de la logique, et qu'on n'a donc pas
besoin de les prendre en compte dans la construction des mathématiques à partir de la logique [1].

Dans la terminologie carnapienne, les premières peuvent
apparaître dans un langage logique, c'est-à-dire ne comportant
que des signes logiques, les secondes relèvent au contraire d'un
langage où des constantes extra-logiques sont introduites sous
forme de signes descriptifs.

À y mieux réfléchir, cependant, la syntaxe est déjà là, en puissance si l'on peut dire, dans la logique (et l'arithmétique). Rappelons-nous à ce propos la première caractérisation d'un langage
comme langage de syntaxe, selon Carnap : il s'agit d'un langage
logique, donc ne contenant aucun symbole descriptif. Plus précisément : si dans l'arithmétisation de la syntaxe descriptive on a
besoin, par exemple, d'un foncteur primitif additionnel capable
d'exprimer numériquement la nature du symbole qui figure à
telle position, dans la syntaxe pure au contraire, « il n'y a pas de
symbole primitif additionnel, puisque la syntaxe pure n'est rien
de plus que l'arithmétique » (§ 19). Ramsey a donc confondu
syntaxe appliquée (de tel système effectivement écrit) et syntaxe
pure (je ne sache pas que Carnap ait explicitement noté ce point
postérieurement à son article de 1931). Comme le remarque
Gödel, « pour les considérations métamathématiques, la nature
des objets pris comme signes primitifs n'importe pas, et nous
prendrons les nombres naturels pour cet usage [2] ».

---

1. Article traduit sous le titre « The logicist foundations of mathematics », *in*
Philosophy of Mathematics, 1964, p. 31-41.
2. Gödel, « Über formal unentscheidbare Sätze der *Principia Mathematica*
und verwandter Systeme », 1931, *in* Kurt Gödel, *Collected Works*, t. I, Oxford
University Press, 1986, p. 146 et 147. Cette identification pure et simple des
symboles primitifs d'un système formel à certains entiers est une manière informelle de parler de la construction d'une « image isomorphe du système PM dans
le domaine de l'arithmétique » (*cf.* notes 7 et 9 en bas de page). Mais l'arithmétisation de la syntaxe ne fait qu'actualiser une potentialité expressive d'un
système construit en accord avec la théorie simple des types.

Il y a donc risque d'antinomie au sein du système logique « pur », au point qu'il est légitime de se demander si la solution de Ramsey est encore tenable. Ne faut-il pas en revenir à quelque chose comme la théorie ramifiée des types, éventuellement sans l'axiome de réductibilité, comme semble l'avoir pensé Chwistek[1] ? Bref, l'exigence de formalisation interne de la syntaxe conduit à réexaminer les paradoxes familiers, du moins les paradoxes « syntaxiques » ou « sémantiques », puisque la théorie simple des types, incorporée dans le Langage II, nous met à l'abri, semble-t-il, des paradoxes proprement logiques du premier genre. C'est seulement le manque de place, explique Carnap dans la préface à l'édition anglaise de la *Syntaxe logique*, qui l'a conduit à omettre de la version allemande le contenu des textes parus sous forme d'article indépendant, sous le titre « Die Antinomien und die Unvollständigkeit der Mathematik » (textes repris dans la version anglaise, où ils sont devenus les paragraphes 60a-d). Voici ce qu'écrit Carnap à ce sujet :

> Lorsqu'on examine le caractère non contradictoire [*Widerspruchsfreiheit*] d'un langage, la première question est de savoir si les antinomies (comme on dit) ou paradoxes familiers qui ont surgi dans les anciens systèmes de logique et de la Théorie des Ensembles ont été définitivement éliminés. Cette question est particulièrement critique quand il s'agit d'un langage assez riche pour formuler, dans n'importe quelle mesure, sa propre syntaxe, que ce soit sous la forme de l'arithmétisation ou par le moyen de désignations syntaxiques spéciales. Les énoncés syntaxiques peuvent parfois parler d'eux-mêmes, et la question se pose de savoir si cette réflexivité ne peut conduire à des contradictions. [...]
> Il est évident que le problème des antinomies syntaxiques se repose dès qu'il est question d'un langage S dans lequel la syntaxe de S lui-même peut être formulée, et donc dans le cas de tout langage contenant l'arithmétique. La crainte domine qu'avec une syntaxe de ce genre qui réfère à elle-même, ou des contradictions semblables aux antinomies syntaxiques ne soient inévitables, ou bien des restrictions spéciales, quelque chose comme la règle « ramifiée » des types, ne soient nécessaires pour les éviter[2].

---

1. Ce point est évoqué par Carnap dans *S.L.L.*, § 60a, p. 213, avec une référence à l'article de Chwistek, « Die nominalistische Grundlegung der Mathematik », 1933.
2. *S.L.L.*, § 60a, p. 211-213.

Dans un premier temps, l'analyse de Carnap consiste à renouveler le diagnostic porté sur les antinomies : ce n'est pas l'autoréférence, au sens précis d'un énoncé qui parle de lui-même ou se mentionne lui-même (ni au reste la réflexivité contenue, en un sens plus large, dans les définitions imprédicatives), qui est responsable des antinomies. Ce n'est d'ailleurs pas une réflexion générale sur la nature de l'autoréférence qui soutient cette analyse, mais deux résultats déjà établis qui la valident. Le premier résultat mis en jeu est le Théorème 34i.24 (§ 34i) qui affirme que le Langage II est consistant (*widerspruchsfrei* : il s'agit ici du d-concept ordinaire, selon lequel il y a au moins un énoncé non démontrable dans le système en question). Bien évidemment, ce théorème n'est pas une démonstration « finitiste » de la consistance des mathématiques classiques, puisqu'il utilise le concept « analytique » et la preuve du caractère analytique des énoncés primitifs de II, concept et preuve qui ne sont pas effectifs (je reviendrai sur ce point) ; il ne faut donc pas « surestimer la signification de cette preuve de non-contradiction » (§ 34i) du point de vue des questions de fondement des mathématiques. Le second résultat est le lemme général d'autoréférence (dans la terminologie de Kleene, 1986[1]) : pour tout langage contenant sa propre syntaxe, pour toute propriété syntaxique, il est possible de construire un énoncé qui attribue à lui-même, de manière vraie ou fausse, cette propriété (donc en particulier pour les Langages I et II, § 35). Ce dernier résultat est une évidente généralisation de la construction dans Gödel 1931 de l'énoncé indécidable, mais en tant que résultat général il est attribué à Carnap par Gödel lui-même dans une note rajoutée au texte des conférences données à Princeton en 1934[2]. Ces deux résultats mis ensemble permettent en premier lieu de conclure que l'autoréférence est en elle-même et de manière générale inoffensive, puis dans un second moment d'isoler les vrais coupables : certains concepts qui apparaissent régulièrement dans les cas paradoxaux d'autoréférence, comme le Menteur (« cet énoncé est faux ») ou le paradoxe de Grelling (hétérologique est l'adjectif tel que la propriété qu'il désigne n'est pas vraie de cet adjectif) –, bref les

1. Kleene, « Introductory note to 1934 » (présentation de l'article de Gödel, « On undecidable propositions of formal mathematical systems », 1934), *in* Gödel, *Collected Works*, t. I, p. 339.
2. *Ibid.*, note 23, p. 363.

concepts « vrais » et « faux ». Gödel a ainsi résumé dans son compte rendu de « Die Antinomien und die Unvollständigkeit der Mathematik » l'analyse de Carnap (analyse qu'il reprend au reste pour son propre compte dans les conférences de 1934[1]) :

> Dans ce travail, l'auteur [Carnap] tire les conséquences de la construction d'énoncés formellement indécidables pour le problème des antinomies du second genre (par exemple, celle de l'Épiménide), à savoir : la faute logique dans ces antinomies *ne* réside *pas* dans le caractère autoréférentiel de certaines notions ou énoncés qui y interviennent (ce caractère autoréférentiel s'attache aussi, après tout, à l'énoncé indécidable en question), mais bien plutôt dans l'usage de la notion « vrai »[2].

Mais cette révision du diagnostic n'est qu'un premier moment théorique dans le réexamen des paradoxes. Car déjà se profile sur le projet de la formulation interne de la syntaxe, si l'on veut qu'elle soit complète, l'ombre d'une nouvelle antinomie, qui serait cette fois le reflet proprement syntaxique (au sens précis et carnapien du terme) des antinomies liées à l'usage des termes « vrai » et « faux ». Ce que montre apagogiquement le Menteur (ou sa reproduction formelle dans un langage muni de deux prédicats « V » et « F » accompagnés d'axiomes appropriés, par exemple : si on affirme un énoncé, alors on peut lui attribuer le prédicat « V », § 60b), c'est qu'on ne peut ne serait-ce qu'exprimer le concept de vérité relativement aux énoncés d'un langage dans ce langage lui-même. La chose n'est pas bien grave, certes, pour autant qu'« une théorie de ce type, formulée à la manière de la syntaxe, ne serait pas néanmoins de l'authentique syntaxe. *Car la vérité et la fausseté ne sont pas de véritables propriétés syntaxiques* » (§ 60b). Mais qu'en est-il avec les véritables concepts que la syntaxe permet de définir ? Le programme de formalisation interne de la syntaxe (qui, *via* la réduction préalable de tous les énoncés de la philosophie de la logique doués de sens à la syntaxe logique, résoudrait de manière positive la question de l'universalisme) doit maintenant faire l'épreuve de sa réalisation ; et,

---

1. Gödel, « On undecidable propositions of formal mathematical systems », *op. cit.*, p. 362.
2. Gödel, « Besprechung von Carnap 1934 : Die Antinomien und die Unvollstandigkeit der Mathematik », *op. cit.* ; texte numéroté 1935b.

en particulier, affronter les conséquences de la découverte de Gödel 1931. De nouvelles complications sont à prévoir, liées précisément à la construction d'un critère complet de la validité, c'est-à-dire qui reproduise la dichotomie exhaustive des énoncés en énoncés vrais et énoncés faux. Or ce critère est fourni par le concept formel d'analyticité, puisque le d-concept de la prouvabilité n'est pas un *explicatum* adéquat de la validité logico-mathématique (tel est précisément le sens du résultat d'incomplétude de Gödel 1931). Finalement, les paradoxes syntaxiques seront mis à contribution pour révéler le caractère irréalisable en son entier du programme universaliste sous la forme que Carnap lui avait donnée. Il nous reste à présent à regarder de plus près les étapes de ce procès d'internalisation de la syntaxe, jusqu'au moment où il rencontre ses limites.

4.1. *La syntaxe silencieuse*

La formalisation de la syntaxe dans le langage-objet, telle qu'elle est accomplie dans la deuxième partie de la *Syntaxe logique*, est doublement limitée, bien que ces deux limitations n'aient pas la même portée. La première est relativement inessentielle : elle consiste en ce que seul le Langage I est considéré ; et dans la mesure où ce langage n'a que des moyens d'expression limités, seuls les concepts effectifs de la syntaxe peuvent être construits dans le langage-objet. Mais le Langage I étant un sous-langage du Langage II, la construction menée à bien peut facilement être étendue en tant que syntaxe de II formulée dans II (moyennant, cependant, une modification de la corrélation de Gödel, pour tenir compte des types de variables, et l'expression de conditions de types dans la définition de « formule élémentaire », en particulier[1]). Mieux, dans II les concepts non effectifs de la syntaxe peuvent être définis (noté par Carnap § 35). Mais en raison de l'articulation étroite des d-concepts sur les concepts de la syntaxe de l'effectivité, l'essentiel, pourrait-on dire, de la syntaxe de la dérivabilité est néanmoins obtenu dès la formulation de la syntaxe dans le Langage I ; et, en fait, cette pre-

---

1. *Cf.* par exemple les définitions 11 à 20 (« être une variable du type n », ..., « être une formule élémentaire »), dans Gödel 1931 (*op. cit.*, p. 164-165).

mière limitation a même une vertu clarificatrice, précisément sur la nature des concepts syntaxiques en question.

La seconde limitation, elle, est tout à fait fondamentale, puisque seuls les d-concepts sont définis dans le langage-objet. Mais tout se passe comme si Carnap était volontairement resté muet sur ce point, du moins dans ce moment théorique qu'est l'effectuation de la construction formelle de la syntaxe, puisque ce n'est que beaucoup plus tard dans l'ouvrage, au § 34d, qu'après avoir construit la syntaxe de l'analyticité (pour le Langage II), il repose la question de la formalisation de cette syntaxe élargie :

> Nous venons de formuler la définition d'« analytique » dans un langage verbal qui ne possède pas une syntaxe strictement déterminée. Les questions suivantes se présentent d'elles-mêmes : 1) cette définition peut-elle être transcrite dans un langage de syntaxe S strictement formalisé ? 2) Le Langage II lui-même peut-il être utilisé à cette fin comme langage de syntaxe [1] ?

En fait, au regard du résultat négatif finalement obtenu concernant la deuxième question, certaines affirmations de Carnap sont fausses à la lettre : il n'est pas vrai, justement (c'est ce que montre le Théorème 60c.1), que pour tout langage sa syntaxe puisse être formulée dans ce langage lui-même « dans une mesure qui est limitée seulement par la richesse en moyens d'expression de ce langage » (§ 18). Peut-être faut-il mettre ces déclarations préliminaires sur le compte de l'enthousiasme ? Une interprétation moins charitable serait de dire que Carnap n'a pas tiré d'emblée toutes les conséquences du Théorème en question sur le programme même de la *Syntaxe logique* [2]. Quoi qu'il en

---

1. *S.L.L.*, § 34d, p. 113.
2. C'est l'interprétation que soutient Michael Friedman dans son article « Logical truth and analyticity in Carnap's *Logical Syntax of Language* », *op. cit.* Friedman écrit ainsi : « Finalement, ce qui est peut-être le plus frappant dans la *Syntaxe logique* est la manière dont cet ouvrage combine une saisie de la situation technique qui est vraiment remarquable en 1934, avec un aveuglement qui semble invraisemblable à l'égard de toutes les implications de la situation » (p. 93). C'est un fait que le « triomphalisme », si l'on peut dire, de la cinquième partie de l'ouvrage semble ne tenir aucun compte du théorème d'impossibilité précédemment démontré : le caractère pleinement exprimable de la syntaxe y est réaffirmé, contre Wittgenstein, sans les réserves qu'on attendrait au vu du résultat du § 60.

soit de ce silence de Carnap au début de la seconde partie de l'ouvrage, cette limitation ne doit pas être perdue de vue, tant sa portée est essentielle.

Ce point précisé, le texte même de cette partie se présente sous forme de trois strates, si l'on peut dire, régulièrement super-posées : la première strate est constituée de 125 définitions arith-métiques-syntaxiques de prédicats ou foncteurs, à partir des symboles primitifs du Langage I et conformément aux règles de formation d'expressions stipulées antérieurement lors de la for-mulation informelle de la syntaxe de I ; les seconde et troisième strates sont des explications ou, mieux, des éclaircissements (*Erläuterungen*) qui accompagnent les définitions formelles et qui, suivant qu'ils font référence ou non aux nombres de Gödel des symboles (*Gliedzahl, term-number*) et des expressions (*Rei-henzahl, series-number*) ou des suites d'expressions, sont censés donner, respectivement, l'interprétation arithmétique (*die arith-metische Deutung*) des définitions et l'interprétation syntaxique (*die syntaktische Interpretation*) de ces mêmes définitions [1]. Pour prendre un exemple simple, la définition D25 :

$$\text{Var(s)} \equiv (\text{Prem(s)}.\text{s} > 2)$$

où « Prem(...) » est à lire « ... est premier » est suivie de deux explications, dont l'une est rédigée à peu près ainsi : « s est le nombre-de-terme (c'est-à-dire le nombre de Gödel) d'une variable », donnant l'interprétation arithmétique de la défini-tion, et l'autre rédigée plus directement : « s est une variable » (il a été stipulé par Carnap qu'on corrélait des nombres premiers plus grands que 2 aux variables numériques, qui sont les seules variables qui figurent dans le Langage I, § 19). Une écriture abré-gée pour ces explications est introduite, qui consiste à introduire des indices : « TN... » pour « Nombre-de-terme de... », « SN... » pour « Nombre-de-suite de... ». Avec ces indices, l'explication peut être ramassée en une seule formule, par exemple « s est une TN variable » ou, pour la définition D26 de « numéral défini » (1 pour : 0', 2 pour : 0'', etc.) :

---

1. D'autres passages du texte allemand, notamment le § 36, montrent que le mot *Interpretation* employé dans ce contexte au § 20 est un simple doublet de *Deutung* sans nuance de sens.

$$\text{DeftZz1(s)} \equiv (\exists m)\, s\, (\text{Var}(m) \cdot s = m^2)$$

l'explication abrégée sera :

« s est un TN numéral défini »

(c'est-à-dire, suivant les stipulations antérieures, le carré d'un nombre premier plus grand que 2).

Dans les explications rédigées avec indices, la lecture avec omission des indices donne l'interprétation syntaxique du symbole de prédicat défini, la lecture avec indices l'interprétation arithmétique du même symbole (§ 20).

Pour une bonne intelligence du texte, il convient de préciser ces notions d'interprétation arithmétique et d'interprétation syntaxique, ainsi que le rapport qu'entretiennent les explications avec les définitions formelles.

À propos de l'arithmétisation de la syntaxe, Gödel fait remarquer, dans les conférences délivrées en 1934 à Princeton, que la seule donnée d'une corrélation entre symboles et expressions ou suites d'expressions d'une part, entiers positifs de l'autre, permet de définir « différentes classes et relations métamathématiques d'entiers positifs », ainsi que des fonctions d'entiers. Mais il poursuit :

> Ces relations et fonctions, que nous avons définies indirectement en utilisant la correspondance entre formules et nombres, sont constructives. Il n'est donc pas surprenant de découvrir qu'elles sont récursives. Nous allons le montrer pour certaines qui sont le plus importantes, en les définissant directement, à partir de relations et fonctions que nous savons déjà être récursives [1]...

Les définitions formelles de la *Syntaxe logique* correspondent assez exactement à ces définitions que Gödel appelle « définitions directes ». Cependant, outre quelques complications liées aux règles de formation propres au langage (sur lesquelles je reviendrai), elles diffèrent des définitions gödeliennes sous le rapport du langage utilisé : les définitions « formelles » de Gödel sont couchées dans un langage pour l'arithmétique intuitive à contenu (Gödel utilise à cette fin un symbolisme distinct du symbolisme pour le système formel considéré, et qui provient de

1. Gödel, « On indecidable... », *Collected Works*, t. I, p. 356.

Hilbert [1]), alors que les définitions de Carnap sont rédigées dans le langage-objet lui-même, conformément au principe de formalisation de la syntaxe (*cf.* paragraphe précédent). Pour autant qu'elles ont un « contenu », c'est-à-dire qu'elles ne sont pas seulement des définitions nominales de symboles, mais qu'elles spécifient également des classes, relations et fonctions, ce contenu doit leur venir de manière immanente, en vertu des règles syntaxiques du langage-objet, puisqu'elles ne sont construites qu'à partir de signes logiques-arithmétiques – ce qui, on le verra, induit une situation plutôt curieuse. Il faut noter enfin que les objectifs poursuivis respectivement par Gödel et Carnap dans ces définitions « directes » de notions métamathématiques sont différents : alors que Gödel est guidé par le souci de montrer qu'en vertu des procédures utilisées dans la construction, les classes et relations définies sont récursives (primitives) [2], il s'agit simplement pour Carnap d'effectuer le programme annoncé d'internalisation de la syntaxe en montrant que *via* la méthode d'arithmétisation, qui permet « d'exprimer de manière purement arithmétique » (§ 19) les notions syntaxiques, la syntaxe est formulable dans le Langage I (Carnap s'étant contenté une fois pour toutes de motiver les limitations de I par la notion intuitive d'effectivité ou de procédures constructives).

D'un autre côté, ce que Carnap appelle l'« interprétation arithmétique » des définitions correspond exactement aux définitions « indirectes » qu'évoque Gödel dans le texte qu'on vient de citer. Si donc il s'agit bien, dans le procédé d'arithmétisation de la syntaxe, de construire des définitions directes de propriétés et relations pour lesquelles on dispose par ailleurs d'autres définitions (indirectes, c'est-à-dire qui utilisent la numérotation de Gödel), il semble que la question de l'adéquation de ces définitions mérite d'être posée : est-ce bien la même propriété (classe, relation) qui est définie, une fois indirectement, une fois directe-

---

1. Gödel 1931, *op. cit.*, p. 159 note 29.
2. Gödel 1931, *op. cit.*, p. 162-163 en particulier. Kleene, dans sa note introductive, commente ainsi ce mouvement de pensée : « Gödel doit montrer que chacune des relations d'entiers définies de manière constructive, relations qui apparaissent *via* sa corrélation en étudiant le système formel P, que ces relations, donc, sont exprimables de manière numérique dans P. [...] Il a une stratégie pour produire en masse ce résultat. Elle consiste à définir une classe de fonctions et relations d'entiers dont chacune est définie de manière constructive ... » (*ibid.*, p. 131).

ment à partir des notions arithmétiques primitives ? Pour reprendre l'exemple simple de tout à l'heure, la propriété d'entier

être le TN d'une variable

est-elle bien identique (ou du moins coextensive) à la propriété spécifiée par le symbole de prédicat

Var (...)

introduit en termes purement arithmétiques par la définition D25 ? Comme le fait remarquer Kleene 1952 après avoir introduit la terminologie de « prédicat d'entier (*number-theoretic predicate*) correspondant à un prédicat syntaxique » (ou à son équivalent dans la formulation de la métamathématique du système formel sous forme d'« arithmétique généralisée »), il faut, pour chaque prédicat construit dans l'arithmétique, démontrer qu'il s'agit bien d'un prédicat correspondant au prédicat syntaxique qu'on veut reproduire[1]. Bref, pour autant que les interprétations arithmétiques dont Carnap fait suivre les définitions formelles ne sont pas simplement la paraphrase verbale du *definiens,* il y a un élément non conventionnel dans ces explications, un élément de l'ordre de l'affirmation, donc susceptible d'être vrai ou faux. L'interprétation revient à s'engager, à affirmer que la propriété arithmétiquement définie désignée dans le *definiens* formel est bien la même que la propriété syntaxiquement définie (en usant de la corrélation) assignée lors de l'explication comme signification du symbole défini. Or Carnap avait clairement saisi ce point, comme en témoigne le texte suivant (qui utilise l'adéquation des définitions arithmétiques pour introduire la possibilité d'un second type de preuve de l'analyticité de certains énoncés – je reviendrai sur les preuves d'analyticité dans le prochain paragraphe) :

> Nous avons construit le Langage II d'une manière telle que les règles syntaxiques de formation et de transformation soient en accord avec l'interprétation contentuelle des symboles et expressions de II que nous avions en vue. (Du point de vue systéma-

---

1. Kleene, *Introduction to Metamathematics*, 1952, § 52, p. 255-256 en particulier.

tique, la relation a lieu dans l'autre sens : des règles syntaxiques logiquement arbitraires sont posées et l'interprétation peut être déduite de ces règles formelles. Comparer avec § 62.) En particulier, la définition d'« analytique (dans II) » est construite d'une manière telle que tous les énoncés, et seulement ces énoncés, qui sont logiquement valides dans l'interprétation contentuelle [*bei inhaltlicher Deutung logisch-gültig*], sont dits analytiques. De plus, dans la construction de la syntaxe arithmétisée de I dans I (D1-125), nous avons procédé d'une manière telle qu'un énoncé de cette syntaxe – donc un énoncé logique, syntactiquement interprétable, à savoir un énoncé arithmétique de I – se trouve être vrai arithmétiquement si et seulement si, sous une interprétation contentuelle syntaxique, il s'agit d'un énoncé syntaxique vrai (*ein zutreffender syntaktischer Satz*). [...] Supposons à présent que de la même manière la syntaxe arithmétisée de II est formulée dans II. (Par exemple, « BewSatzII(r,x) » est défini de manière à vouloir dire : « r est une SSN preuve du SN énoncé x. » Ici, « BewSatzII » est un prédicat effectif.) Dès lors, un énoncé arithmétique syntaxiquement interprétable sera logiquement valide, et donc analytique, quand et seulement quand il se trouve être un énoncé syntaxique vrai sous l'interprétation contentuelle syntaxique. Nous avons donc là une méthode plus courte (et plus facile à utiliser, en raison de sa clarté) pour prouver l'analyticité (ou le caractère contradictoire) de tel énoncé S_l (note : l'indice souscrit « S_l » indique qu'il s'agit d'un énoncé ne contenant que des symboles logiques). Cette preuve provient d'une considération non formelle concernant la vérité ou la fausseté de l'énoncé en question sous une interprétation syntaxique [1].

Autrement dit : non seulement le critère de validité est complet (au sens usuel où tous les énoncés logiquement valides, au sens intuitif, sont analytiques, au sens du concept formel), mais en outre les définitions arithmétiques sont construites de manière telle qu'un prédicat défini formellement « A(x) » soit vrai d'un nombre exactement quand ce nombre est le nombre de Gödel d'une expression ayant la propriété syntaxique correspondante. Et c'est précisément ce qu'affirment les interprétations qui accompagnent, dans cette deuxième partie, les définitions formelles.

Il est donc légitime de se demander pourquoi Carnap n'a pas

---

1. *S.L.L.*, § 36, p. 131-132.

jugé nécessaire de justifier les interprétations syntaxiques-arithmétiques des symboles définis, ou au moins d'indiquer qu'une telle justification s'imposait. La réponse tient évidemment à l'opposition de l'informel (*inhaltlich*) et du formel (*Formaler Aufbau der Syntax*).

Dans les présentations usuelles de la formalisation de la métathéorie (Gödel 1931, Kleene 1952 par exemple), l'arithmétique récursive dans laquelle sont exprimés les prédicats métathéoriques se développe dans le même niveau de langage que la théorie syntaxique du système formel. Ladrière insiste sur ce point :

> La métathéorie du système formel que nous allons étudier est formulée dans une langue de base LB qui comporte le français, les symboles de l'arithmétique ordinaire, des symboles pour désigner les opérations logiques élémentaires, des symboles syntaxiques relatifs à l'arithmétique ordinaire, des symboles pour désigner certains objets et certaines propriétés métathéoriques, des symboles syntaxiques relatifs à notre système formel.
> Par rapport à ce système, l'arithmétique récursive doit être considérée comme une théorie intuitive. Elle fait partie de l'arithmétique ordinaire et est donc incluse dans la langue de base [1].

Mais nous sommes avec la *Syntaxe logique* dans une situation essentiellement différente. D'une part, puisque l'arithmétisation de la syntaxe est conduite dans le langage-objet, il ne peut y avoir au sens strict de démonstration formelle d'adéquation des définitions : quand nous passons d'une définition formelle à son interprétation, arithmétique ou syntaxique (c'est-à-dire avec ou sans indices), nous changeons de niveau de langage. Mais ce changement de niveau de langage implique plus fortement un changement de nature des langages utilisés, puisque nous faisons retour d'un langage formalisé à un langage informel, intuitif, non

---

1. Jean Ladrière, *Les Limitations internes des formalismes, op. cit.*, p. 98. Ladrière ajoute dans une note p. 99 : « Comme l'arithmétique fait partie de la langue de base, on peut considérer que les propriétés métathéoriques sont formulées d'emblée sous forme arithmétique. Il n'y a pas à proprement parler *traduction* du français en arithmétique [...], mais expression arithmétique plausible des propriétés étudiées. » On peut justement dire que chez Carnap il y a traduction du langage ordinaire dans le langage-objet. Sur le caractère « intuitif » de la syntaxe arithmétisée, *cf.* aussi Kleene 1952 : « Une mathématique intuitive est nécessaire même pour définir les mathématiques formelles » (*op. cit.*, p. 62).

strictement formalisé. Et de même que seules des considérations intuitives peuvent nous convaincre qu'un langage *definit*, au sens de certaines constructions syntaxiques spécifiées, est apte à exprimer des notions constructives, ou nous assurer que tous les énoncés contentuellement logiquement valides sont « analytiques » au sens du concept formel, de même l'adéquation des définitions arithmétiques aux notions syntaxiques visées est elle-même une notion intuitive qui ne saurait donner lieu à une démonstration formelle. Mais il y a plus. On peut dire, en prolongeant les analyses de Carnap au § 62 (*cf.* plus haut, pages 190-196), qu'il y a deux sortes de traductions (*Übersetzung*), dont le statut théorique est essentiellement différent. Il y a les traductions qui conviennent à des langages contenant des symboles descriptifs, qui fixent proprement le sens. Il y a d'autre part les traductions qu'on trouve ordinairement dans les contextes d'exposition des traités de logique, où la translation en langage ordinaire des symboles logiques est purement liée aux besoins de la communication, mais est théoriquement redondante, puisque c'est en fait la syntaxe des règles de transformation qui détermine le sens des symboles logiques [1]. Or la syntaxe pure du Langage I (comme celle du Langage II) est formulée dans I (ou dans II) comme calcul pur, c'est-à-dire avec les seuls symboles logiques de I (ou II) comme symboles primitifs ; et donc les interprétations proposées sont confinées dans le registre des éclaircissements, des *Erläuterungen* qui n'ont et ne doivent avoir aucun statut théorique au sens où, comme aurait dit Frege, ils n'ont pas de place dans le système de la Science. Il faut donc prendre à la lettre l'avertissement de Carnap placé en introduction de la chaîne des définitions :

> Des éclaircissements [*Erläuterungen*] qui indiquent l'interprétation des concepts concernés comme concepts syntaxiques sont ajoutés aux définitions. Pour des raisons de concision, ces éclaircissements sont souvent inexactement et incorrectement formulés. *La présentation exacte de la syntaxe consiste seulement dans les définitions écrites en symboles* [2].

---

1. *S.L.L.*, § 62, p. 230 : « Il est habituel dans la construction d'un langage symbolique, particulièrement quand il s'agit de logique [*logistik*], de donner une interprétation à travers un texte d'exposition, donc par une traduction en langage ordinaire. »
2. *S.L.L.*, § 20, p. 58.

La correction des interprétations n'est donc pas une question proprement théorique, et le mutisme de Carnap est une conséquence nécessaire des fins qu'il se propose : répondre fortement à Wittgenstein en réalisant une situation qui est comparable à celle du langage ordinaire, au sens où le langage est capable de parler de lui-même et des significations dont il est porteur, à ceci près qu'il ne s'agit plus d'énoncés qui se révèlent finalement dénués de sens, mais de formules parfaitement correctes puisque couchées dans le mode formel du discours, et qui sont susceptibles par ailleurs de déterminer l'interprétation même du langage. D'une certaine manière, en effet, ce sont certaines définitions cruciales (D103 à D121, en particulier celles qui définissent les règles d'inférence du langage) qui, du point de vue « systématique », fixent le sens des symboles logiques primitifs et, *via* la chaîne des égalités définitionnelles, le sens des symboles définis qu'elles présupposent. De ce point de vue, l'autoréférence dont la possibilité est mentionnée d'emblée par Carnap (§ 18) n'est qu'un cas limite d'une circularité plus générale au cours de laquelle, par l'autoformalisation de la syntaxe, le sens syntaxique des termes est peu à peu construit. Le prix à payer pour cette construction que j'ai appelée silencieuse est qu'elle est théoriquement fermée sur elle-même, d'où la nécessité pédagogique – mais seulement pédagogique – des traductions.

Avant de revenir sur le résultat d'autoréférence, il faut dire quelques mots de la complication introduite dans la construction formelle de la syntaxe par la présence d'égalités définitionnelles. Ce point n'est d'ailleurs pas sans lien avec l'autoréférence, dans la mesure où une formule qui réfère à elle-même, c'est-à-dire qui contient un terme numérique désignant le nombre de Gödel (*series-number*) de cette formule elle-même, contient un symbole de prédicat syntaxique défini ; et donc son nombre de Gödel dépend évidemment du nombre assigné à ce symbole défini. Par exemple la formule qui, dans l'interprétation à contenu, affirme que « x n'est pas démontrable » et qui, écrite explicitement (avec une variable libre, *cf.* § 35), a la forme

$$\neg(\text{BewSatz}(r,x)),$$

a un nombre de Gödel dont la décomposition en facteurs premiers commencera par :

$$2^{21} \times 3^6 \times 5^n \times ...$$

où n est le nombre assigné au symbole défini « BewSatz », 21 étant par ailleurs le nombre assigné par la corrélation au symbole de négation (*cf.* D40 et pour les stipulations informelles, § 19), et 6 le nombre assigné à la parenthèse ouvrante. Mais plus généralement, dans la mesure où la syntaxe doit dire dans l'arithmétique ce qu'est une définition, elle doit caractériser une propriété d'entier qu'on puisse lire : « x est le nombre d'un énoncé définitionnel » (*cf.* D90) ; mais pour caractériser les nombres de Gödel des définitions, il faut caractériser d'abord les nombres des symboles définis (signes numériques, symboles de prédicat, foncteurs). En effet (pour le dire informellement), x est le nombre d'une définition si et seulement s'il existe un entier t tel que x *définit* t (c'est-à-dire tel que t soit le nombre d'un symbole défini). Formellement, la définition D90 réfère à la définition D89 « Def(x,t) », qui elle-même réfère à la définition D74, laquelle présuppose les trois notions de « numéral défini », « prédicat défini » et « foncteur défini » (§ 22). La question est donc, pour nous limiter au cas des symboles numériques : comment assignons-nous des nombres-de-terme (*Gliedzahl*) aux signes numériques définis ? Comment exprimer cette stipulation informelle dans la syntaxe arithmétisée, cette seconde question étant, en droit, la seule du point de vue systématique ?

C'est le moment de revenir sur un point que j'ai volontairement laissé de côté en mentionnant la définition D26, paraphrasée, au prix d'une légère erreur, « s est un numéral défini ». En fait, compte tenu du symbole syncatégorématique « 1 » qui figure à titre de partie dans le *definiendum* « DeftZz1(...) », il ne s'agit là que d'une définition provisoire, en attente de conditions supplémentaires. Il serait fastidieux de suivre dans leur totalité les étapes qui mènent de ce prédicat provisoire à la définition définitive de la notion formelle de « définition » (les complications n'ont pas toutes la même origine : certaines proviennent du fait que les notions de « terme » et d'« énoncé » renvoient l'une à l'autre, en raison de la présence d'un opérateur de description ; d'autres du fait que la notion d'« énoncé » suppose celle de chaîne de définition, puisque des énoncés peuvent contenir des symboles définis, etc.). Je me bornerai donc à l'examen des motifs qui obligent à passer par le prédicat intermédiaire

« DeftZz1(...) » et des moyens qui permettent d'exprimer les conditions supplémentaires requises, et ce jusqu'à un certain point seulement (ces remarques ne concernent en outre que les signes numériques).

La définition D26 se contente de spécifier sur le mode formel qu'on attribue le carré d'un nombre premier plus grand que 2 comme nombre de Gödel d'un numéral défini. Mais cette stipulation est insuffisante, en raison de l'exigence très générale selon laquelle un symbole défini porte trace de sa définition (ou de sa chaîne de définitions, si dans sa définition figurent des symboles déjà définis auparavant), c'est-à-dire que le nombre assigné à un symbole défini soit déterminé en référence au nombre assigné à sa définition. Comme l'explique Carnap (§ 22), la seule correction formelle au sens étroit d'une égalité définitionnelle n'assure pas *ipso facto* ce qu'on pourrait appeler sa correction logique, c'est-à-dire sa correction du point de vue déductif. Le seul critère de correction formelle n'interdit pas, par exemple, d'introduire deux fois le même symbole à travers deux définitions différentes : cas possible d'inconsistance formelle du langage (on trouvera en note une démonstration d'un énoncé et de sa négation, suggérée par Carnap[1]). La chaîne de définition d'un symbole défini devra donc être assujettie à des conditions d'unicité, contre-partie formelle de l'exigence ordinaire « un symbole à définir ne doit pas avoir d'occurrence dans une définition déjà construite » (§ 22), et on exprimera formellement cette exigence par la notion de « symbole basé » : intuitivement toujours, un

1. *S.L.L.*, § 22, p. 67. Voici une démonstration d'inconsistance : la dérivation n'est pas écrite *in extenso*, mais à l'aide de toutes les règles dérivées habituelles ; elle est de plus écrite « sans précautions », c'est-à-dire que les définitions sont admises à titre de formules primitives dans les démonstrations (*cf.* la remarque [c] de Carnap § 22).

(1)	nf(x) = x'	D1
(2)	nf(0) = 0'	Règle 1 (substitution)
(3)	$\neg$(0 = z')	Axiome 9
(4)	$\neg$(0'' = 0)	Substitution et symétrie de = (TH. 13.9b)
(5)	nf(x) = x'''	Définition « formellement correcte » et logiquement fautive.
(6)	nf(0) = 0'''	Substitution
(7)	$\neg$(0''' = 0') $\equiv$ $\neg$(nf(0) = 0')	par (6) et TH. 13.10
(8)	$\neg$(0''' = 0')	par (4), Axiome 10 et Contraposition
(9)	$\neg$(nf(0) = 0')	par (7) et Modus Ponens

(Comparer (2) et (9) : une contradiction formelle est dérivée.)

symbole défini est basé si son nombre de Gödel, qui en vertu de la première stipulation est nécessairement le carré d'un certain nombre premier plus grand que 2, est choisi de manière telle qu'il dépende en outre du nombre assigné à sa définition, ou à sa chaîne de définition[1]. Dès lors que cette condition sur le choix du nombre du symbole défini en référence au nombre de sa définition est formulée arithmétiquement sous la forme d'une définition formelle de la notion « être un symbole basé » (D84), on peut utiliser la définition provisoire D26 pour définir correctement la notion de « numéral défini » : un numéral défini est un numéral défini au sens 1, et de plus basé, c'est-à-dire tel que son nombre de Gödel est choisi en référence au nombre de Gödel de sa définition (ou de sa chaîne de définition). D'où la définition D95 :

$$\text{DeftZz(s)} \equiv (\text{DeftZz1(s)} . \text{Bas(s)})$$

où « Bas(...) » doit être lu « est un symbole basé ».

À ce stade, on aurait encore raison de s'inquiéter de la possibilité d'exprimer arithmétiquement la notion de symbole basé, puisqu'on se trouve devant une nouvelle difficulté technique : dans la mesure où un symbole défini figure dans l'égalité définitionnelle qui l'introduit (non certes à droite, dans le *definiens*, sous peine de faute formelle, mais bien à gauche, dans le *definiendum*), il semble que l'assignation d'un nombre au symbole défini précède nécessairement l'assignation d'un nombre à sa définition (nombre qui devra contenir le premier comme exposant d'un de ses facteurs). Mais on vient de voir au contraire que la notion arithmétique de symbole basé fait dépendre l'attribution d'un nombre de Gödel au symbole défini du nombre de Gödel de sa définition. Pour surmonter ce cercle apparent, Carnap use d'un artifice qui consiste à introduire, moyennant des symboles provisoires auxquels un nombre est une fois pour toutes attribué – ζ pour les signes numériques, avec pour nombre de Gödel 30, π pour les prédicats avec pour nombre 33, et φ pour les foncteurs avec pour nombre 34 –, des schémas de définitions. Un nombre de Gödel est alors assigné au schéma de définition à partir du nombre du symbole auxiliaire, donc indépendamment du symbole défini, et dans un second temps, un nombre est assi-

---

1. *S.L.L.*, § 22, p. 68.

gné au symbole défini en référence au nombre de son schéma de définition. Par cet artifice, un symbole défini peut être effectivement basé, et il suffit d'exprimer arithmétiquement la succession de ces opérations pour obtenir la définition formelle D84 de « symbole basé ». Bien entendu, il ne faut pas perdre de vue que conformément à ce que nous avons vu plus haut, les stipulations concernant la corrélation de Gödel sont répétées à deux niveaux différents : elles sont une première fois expliquées informellement dans les *Erläuterungen* préliminaires, puis spécifiées une seconde fois au cours des définitions formelles. Comme l'ensemble de la manœuvre est plutôt complexe, un exemple simple sera le bienvenu.

Le numéral « 1 » étant un symbole défini, demandons-nous quel est son nombre-de-terme (son nombre de Gödel). La définition de 1 est (D7) :

$$1 = 0'$$

On forme le schéma de définition en introduisant le symbole auxiliaire ζ (de nombre de Gödel 30), ce qui donne :

$$\zeta = 0'$$

dont le nombre-de-suite r est donné par l'équation :

$$r = 2^{30} \times 3^{15} \times 5^4 \times 7^{14},$$

puisque par ailleurs 15 est le nombre de Gödel du signe d'égalité, 4 le nombre de « 0 » et 14 le nombre de l'accent « ' ».

À partir du nombre r du schéma de définition, le nombre de Gödel u de « 1 » est fixé par la stipulation suivante :

$$u = p_r{}^2$$

où « pr » désigne le r-ième nombre premier plus grand que 2. Dans la mesure où le nombre de « 1 » est déterminé à partir du nombre de son schéma de définition, le symbole « 1 » pourra ultérieurement être dit basé. En effet, le nombre de la définition D7 elle-même peut être déterminé, de sorte qu'on pourra exprimer arithmétiquement l'idée que « 1 » est défini par une certaine chaîne de définition (qui dans ce cas particulier se réduit à une égalité définitionnelle) ; il suffit de calculer le nombre, non plus du schéma de définition, mais de l'égalité où « 1 » figure à la place de ζ. Soit v ce nombre :

$$v = 2^u \text{ x } 3^{15} \text{ x } 5^4 \text{ x } 7^{14}.$$

Ce nombre *v* peut par ailleurs être exprimé à partir de *r* et de *u,* grâce à la « fonction de remplacement » ers(.., .., ..) antérieurement définie par D19 de sorte que, en termes d'interprétation arithmétique-syntaxique

ers(x, n, y) est la SN expression qui résulte de l'expression de nombre x après remplacement du n-ième terme par l'expression de nombre-de-suite y. On a donc :

$$v = \text{ers}(r, 1, 2^u),$$

où 2^u est le nombre-de-suite de l'expression dont l'unique symbole est « 1 » (*cf.* D17.1).

Les définitions suivantes permettent d'exprimer arithmétiquement, de manière générale (c'est-à-dire pour des signes numériques définis quelconques), ces notions, à une réserve près que je mentionnerai tout à l'heure. Tout d'abord, la notion métamathématique de « schéma de définition d'un numéral défini » est exprimée arithmétiquement à titre de notion provisoire, d'où l'indice 1 qui affecte le prédicat « DefZz1(..) » :

$$\text{D61} \qquad \text{DefZz1(x)} \equiv \underset{z = 0}{\overset{x}{\exists z}} \; (x = id(2^{30}, z).\text{Ferm}(z))$$

Je prends des libertés avec la notation de Carnap : pour le quantificateur borné, *cf.* ci-dessus, p. 176 ; la fonction *id* est la fonction qui calcule le nombre d'une égalité, de sorte que si a_1 est une expression de nombre x, a_2 une expression de nombre y, id(x, y) est le nombre de l'expression :

$$a_1 = a_2$$

(*cf.* D46 la fonction glg, *Gleichung*) ; le prédicat « Ferm(..) » peut être compris « est une expression close », c'est-à-dire sans variable libre ; la réserve annoncée plus haut touche à l'occurrence de ce prédicat dans la définition D61. Naturellement, ce prédicat a fait l'objet d'une définition formelle, D59.

En vertu des explications précédentes, la D61 peut être lue, selon l'interprétation syntaxique :

x est une définition-1 (un schéma de définition) de numéral *ssi* x a la forme $\zeta = a$, où a est une expression close.

Correspondant à la deuxième étape dans l'exemple pris plus haut, le calcul du nombre d'un numéral défini à partir du nombre de son schéma de définition, la notion métathéorique « être un numéral défini-2 par la définition-1... », qui est cette fois une relation binaire, peut être exprimée arithmétiquement par le prédicat « DeftZz2(.., ..) » :

D65 $\qquad$ $\text{DeftZz2(t, y)} \equiv (\text{DefZz1(y)} \cdot t = (\text{prim(y)})^2)$

où prim(...) exprime la fonction « nombre-premier ». Selon l'interprétation syntaxique, D65 peut être lue :

t est un numéral défini-2 par le schéma y *ssi* y est une définition-1 et t est une expression dont le nombre est le carré du y-ième nombre premier plus grand que 2.

Enfin, correspondant à la troisième étape, le calcul du nombre de la définition de « 1 » à partir du nombre du schéma et du nombre du numéral défini, à l'aide de la fonction de remplacement (*cf.* l'exemple plus haut), la notion métamathématique (relation binaire) « être la définition-2 du numéral défini... », est exprimée arithmétiquement par le prédicat « DefZz2(.., ..) » :

D69 $\qquad$ $\text{DefZz2(x, t)} \equiv \exists y \overset{x}{\underset{y=o}{}} [\text{DeftZz2(t, y)} \cdot (x = \text{ers}(y, 1, 2^t))]$

et dans l'interprétation syntaxique, D69 peut être lue :

x est la définition-2 du numéral t *ssi* t est défini-2 par y et x est l'expression qui résulte de y par remplacement de son premier terme par l'expression t.

L'occurrence syncatégorématique de 2 dans « DefZz2(.., ..) » montre néanmoins que ce prédicat ne cerne pas encore dans le langage formel la catégorie des signes numériques définis, en raison de l'insuffisance de la condition mentionnée dans le *definiens* de la définition D61. Ce point tient à une deuxième complication tout à fait indépendante de la nécessité pour un symbole défini de renvoyer à sa chaîne de définition. Il tient à une particularité du Langage I où, à côté des définitions de signes numériques qu'on pourrait appeler « définitions simples », de la forme :

$$1 = 0\text{'},$$
$$2 = 0\text{''},$$
$$....$$
$$\underbrace{n = 0\text{'}......\text{'}}_{n \text{ fois}}$$

on trouve des définitions dans le *definiens* desquelles figure un signe déjà défini, d'où la notion de « chaîne de définition », de la forme :

$$2 = 1\text{'} , ... , 33 = 32\text{'}, ...$$

et, bien plus, des définitions qui introduisent un numéral à partir d'un terme quelconque construit avec foncteurs, prédicats et opérateurs présents dans le langage (noté par Carnap §8). En raison de ce fait, la notion de numéral défini présuppose, pour son expression arithmétique, d'autres définitions formelles préalables : en particulier D62 et D64 (pour les notions de « prédicat défini », « foncteur défini »), D70 (pour la notion d'expression construite qui renvoie à des conditions de bonne formation), avant qu'on puisse atteindre en toute généralité la notion de « chaîne de définition » et finalement de « symbole basé ». Je souhaite seulement que ces quelques remarques donnent une idée de la minutie avec laquelle Carnap construit effectivement dans le langage-objet les prédicats et foncteurs qui expriment les relations et fonctions syntaxiques pertinentes. On admettra pour la suite que d'une manière analogue, les prédicats introduits dans le langage-objet par des définitions, donc évidemment les prédicats syntaxiques eux-mêmes, ont un nombre de Gödel déterminé, de sorte que les énoncés où ils figurent ont également un nombre-de-suite parfaitement déterminé : ce point est capital pour qu'un énoncé syntaxique du langage-objet puisse parler de lui-même.

Pour atteindre le lemme général d'autoréférence, deux foncteurs doivent encore être construits, le foncteur « str(..) » qui exprime la fonction qui calcule le nombre de Gödel des expressions accentuées, c'est-à-dire de la forme « 0 » (expression accentuée impropre) ou « $0^{(n)}$ », autrement dit « 0 » suivi de n accents (*cf.* § 9) ; et le foncteur qui exprime arithmétiquement l'opération syntaxique de substitution : subst(x, s, y) est le nombre de l'expression qui résulte de l'expression de nombre x par substitution à la variable libre de nombre s de l'expression de nombre y (D99 à D102, § 23 ; si s n'est pas le nombre d'une variable, subst[x, s, y] est égal à x. En revanche, à la différence de la définition correspondante dans Gödel 1931[1], il n'est pas nécessaire que x soit une SN-formule : ce peut être une expression quelconque, dans la mesure où la définition arithmétique de « variable libre » fait qu'une variable peut être libre dans une expression numérique [terme] construite avec des foncteurs ou l'opérateur K).

D'un autre côté, la fonction str(..) (« str » pour *Strichausdruck*, « expression accentuée ») détermine, pour chaque entier *n*, le nombre-de-suite du numéral qui représente cet entier, c'est-à-dire le nombre de « $0^{(n)}$ ». Cette fonction est définie de manière récursive (§ 35) :

$$str(0) = 2^4$$
$$str(n') = str(n) * 2^{14}$$

où « * » représente l'opération de concaténation de deux expressions (*cf.* D18, § 20). Par exemple, à l'entier 1 est associé le nombre de « 0' », soit :

$$str(1) = 2^4 \times 3^{14}$$
$$= 76.527.504.$$

On peut alors faire intervenir le procédé de diagonalisation, c'est-à-dire substituer dans une formule, où figure par exemple la variable « x » libre, à cette variable, le numéral qui désigne (dans l'interprétation à contenu) le nombre de cette formule elle-même. Et l'opération de diagonalisation peut être exprimée sous forme d'une expression numérique du langage-objet moyennant l'utilisation simultanée des deux foncteurs qu'on vient de définir. Soit s une formule contenant la variable libre « x » en une ou plusieurs occurrences, et n le nombre-de-suite de s : alors, le résultat de la substitution à « x » du numéral « $0^{(n)}$ » dans s a un nombre déterminé, donné par l'expression

$$subst(n, 3, str(n)),$$

sous la convention que la première variable suivant l'ordre

---

1. Gödel 1931, *Collected Works*, t. I, p. 167, *cf.* la définition 31 et la note 36 en bas de page.

alphabétique est corrélée au premier nombre premier plus grand que 2, c'est-à-dire 3. Cette dernière expression, construite conformément aux règles de formation du Langage I et ne comportant que des symboles définis de I, est un terme ou une expression numérique (*Zahlausdruck*) de I ; à ce titre, elle peut être substituée à son tour dans une formule à une variable libre d'une part, et d'autre part elle possède un nombre de Gödel qui dépend en particulier des nombres des foncteurs définis qui y figurent.

Le lemme d'autoréférence peut alors être atteint. Soit s_1 un énoncé ouvert (formule) syntaxique, c'est-à-dire où figure un prédicat syntaxique (dans l'interprétation à contenu), et contenant la variable libre « x » ; par l'opération de substitution d'un terme à une variable libre, on peut obtenir la formule s_2 à partir de s_1 :

$$s_2 = s_1{}^x / (\mathrm{subst}(x, 3, \mathrm{str}(x))$$

où « / » représente l'opération de substitution. En vertu des remarques précédentes sur les symboles définis, la formule s_2 a un nombre-de-suite déterminé, disons b ; ce nombre b est par exemple représenté dans le langage-objet par l'expression accentuée « $0^{(b)}$ » (il peut l'être également par un numéral défini), et l'on peut former l'énoncé s_3 :

$$s_3 = s_2{}^x / 0^{(b)}$$

D'une part, le nombre de s_3 est donné par l'expression :

$$\mathrm{subst}(\, 0^{(b)}, 3, \mathrm{str}(0^{(b)}))$$

c'est-à-dire le nombre de l'énoncé qui résulte de l'énoncé (ouvert) de nombre b par substitution à « x » libre du numéral de b. Mais d'autre part, en vertu de la formation de s_3 à partir de s_2, s_3 contient cette expression numérique elle-même, là où « x » figurait libre dans s_1. On peut donc considérer que s_3 attribue à s_3 lui-même le prédicat syntaxique en question. (Noter que même en prenant pour s_1 un énoncé déterminé, par exemple formé avec le prédicat syntaxique « $\neg\,\mathrm{BewSatz}(.., ..)$ », qui peut être syntaxiquement compris comme la propriété d'énoncé « ne pas être démontrable », si on peut effectivement écrire l'énoncé s_2 du langage-objet :

$\neg$ BewSatz(r, subst(x, 3, str(x))),

il est hors de question d'écrire *in extenso* s_3, dans la mesure où le numéral représenté par « $0^{(b)}$ » serait trop long à écrire explicitement. Dans l'application du lemme à l'énoncé gödelien, on est donc pratiquement contraint d'utiliser une description métathéorique de s_3 :

$\neg$ BewSatz(r, subst($0^{(b)}$, 3, str($0^{(b)}$))),

en utilisant l'écriture abrégée « $0^{(b)}$ » ; ce point est noté par Carnap § 35. Cependant, en droit, on pourrait, pour chaque prédicat syntaxique, écrire explicitement l'énoncé qui l'attribue à lui-même ; ce n'est que dans la démonstration générale du lemme qu'on est absolument contraint de passer par une description structurale de l'instance de s_3 en question.) La généralité du lemme d'autoréférence n'a pas seulement pour intérêt de montrer, pour reprendre la formule de Gödel, que « la solution suggérée par Whitehead et Russell, selon laquelle une proposition ne peut dire quelque chose sur elle-même, est trop drastique »[1]. Le lemme va ultérieurement permettre d'explorer les conséquences de l'hypothèse selon laquelle le concept « analytique (dans un langage L) » pourrait être défini, ou du moins exprimé, dans L lui-même, en nous donnant les moyens de reproduire (sous cette hypothèse) l'autoréférence du Menteur. Mais avant d'en venir là, il nous reste encore à construire la syntaxe de l'analyticité.

4.2. La syntaxe de l'analyticité

La construction des concepts de la conséquence, ou c-concepts, est accomplie par deux fois dans la *Syntaxe logique*, une première fois dans le cadre de la syntaxe spéciale, essentiellement en relation avec le Langage II, une seconde fois dans le cadre de la syntaxe générale, c'est-à-dire pour des langages quelconques dont les règles de la conséquence ne sont donc pas spécifiées. Le parti pris d'exposition que j'ai choisi de renvoyer en conclusion, le problème que pose l'intrication dans la *Syntaxe logique* de deux programmes d'inspiration très différente, fait

---

1. Gödel, « On undecidable... », *op. cit.*, p. 362.

qu'ici la syntaxe spéciale de l'analyticité doit rester au centre de l'attention. Dans ce cadre, le problème de formuler un « critère complet de validité », au sens de la validité logico-mathématique, des mathématiques classiques que le Langage II est justement susceptible d'exprimer (« *Die Sprache* II [...] *umfasst die klassische Mathematik* », § 26), est le problème fondamental. Son poids est lié à ce qu'on peut appeler la stratégie de défense du logicisme, à l'œuvre sous des formes renouvelées dans la *Syntaxe logique*, puisqu'on pourra montrer qu'au sens du concept formel, les énoncés primitifs de II, et finalement tous les théorèmes de II (les énoncés démontrables), sont analytiques : ces résultats (Théorèmes 34i.17 et 34i.21, § 34i) doivent être compris comme une justification de la thèse logiciste de l'analyticité ou de la logicité pure des mathématiques.

Dans la mesure où le concept général d'énoncé « analytique » est défini à partir d'une notion non spécifiée de « conséquence » (approximativement : un énoncé d'un langage quelconque est analytique s'il est conséquence, au sens des règles logiques de la conséquence [1], de la classe vide de prémisses), on peut d'ores et déjà se demander en quoi il se rapporte encore à ce qu'on pourrait appeler le concept « classique », aussi vague et intuitif soit-il, de l'analyticité. En fait, la justification ultime de l'usage de la même dénomination tient au fait suivant : de même que le concept spécial « analytique-dans-II » permettait d'établir le caractère déterminé de tous les énoncés logiques (Théorème 34e.11 : tout énoncé logique est soit analytique, soit contradictoire), de même dans la syntaxe générale tout énoncé logique est L-déterminé (Théorème 52.3) ; autrement dit, on dispose d'une notion qui permet de reproduire, pour les énoncés ne compor-

---

1. J'omets, dans tout ce qui suit, la complication supplémentaire liée à la distinction des L-règles (règles logiques de la conséquence) et des P-règles (règles « physiques » ou énoncés universels [lois] de la physique qui permettent à un langage formel d'exprimer une théorie physique [par exemple]). La distinction est introduite par Carnap § 51 : intuitivement, sont des P-règles les règles pour lesquelles la relation de conséquence n'est pas préservée lors du remplacement de symboles descriptifs par des variables appropriées. Elle fonde la distinction ultérieure entre « valide » et « analytique », c'est-à-dire L-valide (ou valide au sens des L-règles). Pour les énoncés purement logiques de langages quelconques, comme pour les langages qui ne contiennent que des règles logiques de la conséquence, « valide » et « analytique » coïncident (*cf.* Théorème 52.1). Je néglige à dessein cette distinction, ou, si l'on veut, je ne considère que des langages avec des L-règles.

tant que des signes logiques, la dichotomie Vrai-Faux. Comme le remarque Kleene, en opposition aux d-règles qui procurent une détermination effective, les c-règles donnent « une détermination conventionnelle ou conceptuelle » (*a conceptual determinateness*)[1]. Et c'est bien, semble-t-il, le point de vue de Carnap sur l'« importance et la fertilité des c-concepts » :

> L'un des avantages importants des c-concepts sur les d-concepts réside dans le fait que grâce à eux, la division complète des s_l (note : des énoncés logiques) en analytiques et contradictoires est possible, alors que la classification correspondante des s_l en démontrables et réfutables est incomplète [*unvollständig*][2].

Il est probable, au vu du commentaire en caractères spéciaux qui accompagne l'énoncé du Théorème 52.3 – « *Es gibt keine synthetischen logischen Sätze* » –, que Carnap voyait dans ce théorème une sorte de réfutation formelle et définitive de la croyance en des « jugements synthétiques *a priori* » ou de l'idée que la logique pure, en quelque sens qu'on prenne ce mot, pouvait aboutir à des énoncés doués de contenu factuel : une preuve de la thèse fondamentale de l'empirisme logique. Mais la portée de ce résultat ne doit pas être surestimée, pour des raisons sur lesquelles je reviendrai.

Cette restriction à la construction de la syntaxe de l'analyticité relativement au Langage II n'interdit pas de considérer le théorème final d'impossibilité dans toute sa généralité, c'est-à-dire pour tout langage contenant l'arithmétique ou capable d'exprimer sa propre syntaxe. Dans la mesure où le théorème en question renvoie à l'hypothèse qu'un certain concept d'« analytique » est défini dans ce langage, il suffit de penser que quel que soit le sens exact de ce concept, il est caractérisé par le fait que tout énoncé logique (donc en particulier tout énoncé syntaxique) est soit analytique, soit contradictoire. Seule la présence de cette bipartition (de même que la bipartition Vrai-Faux dans le cas du Menteur) importe dans la preuve du caractère indéfinissable, dans le langage même, du concept en question.

Kleene le fait remarquer dans son compte rendu de la *Syntaxe*

1. Kleene, « Review of Carnap, *The Logical Syntax of Language* », *J.S.L.*, 4, 1939, p. 84.
2. *S.L.L.*, § 48, p. 173.

logique, la nécessité d'aller au-delà des d-concepts est liée au premier théorème d'incomplétude de Gödel :

> En vertu de résultats de Gödel [...], il subsiste ordinairement des relations de conséquence logique auxquelles ne correspond aucune dérivation sur la base des d-règles. Une première tâche pour Carnap est de montrer comment formuler des ensembles de règles de transformation, dites *règles de conséquence* ou *c-règles*, qui décrivent complètement la relation de conséquence logique. Autre manière de présenter la chose : les c-règles peuvent décrire complètement le cas où un énoncé est logiquement vrai (analytique) et le cas où un énoncé est logiquement faux *(contradictoire)*[1].

Pour présenter grossièrement la situation, on pourrait dire que si la méthode gödelienne de l'arithmétisation a laissé espérer qu'il était possible de répondre fortement à Wittgenstein, les résultats d'incomplétude viennent compliquer le programme d'internalisation de la syntaxe en montrant que les concepts de la dérivabilité sont des *explicata* tout à fait insuffisants des notions logiques qu'on voulait exprimer : plus radicalement, il faut abandonner le cadre des méthodes et des règles effectives. D'où le rebondissement, que nous avons déjà noté, du problème de la formalisation de la syntaxe pour cette syntaxe élargie. De cette situation, Carnap avait une vue très claire, à en juger du moins par le texte suivant :

> On a cru un temps possible de construire un critère complet de validité pour les mathématiques classiques à l'aide d'une méthode de dérivation de ce genre ; autrement dit, on croyait que tous les théorèmes mathématiques valides étaient démontrables dans un certain système existant ou bien que dans le cas où un hiatus viendrait à être découvert, à l'avenir le système pourrait être transformé en un système complet du type requis par l'ajout de nouveaux énoncés primitifs et de nouvelles règles d'inférence. Or Gödel a montré que non seulement les systèmes déjà existants, mais tous les systèmes de ce type en général sont incomplets. Dans tout système suffisamment riche et doté d'une méthode de dérivation, on peut construire des énoncés à partir des symboles du système, qui ne sont pas résolubles dans le cadre de la méthode

---

1. Kleene, *loc. cit.*, p. 82.

du système, c'est-à-dire ni démontrables ni réfutables. En particulier pour tout système dans lequel l'arithmétique peut être formulée, on peut construire des énoncés qui sont valides au sens des mathématiques classiques, mais ne sont pas démontrables dans le système. [...]

Afin donc d'atteindre la complétude pour notre critère, nous sommes obligés de renoncer au caractère effectif, non seulement du critère lui-même, mais aussi des pas individuels de la déduction (note : du caractère décidable de la relation « être directement dérivable de »)[1].

Ce qui, comme Carnap le fait aussitôt remarquer à la ligne suivante, pose le problème général de l'admissibilité des concepts non effectifs.

De ce point de vue, les considérations sur les limites de la formalisation de la syntaxe de I dans I lui-même sont de grande portée. En effet, dès que l'on veut formuler entièrement la syntaxe, ne serait-ce que d'un langage apte à représenter l'arithmétique récursive (comme l'est le Langage I), et notamment les concepts majeurs de « dérivable », « démontrable », etc., qui ne sont pas définissables dans I, il faut sortir du cadre de l'effectivité. Carnap écrit à ce propos :

Si nous utilisons un langage effectif dans la formalisation de la syntaxe (par exemple, le Langage I), alors seuls des concepts syntaxiques effectifs peuvent être définis. Mais certains concepts importants de la syntaxe des transformations sont non effectifs (en général). [...] Si donc nous voulons introduire aussi ces concepts, nous devons employer un langage de syntaxe non effectif (comme le Langage II)[2].

J'ai déjà évoqué en passant la possibilité d'un usage non essentiellement relativiste du Principe de Tolérance. À première vue, il est vrai, le Principe de Tolérance semble marquer une rupture fondamentale dans la pensée de Carnap par rapport au logicisme de stricte obédience encore soutenu en 1931, pour autant du moins que le logicisme est la « morale » de la logique. Mais dans la *Syntaxe logique*, on trouve aussi un mouvement de pensée

1. *S.L.L.*, § 34a, p. 100.
2. *S.L.L.*, § 45, p. 165.

insistant, au point de rendre intelligible le plan même de l'ouvrage (une succession d'élargissements à partir des contraintes initiales), selon lequel le Principe de Tolérance est mis au service de cette stratégie nouvelle de défense du logicisme. Il suffit de voir dans ce principe un moyen de neutraliser ce qu'il peut y avoir de dogmatique dans certaines prohibitions et limitations d'inspiration « finitistes » ou constructivistes, quel que soit leur intérêt heuristique. C'est au reste dans cette perspective de restauration de la légitimité des mathématiques classiques que Carnap introduit le « Principe de Tolérance en syntaxe » :

> Nous avons discuté plusieurs exemples d'exigences négatives (essentiellement celles de Brouwer, Kaufmann et Wittgenstein), selon lesquelles on devrait exclure certaines formes communes de langage – formes d'expression et méthodes d'inférence. Nous avons donné une formulation générale à notre attitude à l'égard de ce genre d'exigences dans le *Principe de Tolérance :* notre affaire n'est pas de formuler des interdits, mais de parvenir à des conventions [1].

Or ce qu'on peut appeler l'« argument de la syntaxe » vient soutenir ici la revendication de libéralisation. Puisque les concepts syntaxiques cruciaux sont non effectifs (même pour le Langage I, qui fait leur place aux exigences constructivistes pour autant qu'elles ont, elles aussi, leur légitimité), nous sommes fondés à élargir le cadre initial, et ce dans un double mouvement : du point de vue du langage-objet (d'où le passage du Langage I au Langage II) comme du point de vue du langage de syntaxe (dans l'attente d'en savoir plus sur la confusion possible de ces deux langages). Ainsi est justifiée l'introduction de concepts syntaxiques tout à fait étrangers aux considérations métamathématiques initiales, les c-concepts (élargissement de la syntaxe que par ailleurs venait solliciter le résultat de Gödel). Cette stratégie consistant à utiliser les exigences de la syntaxe contre une philosophie trop stricte des mathématiques est clairement indiquée dans ces textes des §§ 34a, 43 et 45, où Carnap justifie l'admission de formes de langage plus libérales au nom de la syntaxe (et de la tolérance) :

1. *S.L.L.*, § 17, p. 51.

Notre attitude concernant les concepts non effectifs se conforme au Principe de Tolérance ; en construisant un langage, nous pouvons soit exclure ces concepts (comme nous l'avons fait avec le Langage I), soit les admettre (comme dans le Langage II). [...] Or cela vaut également pour les concepts de la syntaxe [1].

Dans son compte rendu de la *Syntaxe logique*, Kleene fait remarquer (en un sens à juste titre, si l'on ne voit que la portée relativiste du Principe de Tolérance) :

L'utilité du Principe de Tolérance pour résoudre des controverses épistémologiques nous paraît limitée par l'exigence d'un langage de syntaxe commun, acceptable par les deux partis, pour les différents langages-objet. On n'a pas encore montré, par exemple, que la syntaxe des mathématiques classiques pouvait être formulée dans un langage acceptable par un intuitionniste [2].

Mais il me semble justement que le Principe de Tolérance est largement utilisé par Carnap dans la *Syntaxe logique*, pour faire admettre à l'adversaire dogmatique la possibilité d'un langage commun qui soit au moins celui des mathématiques classiques. Et dans une sorte de reflux des exigences de la syntaxe sur les capacités expressives du langage-objet, l'admissibilité d'un langage-objet non effectif, ne serait-ce qu'afin d'explorer dans quelle mesure la richesse de ce langage lui permettrait d'être son propre langage de syntaxe. Ainsi le Principe de Tolérance permet paradoxalement de rouvrir la question du logicisme, de reposer la question de l'analyticité (la question de l'essence de la logique).

On l'a déjà noté, l'adéquation de l'*explicatum* à construire pour la notion de « logiquement valide » sera montrée par la complétude du critère formel. Le but de l'opération est décrit en ces termes par Carnap :

Nous avons vu que les concepts « démontrable » et « réfutable » ne satisfont pas l'exigence de constituer une partition exhaustive de tous les énoncés logiques (qui comprennent aussi tous les énoncés mathématiques) en deux classes mutuellement exhaustives.

1. *S.L.L.*, § 45, p. 165.
2. Kleene, « Review of Carnap.. », *J.S.L.*, vol. 4, p. 87.

Cette circonstance justifie l'introduction des concepts « analytique » et « contradictoire ». Nous devons donc déterminer si une telle classification est accomplie par ces deux concepts [1].

En ce sens, le sommet de cette construction est le Théorème 34e.11 : tout énoncé logique est L-déterminé, c'est-à-dire analytique ou contradictoire. La construction elle-même s'effectue en deux étapes : celle, relativement inessentielle, des règles de réduction (§ 34b), qui permettent de réduire toute formule s de II à une forme standard, dite le *reductum* de s ; et celle, fondamentale, des règles d'évaluation (§ 34c). Pour saisir la portée des premières, le mieux est de considérer un exemple simple.

Regardons la formule (où le symbole de prédicat unaire du type 1 « P » est l'unique variable libre) du Langage II :

$$\forall p \, (\forall x Px \Rightarrow p).$$

Une application de la règle de réduction 2 (pour obtenir une forme normale conjonctive) donne :

$$\forall p \, (\neg \forall x Px \lor p).$$

Deux applications successives de la règle 9 (pour la mise en forme normale prénexe) donnent :

$$\forall p \, (\exists x \, \neg Px \lor p)$$
$$\forall p \, \exists x \, (\neg Px \lor p).$$

Une application de la règle 6 (pour l'élimination des variables d'énoncés) donne :

$$\exists x \, (\neg Px \lor 0{=}0) \land \exists x \, (\neg Px \lor 0 \neq 0).$$

Une application de la règle 3 (pour la simplification des disjonctions et conjonctions) donne :

$$\exists x \, (0{=}0) \land \exists x \, \neg Px.$$

Par une application de 9a :

$$0 = 0 \land \exists x \, \neg Px.$$

Et par une nouvelle application de 3 :

$$\exists x \, \neg Px.$$

---

1. *S.L.L.*, § 34e, p. 116.

La dernière formule, ou *reductum* de la formule initiale, et qui lui est bien sûr équivalente, est obtenue au bout d'un nombre fini d'applications des règles (je n'ai pas tenu compte dans le traitement de l'exemple de l'ordre dans lequel les règles doivent être appliquées : Carnap stipule que c'est toujours la première règle dans l'ordre de numérotation dont l'application est possible qui doit être utilisée). Si l'on part d'une formule ne contenant que des variables d'énoncé, on parviendra toujours soit à 0=0, soit à 0≠0, en un nombre fini de pas ; moyennant la stipulation sur l'ordre d'application des règles, la procédure est (dans ce cadre limité) entièrement effective. La complication vient évidemment de la quantification : en général, on aboutira après réduction à une formule en forme normale prénexe (tous les quantificateurs en tête, suivis d'une matrice sans quantificateur).

Les règles d'évaluation supposent donc la construction d'un nouveau concept, celui de valuation (*Bewertung*) des variables suivant leur type : on le voit aisément, une valuation est au fond une interprétation appropriée des variables, au sens classique, à ceci près que Carnap prend pour domaine d'une valuation les expressions accentuées elles-mêmes, 0, 0', 0'', etc., au lieu des nombres naturels. Une valuation pour une variable de prédicat unaire du type 1 sera ainsi une classe d'expressions accentuées, une valuation pour un foncteur variable du type 1 sera une corrélation de plusieurs-à-un (une application fonctionnelle) entre expressions accentuées, etc. Ce subterfuge permet à Carnap de soutenir que la totalité des règles d'évaluation est de nature syntaxique dans la mesure où une évaluation, du moins pour les matrices des formes prénexes, n'est rien d'autre qu'une « transformation suivant les règles d'évaluation » (§ 34c) en 0=0 ou 0≠0. En fait, on peut reconnaître dans cette construction une définition « quasi sémantique » de l'analyticité à la manière d'une définition tarskienne du Vrai, si l'on entend par « sémantique » non pas simplement les considérations sur le rapport des mots aux choses, à la différence de la syntaxe qui ne s'occuperait que des mots, mais bien une discipline caractérisée par les « moyens plus forts » (considération d'un ensemble aussi grand que celui de « toutes les valuations ») que ceux de la syntaxe [1].

---

1. *Cf.* sur ce point Roger Martin, *Logique contemporaine et formalisation*, p. 101-102 en particulier.

Pour résumer (en simplifiant) la définition d'« analytique »
par les règles d'évaluation : pour une formule élémentaire de la
forme prédicat/argument, la formule est analytique relativement
à une valuation B (et transformée en $0=0$) *ssi* la valuation de l'argument (c'est-à-dire un n-uplet de valuations du type approprié)
appartient à la valuation du symbole de prédicat (c'est-à-dire
une classe de n-uplets du type approprié) ; sinon, elle est remplacée par $0 \neq 0$. Pour une formule élémentaire ayant la forme d'une
équation, $a_1 = a_2$, la formule est analytique relativement à une
valuation B, constituée du couple (B_1 [valuation de a_1], B_2
[valuation de a_2]), *ssi* B_1 est identique à B_2 ; dans ce cas la formule est remplacée par $0=0$, et sinon, par $0 \neq 0$. Finalement, pour
une formule « réduite et sans opérateur », qui en général sera la
matrice en forme normale conjonctive d'une forme prénexe, la
formule est analytique relativement à une valuation B *ssi*, après
application des règles de simplification, elle est transformée en
$0=0$, contradictoire si on obtient $0 \neq 0$.

Soit à présent la formule s_1 de la forme $\forall v_2\ s_2$; s_1 est analytique
relativement à une valuation B_1, *ssi* pour toute valuation B_2 pour
v_2 (du type approprié), s_2 est analytique relativement à B_1 et B_2 ;
contradictoire, si pour au moins une valuation B_2 pour v_2, s_2 est
contradictoire relativement à B_1 et B_2. Soit s_1 de la forme $\exists v_2$
s_2 ; s_1 est analytique relativement à une valuation B_1 *ssi*, pour au
moins une valuation B_2 pour v_2, s_2 est analytique relativement à
B_1 et B_2 ; et contradictoire, si pour toute valuation B_2 pour v_2, s_2
est contradictoire relativement à B_1 et B_2.

Ces clauses définissent le concept « analytique relativement à
une valuation » pour toutes les formules (après élimination de
l'opérateur K des quantificateurs bornés et des variables libres
en préfixant des quantificateurs universels). Sur la base de ce
concept, on peut enfin définir « analytique » et « contradictoire » :

Soit s_1 de la forme $\forall v\ s_2$: s_1 est analytique *ssi* s_2 est analytique
      pour toute valuation de v, contradictoire sinon.
Soit s_1 de la forme $\exists v\ s_2$: s_1 est analytique *ssi* s_2 est analytique
     pour au moins une valuation de v, contradictoire sinon [1].

1. J'ai simplifié l'exposition des règles, en particulier en ne tenant pas compte
de la possibilité d'occurrences de symboles descriptifs dans le langage. Pour un
énoncé contenant un symbole descriptif (par exemple un symbole de prédicat),
il faut remplacer les symboles descriptifs par des variables du type approprié (ou

Reprenons à titre d'illustration la forme réduite de la formule prise plus haut pour exemple, c'est-à-dire :

$$\exists x \; \neg Px$$

On forme tout d'abord sa clôture universelle :

$$\forall P \; \exists x \; \neg P \; x.$$

On considère une évaluation $B = (B_1, B_2)$ arbitraire telle que par exemple :

$$B_1 (P) = \{0, 0', 0''\},$$

c'est-à-dire une classe d'expressions accentuées, et telle que

$$B_2 (x) = 0''''$$

c'est-à-dire une expression accentuée. Puisque $B_2 (x)$ n'appartient pas à $B_1(P)$, on a

$$B(Px) = 0 \neq 0,$$

c'est-à-dire la sous-formule Px est contradictoire relativement à la valuation B. En vertu des règles de réduction, la matrice $\neg Px$ est alors transformée en :

$$0 = 0$$

c'est-à-dire est analytique relativement à la valuation B. En vertu de la clause pour la quantification existentielle, la sous-formule :

$$\exists x \; \neg Px$$

est analytique relativement à B ; mais la formule initiale $\forall P \; \exists x \neg Px$ n'est évidemment pas analytique, puisque la sous-formule $\exists x \neg Px$ n'est pas analytique relativement à toute valuation de la variable « P » (il suffit d'interpréter « P » par la classe entière des expressions accentuées). On peut conclure de l'ensemble de la procédure que la formule initiale est (mathématiquement) fausse. Bien sûr, comme le note Carnap, si la procé-

---

considérer toutes les valuations possibles du symbole descriptif, ce qui revient à en faire une variable). *Cf.* § 34c, p. 107-108, et § 34d, p. 111. L'application des règles poserait sans doute quelque problème, sauf précaution supplémentaire, pour des énoncés « analytiques » au sens de Quine, c'est-à-dire obtenus à partir d'énoncés logiquement vrais par remplacement de certains prédicats par des prédicats « synonymes », « célibataire » par « non marié » par exemple.

dure procède par un nombre fini de questions, puisque toute formule est de longueur finie, il n'y a pas de méthode de décision pour chaque pas en particulier : « Les concepts " analytique " et " contradictoire " sont non effectifs » (§ 34d).

Parvenus à ce point, nous disposons de tous les éléments qui permettraient de développer la preuve que le concept « analytique dans II » ne peut être défini dans II. En effet cette preuve suppose : 1) le théorème 34i.24, selon lequel le Langage II est absolument consistant (*widerspruchsfrei*), au sens où $0 \neq 0$ n'y est pas démontrable (comme le note Carnap, cette démonstration suppose la preuve que tous les théorèmes de II sont analytiques, et ne répond donc pas à l'exigence hilbertienne d'une preuve « finitiste » de consistance (§ 34i)) ; 2) le lemme d'autoréférence qui implique que si les prédicats syntaxiques « analytique dans II » et « contradictoire dans II » pouvaient être définis dans II, « nous pourrions construire un énoncé logique qui, dans l'interprétation à contenu, voudrait dire qu'il est contradictoire » (§ 60c) ; 3) le théorème 34e.11 selon lequel tout énoncé logique est déterminé, et donc l'énoncé qui affirmerait son caractère contradictoire serait lui-même soit analytique, soit contradictoire. L'antinomie du Menteur pourrait donc être reproduite en termes syntaxiques et utilisée pour prouver l'essentielle incomplétude conceptuelle de II [1]. En fait, si Carnap repousse à plus tard la preuve que le Langage II ne peut exprimer la syntaxe de l'analyticité pour II (*cf.* § 34d), le motif en est uniquement le souci de généralité : le résultat est valable pour tout langage non contradictoire contenant l'arithmétique. Cette généralité assure l'impact de ce résultat négatif sur le programme initial, dont l'horizon philosophique était de répondre à Wittgenstein ; si l'inexprimabilité absolue de la syntaxe peut être considérée comme réfutée, on est cependant obligé de se replier sur une thèse d'exprimabilité relative ou hiérarchisée, bien en retrait de la thèse d'exprimabilité radicale qui soutenait le projet initial. La syntaxe de l'analyticité marque les limites de la réponse à Wittgenstein, en obligeant à renoncer à l'idéal universaliste.

1. Gödel parle ainsi de deux formes d'incomplétude de tout système formel, eu égard 1) à la présence d'énoncés indécidables ; 2) à l'existence de concepts indéfinissables dans l'article « Besprechung von Carnap 1934 : Die Antinomien und die Unvollständigkeit der Mathematik » (Gödel, *Collected Works*, t. I, 1935b).

Résumons l'utilisation des versions syntaxiques du Menteur dans le cadre de la syntaxe générale. Outre les trois résultats qu'on vient de mentionner (ou plutôt les formulations qui leur correspondent dans le cadre de la syntaxe générale : l'hypothèse de la consistance du langage considéré, la possibilité de l'autoréférence donnée avec l'arithmétisation de la syntaxe et le caractère déterminé des énoncés logiques, qui caractérise les concepts d'« analytique » et « contradictoire »), Carnap utilise deux considérations « informelles » qui méritent qu'on s'y arrête un instant ; ce point a déjà été noté au § 36 [1]. La première consiste à affirmer qu'un énoncé arithmétique susceptible d'une interprétation syntaxique est vrai au sens de l'arithmétique si et seulement s'il est vrai sous l'interprétation syntaxique attendue : on l'a déjà noté, cette affirmation revient à soutenir que les définitions directes dans l'arithmétique récursive (primitive) correspondent aux définitions « indirectes » qui font appel à la numérotation de Gödel. La seconde considération fait appel à l'adéquation de l'*explicatum* formel qu'est le concept « analytique » relativement à l'*explicandum*, la notion de vérité logico-mathématique. Utilisées conjointement, ces deux considérations permettent une preuve « par la méthode rapide » d'analyticité. On peut raisonner ainsi : si un énoncé est syntaxiquement vrai, alors il est arithmétiquement vrai, et donc analytique. On évite alors le travail fastidieux consistant à appliquer les règles de réduction, valuation et évaluation pour prouver l'analyticité de l'énoncé en question. Ce genre de raisonnement n'est-il pas susceptible de laisser place au doute (il est à peu près du même ordre que le *sketch* de la preuve donné par Gödel en introduction de l'article de 1931 : comme lui, il fait appel à une notion informelle de vérité [2]) ?

Je dirai que ces considérations sont plutôt l'occasion de toucher du doigt certaines faiblesses de ce livre étonnant qu'est la *Syntaxe logique du langage*. Pour la première, nous avons vu que dans le contexte de la deuxième partie, la construction formelle de la syntaxe de I dans I, il était naturel que Carnap ne prouve pas que les prédicats récursifs définis correspondaient aux prédi-

---

1. *Cf. supra*, p. 223, la traduction du texte de Carnap sur cette question.
2. Gödel, « Über formal unentscheidbare Sätze... », 1931 (*Collected Works*, I, p. 150-151 en particulier).

cats métamathématiques, dans la mesure où il ne s'agissait pas d'exprimer une théorie dans une autre, mais de formuler dans *la* théorie (le Langage I) un contenu qui, formulé autrement, ne pouvait donner lieu qu'à des éclaircissements informels et destinés à disparaître. Mais il serait curieux d'invoquer la même justification dans un contexte explicitement métathéorique comme l'est cette partie consacrée à la syntaxe générale et qui, bien plus, administre la preuve de l'impossibilité de résorber la métathéorie dans le langage-objet. On retrouve peut-être ici le manque d'harmonisation déjà évoqué de toutes les parties de l'ouvrage, du point de vue de la prise en compte du résultat final d'impossibilité. À propos de la seconde considération évoquée par Carnap, on pourrait faire valoir qu'une démonstration de l'analyticité d'un énoncé par la « méthode rapide » (sur la base de la vérité mathématique de cet énoncé contentuellement interprété), quoi qu'en dise Carnap, revient au même qu'une démonstration fondée sur l'usage des c-règles, puisque les c-règles utilisées dans le critère de validité « exploitent, selon la formule de Kleene, les mêmes concepts logico-mathématiques fondamentaux [1] » que les mathématiques dans lesquelles la « méthode rapide » interprète l'énoncé : il revient au même d'interpréter l'énoncé en question dans la mathématique intuitive ou selon les règles d'évaluation, car dans les deux cas, les quantificateurs ont le même sens, à ceci près que les expressions accentuées ont remplacé les entiers naturels. Mais ce point ne fait que souligner le caractère contestable de l'appellation « syntaxique » appliquée aux c-règles.

Ces réserves faites, la version « syntaxique » du Menteur donne le résultat suivant : supposons qu'on puisse définir, dans un langage S non contradictoire, les prédicats « analytique dans S » et « contradictoire dans S » ; par le lemme d'autoréférence, il y a un énoncé s qui affirme de lui-même qu'il est contradictoire. Pour autant qu'il s'agit de prédicats authentiquement syntaxiques (et non simplement de doublets de « vrai » et « faux »), ces prédicats sont définissables en termes purement logiques ; donc s est un énoncé logique et, comme tel, soit analytique, soit

---

1. Kleene, « Review of Carnap... », *J.S.L.*, vol. 4, p. 83. Cette dernière remarque est inspirée de l'article de Kleene, qui discute en ces termes la portée des c-règles.

contradictoire (déterminé). Si s est contradictoire, il est (syntaxiquement, et arithmétiquement) vrai, donc (*via* la remarque faite plus haut) analytique : par conséquent il n'est pas contradictoire. Mais alors il est faux, c'est-à-dire contradictoire. L'hypothèse est donc réfutée.

D'où le théorème annoncé comme le point culminant de l'ouvrage : si S est non contradictoire, « analytique dans S » n'est pas définissable dans S. D'où enfin la conséquence en termes de hiérarchie de langages :

> Si la syntaxe d'un langage S_1 doit contenir le concept « analytique (dans S_1) », alors elle doit, par conséquent, être formulée dans un langage S_2 plus riche en modes d'expression que S_1 [1].

Il ne s'agit pas, en effet, de « renoncer à la syntaxe » (pour paraphraser Carnap), mais bien de renoncer à « faire avec un seul langage ». On pourrait à bon droit s'étonner de la manière dont l'échec du projet initial est tranquillement assumé, pour ne pas dire passé sous silence, au terme de cette dure ascension. L'explication, à mon avis, réside dans le fait que Carnap, à côté de la visée universaliste, cherche à atteindre, dans la *Syntaxe logique*, d'autres buts forts différents. Ce sera, je l'espère, une petite contribution à l'histoire du naufrage de la perspective universaliste que de montrer comment le conventionnalisme de Carnap a pu annuler l'impact philosophique de cette preuve d'impossibilité. En guise de conclusion philosophique, je voudrais donc réévaluer le conventionnalisme carnapien.

---

1. *S.L.L.*, § 60c, p. 219.

Conclusion

Vrai par convention, ou Carnap revisité[1]

De 1928 datent les lignes suivantes, qu'on trouve au § 107 de *Der logische Aufbau der Welt* :

> Il est important de noter que les objets logiques et mathématiques ne sont pas effectivement des objets au sens d'objets réels (objets des sciences empiriques). *La logique (y compris les mathématiques) consiste seulement en conventions* concernant l'usage de symboles *et en tautologies* sur la base de ces conventions. Ainsi, les symboles de la logique (et des mathématiques) ne désignent pas d'objets, mais servent seulement de fixations symboliques de ces conventions.

Et dans une réponse à Schrödinger, Carnap évoque en passant les « conventions, donc les propositions analytiques » qui sont, à côté de l'expérience, la seconde composante de la base de la science[2]. Rares sont dans l'œuvre de Carnap des occurrences aussi explicites de la théorie – ou de la mythologie – selon laquelle la logique et les mathématiques sont « vraies par convention » ; mais enfin, on peut s'en prévaloir pour faire remonter à Carnap ce que Quine appelle la « doctrine linguistique de la vérité logique », comme on le fait couramment :

1. Les extraits de la correspondance Carnap-Gödel sont cités avec la permission de l'université de Pittsburgh. La traduction française est celle de Joëlle Proust et Gerhard Heinzmann parue dans « Carnap et Gödel : Échange de lettres autour de la définition de l'analyticité », *Logique et analyse,* 123-124, 1988.
2. Carnap, « Existe-t-il des prémisses de la science qui soient incontrôlables ? », *Scientia,* septembre 1936.

> Bien peu de gens, avant l'époque de Carnap, avaient compris les vérités de logique élémentaire comme des vérités engendrées par quelque convention que ce soit[1].

Putnam fait aussi référence à la « position Ayer-Carnap, selon laquelle les énoncés mathématiques sont des conséquences de " règles sémantiques " ». Il faut cependant y regarder à deux fois, ne serait-ce que pour faire droit à la protestation de Carnap lui-même, refusant dans « Quine on logical truth » d'endosser cette caractérisation de sa philosophie de la logique[2]. Mais surtout parce que « vrai par convention » est une formule magique : elle induit un effet de sidération, mais elle est si consubstantiellement équivoque qu'elle ne permet certainement pas d'étiqueter sans autres attendus une position philosophique. Je ne veux pas dire par là qu'il est faux que Carnap ait soutenu une philosophie de la logique ou des mathématiques qu'on peut globalement épingler par cette formule, au contraire. Car en un sens, cette formule épouse trop bien une certaine indécision de la philosophie de Carnap, que je voudrais décrire, à travers quelques textes choisis. Tout se passe en effet comme si la pensée de Carnap avait occupé, parfois tour à tour et parfois dans le même souffle, tout l'espace laissé libre par la confusion dont cette expression est potentiellement porteuse.

Essayons de retrouver une certaine naïveté. Lorsqu'on dit d'un énoncé qu'il est « vrai par convention », on peut vouloir dire : 1) que cet énoncé est d'abord, et comme bien d'autres, vrai, en quelque sens dicible que ce soit ; mais aussi 2) que dans son cas, l'origine ou le fondement de cette propriété largement partagée est tout à fait particulier – des règles (ou des conventions, mais notons déjà le glissement par lequel nous passons facilement de l'idée de « règle » à celle de « convention ») suffiraient à établir ou à expliquer sa vérité. La convention intervient ici comme un facteur ou un mécanisme engendrant la vérité (à la différence d'autres conventions, comme le fait remarquer Quine, qui se contentent de transformer des vérités autrement formulées : les conventions définitionnelles). Il ne s'agit pas ici d'affirmer que tous les énoncés vrais sont « vrais

---

1. W. O. Quine, « Carnap and logical truth », *The Ways of Paradox and Other Essays*.
2. Carnap, *The Philosophy of Rudolf Carnap*, p. 915.

par convention » ; il s'agit plutôt d'opérer une partition des énoncés vrais, certains étant vrais « pour des raisons factuelles », d'autres en vertu de règles ou de conventions. Faits et conventions se retrouvent donc opposés sur le même plan, comme deux instances de légitimation, et assigner telle de ces instances comme fondement de la vérité de tels énoncés est une manière de caractériser la nature de cette vérité. Comprise en ce sens, l'idée que les vérités logiques sont analytiques, c'est-à-dire vraies par convention, est bien, comme y insiste Quine, une « doctrine épistémologique de la vérité logique[1]. » Ayant ainsi interprété le « vrai par convention », Quine attribue cette doctrine à Carnap et s'efforce de montrer par tous les moyens que cette épistémologie du vrai logique est « vide », sans « signification expérimentale » (ce qui, soit dit en passant, a visiblement laissé Carnap perplexe : une philosophie doit-elle avoir une signification expérimentale ?), et surtout repose sur une confusion majeure ; car le caractère conventionnel ne saurait être un trait distinctif, épistémologique, de certaines vérités, mais s'attache seulement au processus de « postulation législative », c'est-à-dire à la décision de considérer comme vrais certains énoncés, ce qui finalement veut dire la décision de les intégrer fermement au corps de nos théories scientifiques. En outre, ce trait de conventionnalité diffuse peu ou prou à travers tout le corpus scientifique, ce qui interdit de penser l'origine conventionnelle comme un trait mettant à part certains énoncés.

Les deux grands articles de Quine sur la question, « Truth by convention » et « Carnap and logical truth », présentent des arguments puissants contre une épistémologie conventionnaliste de la vérité logico-mathématique en ce sens-là. Mais il est d'autant plus curieux que Carnap (même si l'on fait la part de ses tendances conciliatrices) ait pu exprimer son « complet assentiment » avec le gradualisme conventionnaliste de Quine sans avoir le sentiment ni donner totalement l'impression de se renier[2]. Il reconnaît volontiers avec Quine que même les lois logiques ou mathématiques sont finalement révisables, sans du tout en tirer la conclusion de Quine qu'il n'y a pas de différence réelle entre énoncés analytiques et énoncés factuels ou « synthé-

1. Quine, « Carnap and logical truth », *op. cit.*
2. Carnap, *The Philosophy of Rudolf Carnap, op. cit.*, p. 921.

tiques », tout au plus une différence de degré, accommodable en termes behaviouristes (« plus ou moins fermement acceptés »). Pourquoi ? Parce qu'une telle révision est un « changement de langage » et qu'en passant d'un langage L_n à un langage L_{n+1}, nous sommes passés d'un certain concept d'analyticité, « analytique dans L_n », à un autre concept « analytique dans L_{n+1} ». Autrement dit, il n'y a pas un, mais des concepts de l'analyticité relatifs à des langages, et il semble tout à fait possible qu'un énoncé analytique dans un langage, non seulement cesse de l'être dans un autre, mais même soit purement et simplement abandonné, tenu pour faux (passage, par exemple, d'une logique classique à une logique « intuitionniste »). Comme si les deux auteurs se livraient à quelque surenchère, c'est à qui se montrera plus conventionnaliste que l'autre. Car si Quine nie qu'il y ait un concept épistémologique de l'analyticité (contre Carnap, ou du moins contre un certain versant de la pensée carnapienne), ce n'est pas pour en admettre plusieurs ; il est bien connu que Quine est conservateur en philosophie de la logique !

Cette ligne de défense de Carnap nous ramène à l'autre compréhension possible de « vrai par convention ». Car en ce second sens, dire d'un énoncé qu'il est vrai par convention revient en fait à donner congé à l'idée usuelle ou ordinaire de vérité, suivant laquelle le fait qu'un énoncé soit vrai ne dépend pas de nous, mais d'une objectivité à laquelle nous devons nous plier (quelle qu'en soit la nature : faits, ou relations conceptuelles, si l'idée de « faits mathématiques » est récusée). Le vrai, ce n'est rien d'autre que ce que nous décidons de déclarer tel, dans un domaine où il n'y a pas matière à distinguer ce qui est correct de ce qui ne l'est pas (encore que le domaine en question puisse nous incliner à poser telle convention plutôt que telle autre ; c'est en ce sens que Poincaré, par exemple, parle d'« hypothèse » comme d'une convention suggérée par la nature bien que ce soit nous qui décidions). On peut aussi décrire cette compréhension de « vrai par convention » en disant que le conventionnaliste, de même que le pragmatiste qui affirme « le vrai, c'est ce qui réussit », propose une nouvelle signification pour le mot « vrai ». Et en ce second sens, dire que les vérités logiques ou mathématiques (par exemple, car rien n'interdit d'étendre cette réinterprétation du mot « vrai » à quasiment tous les énoncés, sous une forme plus ou moins raffinée) sont vraies par convention, est une façon bizarre de dire qu'elles ne sont pas vraies du tout, au sens illusoire où nous comprenons usuellement ce mot, encore que justement on puisse les dire « vraies » en ce tout nouveau sens, une fois que nous les avons posées. Un exemple entre autres : le *Cours de mathématique* de Jean-Marie Arnaudiès et Henry Fraysse[1] introduit par cette profession de foi son chapitre I :

> On renonce une fois pour toutes à la notion de vérité « absolue » : au départ de toute théorie on déclare un petit nombre d'assertions comme étant vraies *a priori* et on les appelle axiomes de la théorie en question.

Ici, il ne s'agit évidemment plus d'une doctrine épistémologique de la vérité logique, mais d'une répudiation de toute épistémologie du vrai (du moins au sens traditionnel).

Si ces remarques ont quelque vertu (à défaut de l'originalité), c'est de marteler ce qu'on a toujours tendance à oublier, tant le premier point de vue, en raison de ses difficultés intrinsèques, est toujours sur la pente de basculer dans le second. L'expression « vrai par convention » a en elle-même quelque chose d'un oxymore : comment un trait des énoncés qui semble dépendre aussi peu de la décision humaine pourrait bien leur venir cependant d'une libre convention ? Si l'on vient à éprouver quelque doute, on entendra insensiblement le *par,* dans « vrai par convention », non plus comme indiquant un mécanisme générateur de la vérité, mais comme annulant en quelque façon le sens du prédicat de vérité : simplement considéré conventionnellement comme vrai, c'est-à-dire intégré à ce que nous appelons notre savoir, qui participe de cette artificialité (si je comprends bien la position de Quine dans les articles cités plus haut, encore une fois, c'est là la seule manière légitime de concevoir l'intervention historique et non épistémologique de la convention).

Mais si l'on veut, pour éviter ce glissement, donner quelque vraisemblance à l'idée de « vrai par convention », on va naturellement s'adresser à la doctrine linguistique de la vérité logique. On dira qu'il s'agit de conventions portant sur le sens de cer-

1. Paris, Dunod, coll. « Université », 2ᵉ éd., 1990.

tains mots (dans le cas des vérités logiques proprement dites, par opposition aux énoncés analytiques de la « seconde classe » au sens de Quine, des particules dites logiques), conventions sous-jacentes ou « cachées » selon l'expression ironique de Putnam et que, ces conventions posées ou explicitées, la vérité des énoncés en question en découle nécessairement, c'est-à-dire logiquement. Autrement dit, la convention est cantonnée à la source du mécanisme producteur de la vérité comme convention (disons vaguement) sémantique, mais le lien entre la convention et la vérité qui en résulte n'a rien, lui, de conventionnel : c'est bien plutôt un lien de conséquence logique. Voici un texte de Carnap, où il se défend assez maladroitement d'une interprétation trop littérale de « vrai par convention », particulièrement expressif de ce genre de stratégie :

> D'un autre côté, la vérité logique de l'énoncé « tous les chiens noirs sont des chiens » n'est pas affaire de convention même en un sens relâché du terme. Une fois que les significations des différents mots dans un énoncé de cette forme sont donnés (ce qui peut être regardé comme une affaire de convention), alors ce n'est plus une affaire de convention ou de choix arbitraire que de regarder cet énoncé comme vrai ; la vérité d'un tel énoncé est déterminée par les relations logiques entre les significations données. (Dans cet exemple, seules les significations de « tous » et de « sont » sont pertinentes [1].)

(Notons pour tout à l'heure que ce fragment n'a rien de conventionnaliste : la vérité de « tous les chiens noirs sont des chiens » y est présentée comme indiscutable – *obvie*, dirait Quine –, vérité que nous aurions seulement à expliquer dans sa spécificité de vérité « logique », non comme une question de libre décision. De manière générale, les exemples varient selon que l'on sollicite telle ou telle interprétation de « vrai par convention » : au premier sens, on invoquera de préférence quelque vérité de logique élémentaire, en illustration du second sens quelque axiome débattu de théorie des ensembles).

Le problème bien connu est que définir ainsi la vérité logique comme ce type de vérité qui découle logiquement de conventions a l'air parfaitement circulaire. Putnam le fait remarquer :

---

1. Carnap, *The Philosophy of Rudolf Carnap, op. cit.,* p. 916.

La position Ayer-Carnap est sans défense devant la réplique fatale qu'être une *conséquence* d'une règle sémantique, c'est *s'en-suivre mathématiquement* d'une règle sémantique ; ainsi, tout ce qu'on a dit, c'est que les *mathématiques* = le langage plus les *mathématiques*[1].

Cette objection de circularité peut être appelée l'« objection Quine-Putnam », puisque Quine avait déjà élaboré une version de l'argument en termes de système formel dès son article de 1936 (« En un mot, écrit Quine en conclusion, la difficulté est que si la logique doit procéder médiatement de conventions, on a besoin de la logique pour inférer la logique de conventions »). Mais Putnam suggère en outre que cette difficulté nous reconduit fatalement, par souci de l'éviter, à l'interprétation strictement conventionnaliste de « vrai par convention ». Et à une interprétation particulièrement brutale : dire que (par exemple), pour tous x, y, z, $x^3 + y^3 \neq z^3$ est vrai par convention, c'est simplement adopter une règle ou stipuler une fois pour toutes que rien, et pas même le résultat éventuel d'un calcul, ne sera accepté comme une réfutation de l'énoncé – aucun cube n'est la somme de deux cubes. Putnam nie évidemment que la nécessité que nous accordons à cet énoncé signifie en quoi que ce soit la décision conventionnelle de le mettre à l'abri de toute révision (décision qui revient à lui accorder le statut d'une loi mathématique plutôt que d'un énoncé empirique). Mais ce qui m'intéresse ici, c'est que cette réduction de « vrai par convention » à « immunisé décisoirement » est présentée par Putnam comme une rechute d'une interprétation dans l'autre, destinée à parer la circularité enveloppée dans la version linguistique de la première interprétation (il semble que le sens de « vrai par convention » ait quelque chose d'aussi fatalement fuyant que l'animal sophiste selon Platon : il échappe à la prise en passant sans cesse d'une forme à l'autre). À propos de cette retraite (dire que *p* est vrai par convention veut dire qu'on adopte la règle que rien ne comptera comme un contre-exemple de *p*), Putnam écrit en effet :

Ce dernier raffinement évite le caractère vide du point de vue

---

1. Putnam, « Truth and necessity in mathematics », *Mathematics, Matter and Method. Philosophical Papers*, t. I, Cambridge University Press, 1975.

Ayer-Carnap. Accepter un énoncé comme mathématiquement nécessaire c'est, ici et maintenant, adopter une « règle » ; mais non plus reconnaître qu'en un certain sens qui reste à expliquer, l'énoncé est une *conséquence* d'une règle. Ainsi ce dernier raffinement est à la fois plus radical et plus intéressant que l'ancienne conception[1].

On notera le « ici et maintenant » qui caractérise ce qu'on peut appeler un « atomisme » de la règle. En fait, cette version aiguë du conventionnalisme est étrangère à la pensée de Carnap qui, même dans ses propos les plus ouvertement conventionnalistes, soutient une vision systématique ou holiste des conventions censées induire globalement un certain nombre d'effets solidaires sur le statut d'un corps d'énoncés. Il s'agit même là d'un trait typique du conventionnalisme « à la Carnap » (parfaitement étranger, par exemple, à la pensée de Poincaré), trait qui mérite assurément d'être interrogé : je tenterai plus loin de montrer comment ce trait est justement un effet d'une certaine duplicité du propos de Carnap (sans que ce mot ait ici la moindre connotation morale !). Mais le point, pour l'instant, est qu'on voit nettement par quels chemins de pensée l'une des compréhensions de « vrai par convention » peut finir par se fondre avec l'autre – aussi incompatibles que soient leurs prédicats de vérité.

Je doute qu'on puisse parler, sinon en manière de raccourci, de la « position Ayer-Carnap ». Mais il vaut la peine, avant d'en revenir à Carnap, de montrer que le complexe de pensées que j'ai tenté de décrire sous l'expression « vrai par convention » n'est pas un vain fantôme inventé pour les besoins de la cause. L'article d'Ayer illustre si bien (avec tant d'innocence, pourrait-on dire) la confusion et les équivoques de « vrai par convention » que lire « The *a priori* » est encore la meilleure façon de se faire une image distincte de cette idée confuse.

Le problème que se pose Ayer est de savoir comment il est possible de justifier, d'un point de vue strictement empiriste (qui donc ne devrait aboutir qu'à des généralisations inductives et révisables), le fait que « les vérités des mathématiques et de la logique apparaissent à tout le monde nécessaires et certaines[2] ».

1. *Ibid.*
2. Alfred J. Ayer, « The *a priori* », *Philosophy of Mathematics*, 1964.

Il ne semble pas faire de doute qu'il s'agisse bien d'énoncés *vrais* (du moins en un premier temps), bien qu'Ayer prenne soin de confirmer l'opinion commune : les vérités de logique et de mathématique sont en effet nécessairement vraies, leur certitude est « apodictique ». Ce point, une fois établi, doit être expliqué : c'est le caractère analytique de ces énoncés qui est la seule explication satisfaisante de leur nécessité *a priori*. L'usage maintes fois répété du terme « analytique » ne parvient évidemment pas à masquer le caractère obscur du lien entre les conventions sous-jacentes et la vérité manifeste des énoncés en question ; tantôt Ayer explique qu'un énoncé est analytique quand « sa validité dépend seulement des définitions des symboles qu'il contient » ou « s'ensuit » de ces définitions (formulation qui correspond bien à la version linguistique de « vrai par convention », mais où transparaît la circularité déjà notée), tantôt qu'un énoncé analytique est un énoncé qui « nous rappelle simplement notre détermination d'utiliser les mots d'une certaine façon », ou encore qui ne fait « qu'indiquer les conventions qui gouvernent notre usage des mots ». Dans cette dernière formulation, la vérité exprime la convention plutôt qu'elle ne découle d'elle. Finalement, le glissement inévitable de sens se fait jour : alors qu'il s'agissait au départ d'expliquer la vérité par l'appel à la convention, cet appel nous fait basculer dans le conventionnalisme. D'autres conventions auraient engendré d'autres « vérités », note Ayer sans s'y attarder :

> Il est parfaitement concevable qu'on ait pu utiliser d'autres conventions linguistiques que celles que nous utilisons en fait. Mais quelles que soient ces conventions, les tautologies dans lesquelles nous les enregistrons seraient toujours nécessaires[1].

(Cette dernière phrase me paraît un comble de confusion philosophique !) On a là, je crois, une illustration claire du passage subreptice d'une doctrine épistémologique de la vérité logique à l'affirmation d'un trait général de conventionnalité.

Or la terminologie traditionnelle du « caractère apodictique » de la logique ou des mathématiques est tout à fait étrangère à Carnap. Et ce n'est pas seulement une question de terminolo-

---

1. *Ibid*, p. 326.

gie ! Car Carnap est aussi conventionnaliste, au sens de la dissolution de l'idée classique, « absolue », de vérité, résolument et
durablement : le projet d'une syntaxe (puis d'une sémantique)
générale est intimement lié au principe de tolérance, qui lui-
même a partie liée au « Crépuscule des idoles ». Relisons les
premières lignes de la *Syntaxe logique* :

> Qu'on n'ait pas tenté de s'éloigner encore plus loin des formes
> classiques (note : il s'agit ici des « formes de langage » et avec
> elles, des différents systèmes logiques possibles), cela est peut-
> être dû à l'opinion largement partagée que toute déviation de cet
> ordre doit être justifiée – c'est-à-dire qu'il faut prouver que la
> nouvelle forme de langage est « correcte », et constitue une
> manière satisfaisante de rendre compte de la « vraie logique ».
> Éliminer ce point de vue, et avec lui les pseudo-problèmes et
> les controverses qui en résultent, est l'un des principaux buts de
> ce livre [1].

Mais ce relativisme ne rend-il pas insensé l'effort sans cesse
remis en chantier par Carnap pour établir et justifier une différence tranchée entre une classe d'énoncés dits « analytiques »
et une classe d'énoncés réputés « synthétiques », vrais pour des
raisons factuelles ? Question voisine : s'il n'y a pas de « vraie
logique » au-delà des systèmes que nous pouvons choisir arbi-
trairement, n'est-il pas absurde de chercher par ailleurs à caractériser une propriété objective et absolue de certains énoncés et
de prétendre démontrer que les énoncés logico-mathématiques
(ceux de la logique et des mathématiques classiques) sont en
effet universellement valides, *logisch-gültig*? On pourrait essayer
de se tirer de ce mauvais pas en plaidant pour une épistémologie
dédoublée, à certains énoncés la convention, à d'autres la vérité
pour des raisons de fait. Mais outre que toute l'équivoque de
« vrai par convention » affecterait quand même le diagnostic
porté sur la nature des énoncés de la première catégorie, une
perplexité supplémentaire surgit, liée au caractère lui-même
conventionnel des propositions ou des suggestions d'explication
des concepts vagues et intuitifs par des procédures exactes de
reconstruction. Or ce n'est évidemment pas la même chose de
dire qu'il existe une classe bien déterminée d'énoncés dont la

---

1. Carnap, *S.L.L.*, « Avant-propos ».

vérité repose sur des conventions (en quelque sens que ce soit) et de montrer que nous pouvons conventionnellement décider de choisir un système de représentation qui permettra de considérer certains énoncés comme « analytiques » en un sens spécifié. Dans le premier cas, bien sûr, la part réservée à la convention n'est pas conventionnelle ; et dans le second, le caractère conventionnel des démarcations interdit de penser que nous puissions épingler quelque caractéristique non conventionnelle, mais objective et transcendante, de certains énoncés, en assignant leur origine dans une convention.

De l'analyticité absolue de la logique et des mathématiques à l'analyticité reconstruite conventionnellement dans la théorie (syntaxe ou sémantique) générale, entre ces deux pôles oscillent les recherches de Carnap. J'ai promis quelques morceaux choisis, à charge que leur lecture confirme cette esquisse. Commençons par la *Syntaxe logique.*

1. Que prouve exactement le théorème 34i. 21 de la Syntaxe logique ?

Ce théorème (qui figurait originellement dans l'article de 1935, « Ein Gültigkeitskriterium für die Sätze der klassischen Mathematik »), dit que « tout énoncé démontrable du Langage II est analytique » en un sens rigoureux et formel du concept « analytique ». Ce résultat, on l'a vu, est présenté comme un « critère complet de validité pour les mathématiques » ; non certes une méthode permettant de décider ou de calculer la valeur de vérité de tout énoncé mathématique, ni même d'énumérer récursivement toutes les vérités mathématiques, mais cependant une preuve du caractère analytique des énoncés mathématiques « vrais ». A-t-on ainsi montré que les mathématiques sont vraies par convention ou en vertu de règles ?

Tentons d'oublier un instant le premier théorème d'incomplétude de Gödel et pensons naïvement que « vrai » peut être réduit à « démontrable ». La syntaxe peut spécifier le concept d'énoncé démontrable par la donnée des règles d'inférence qui détermine l'extension de ce concept, c'est-à-dire la donnée des règles qui permettent d'engendrer de nouveaux énoncés à partir d'énoncés transformés par application des règles. Il n'est pas étonnant que la règle détermine l'extension du concept « démontrable », puisque « démontrable » veut dire finalement engendré par application itérée des règles d'inférence. On peut parler ici de « règle » en un sens ordinaire du mot « règle » : la règle permet de produire ou d'engendrer un certain nombre d'énoncés, et comme règle de production d'éléments elle spécifie la classe formée par ces éléments. Et si nous revenons à l'idée intuitive vrai = démontrable, dire que les énoncés « vrais » sont les énoncés produits par les règles et dire que les règles déterminent l'extension du mot « vrai » ou que les énoncés vrais le sont « en vertu » des règles, c'est dire la même chose sous des formes variées.

Mais précisément, c'est à cette idée que le résultat de Gödel vient porter un coup fatal, et si l'on peut encore définir un concept comme celui de « valide au sens des mathématiques » à travers une formulation qui s'exprime en termes de règles, il ne s'agira certainement plus de règles au sens de tout à l'heure, au sens « ordinaire » des règles d'inférences, puisque justement aucune totalité de règles en ce sens ordinaire ne peut épuiser ce concept. Quel est donc l'intérêt de baptiser encore « règles » des définitions de concepts qui permettent peut-être de spécifier l'extension du terme « analytique », mais qui ne constituent plus une procédure d'engendrement des énoncés qualifiables d'analytiques (en d'autres termes, il faudra ensuite montrer que ces énoncés possèdent en effet la propriété définie) ?

Carnap a certainement pensé tout d'abord, comme le montrent les lettres échangées à cette époque entre lui et Gödel, et comme il le confirme au § 34c de la *Syntaxe logique*, que la notion clairement syntaxique de substitution permettait de faire l'économie de la notion problématique de valuation : remplacer une variable de prédicat (ou de foncteur) par toutes les « expressions prédicatives » (ou fonctionnelles) définissables dans le langage considéré. Gödel a convaincu Carnap que ce chemin était impraticable (pour des raisons d'ailleurs variées), et dans la lettre du 11 septembre 1932, il écrit ceci :

> On ne peut à mon avis éviter cette erreur que si l'on admet comme domaine des variables de fonctions, non pas les prédicats d'un langage particulier, mais tous les ensembles et relations en général *.

L'astérisque renvoie à une note étonnante ajoutée en bas du feuillet : « ** Cela ne met pas en jeu quelque chose comme un point de vue platonicien, car je dis que cette Df. d'"' analyt."* [ainsi écrit en abrégé] ne peut être construite qu'à l'intérieur d'une langue [*bestimmten Sprache*] dans laquelle on dispose déjà des concepts d'"'ensemble" et de"relation" *[die Begriffe "Menge" und "Rel." ...].* »

Dans sa réponse du 25 septembre 1932, Carnap remercie Gödel de lui avoir signalé les insuffisances de ses premières tentatives, reconnaît qu'il ne suffit pas de « rapporter l'opérateur de généralité avec des variables de prédicats à des prédicats définissables dans un certain système délimité », mais s'inquiète manifestement de l'irruption d'une notion qui semble outrepasser les limites de la syntaxe, introduire un « contenu » potentiellement irréductible à du formel : « Vous dites on doit l'appliquer (c'est-à-dire l'opérateur de généralité) à "tous les ensembles" ; mais qu'est-ce que cela veut dire ? »

Les lignes suivantes illustrent ce qu'on peut appeler la mythologie carnapienne de la règle – exprimer un concept sous forme de règle, c'est-à-dire de description d'opérations à accomplir, doit nous assurer que le concept a été en quelque sorte syntaxiquement réduit, au sens où il ne fait pas irruption du dehors, de l'au-delà de tout langage :

> Voici ce que j'ai tenté : j'entends par valuation d'un prédicat une règle [*Regel*] qui à chaque expression numérique (par exemple « 0''' ») ou à chaque *n*-uple d'expressions numériques fait correspondre soit « 0=0 », soit « 0≠0 » ; la valuation d'un foncteur est une règle qui à chaque *n*-uple d'expressions numériques fait correspondre une expression numérique. À l'aide de ce concept de valuation on peut définir le concept d'« évaluation » [*Auswertung*] : dans la formule considérée, on substitue à « F(...) » la formule correspondante, et à « f(...) » l'expression correspondante. « [F](...) »[1] est analytique si « ... » est analytique pour toute valuation de F. Prise dans son ensemble, la définition devient assez compliquée, mais elle est faisable. Venons-en pourtant au problème. Si l'on veut vraiment obtenir de la définition ce que l'on en attend, ce n'est pas dans un langage limité de la

---

1. Les crochets autour de « F » sont un quantificateur universel. Dans ces lettres, Carnap parle de *Sprache der Semantik* pour le langage de syntaxe.

> sémantique qu'il faut exprimer la règle qui doit être formulée dans la langue de la sémantique, mais on a le droit de la construire à l'aide de concepts sémantiques quelconques [*mit beliebigen semantischen Begriffen*].
> [...] Mais cela ne fait-il pas problème ? Cela ne me paraît pas faire problème si la Def. d'« analytique dans le langage S » ne peut être donnée dans une sémantique formalisée dans S, mais ne peut l'être que dans une sémantique formalisée dans un autre langage S₂. Mais le fait de se servir d'un concept pour lequel il n'existe pas de langage dans lequel on puisse le définir, paraît tout de même assez discutable [*bedenklich*].
> (Lettre de Carnap à Gödel du 25 septembre 1932).

Deux jours après, dans une autre lettre à Gödel, Carnap semble avoir surmonté les scrupules évoqués à l'instant : une valuation pour un symbole de prédicat n'a plus besoin d'être présentée comme une règle (en fait, une fonction caractéristique de la classe qui interprète la variable de prédicat, fonction qui associe à chaque expression numérique, soit la formule « 0=0 », soit « 0≠0 »), mais est franchement reconnue pour ce qu'elle est, l'assignation d'une classe ou d'une classe de classes, etc., comme valeur de la variable de prédicat (selon son type). Le réquisit qui s'exprimait à la fin de la lettre, qu'un concept d'« ensemble » soit défini dans le langage de syntaxe, ce qui rendrait admissible l'expression « tous les ensembles » ou « toutes les valuations » (de même sans doute que le caractère syntaxiquement définissable de la notion d'« expression prédicative substituable » rendait admissible sans scrupule l'expression « pour toutes les substitutions de prédicats définis »), a été abandonné : il semble maintenant suffire à Carnap que la notion de « toutes les valuations » puisse être exprimée dans un langage de syntaxe formalisé, le langage nécessaire à cette formalisation pouvant être, sans que cela pose de problème particulier, un langage d'ordre supérieur relativement au langage pour lequel cette définition est construite (comme déjà dit plus haut). Voici cette seconde lettre, datée du 27 septembre 1932 :

> Je vous ai écrit avant-hier au sujet d'une difficulté rencontrée dans la Def. d'« analytique ». J'ai trouvé hier la solution : la tournure intervenant dans la Def. « pour toute valuation... » peut effectivement être exprimée dans une Sémantique formulée dans

une langue donnée, à savoir par « [F](...) », parce qu'une valuation est bel et bien un prédicat sémantique [*da ja eine Bewertung ein sem. Pradikat ist*]. Cela est possible même si toutes les valuations possibles, c'est-à-dire tous les prédicats, ne sont pas définissables dans la sémantique considérée. Quand on en vient aux prédicats et aux foncteurs d'ordre supérieur et de type mixte [*höherer Stufe und gemischten Typus*] la chose devient toutefois très compliquée.

Il est notoire que la *Syntaxe logique* n'a pas cherché à approfondir la nature exacte d'un langage formalisé où serait exprimable, « pour toutes les valuations (d'un type quelconque) », en particulier la nécessité d'introduire des variables de type transfini, capables donc de parcourir tous les types (finis) présents dans le Langage II. Carnap ne fait que vaguement allusion aux précisions apportées par Gödel dans une nouvelle lettre de ce dernier, où il encourage Carnap sur la voie de sa « solution » (lettre qui fait écho, notons-le au passage, à la note 40a de l'article de 1931 sur la « vraie raison de l'incomplétude inhérente à tous les systèmes formels des mathématiques »). Voici le passage central de cette lettre :

> Vous avez compris mes indications sur la définition d'« analytique » exactement dans le sens que je leur donnais, si j'en juge par votre seconde lettre. Pour pouvoir faire la chose de façon générale, c'est-à-dire pour les fonctions d'un type fini quelconque, on doit avoir une variable du type immédiatement plus élevé (le type ω), c'est-à-dire une variable qui parcoure *tous* les types finis ; ce qui est *a priori* prévisible, du fait qu'« analytique » ne peut jamais être défini dans le même système sans que des contradictions ne se produisent. Je crois par ailleurs que l'intérêt de cette définition ne réside pas dans l'explication [*Klärung*] du concept « analytique », car on y applique les concepts tout aussi problématiques d'« ensemble quelconque », etc., mais je la présente seulement pour la bonne raison qu'elle permet de montrer que les propositions indécidables deviennent décidables dans des systèmes qui s'élèvent dans la suite des types.
> (Lettre de Gödel à Carnap du 28 novembre 1932).

Les dernières lignes de cette lettre le soulignent, la portée philosophique de la construction formelle d'un concept d'« énoncé analytique » ne réside pas, contrairement à ce que Carnap croyait avoir montré, dans la réduction de cette notion à un ensemble de règles. La présentation par Carnap de la définition sous forme de règles, règles de réduction, de valuation et d'évaluation, ne fait que masquer le contenu mathématique investi dans la notion de « toutes les valuations » obtenues par itération de toutes les opérations habituelles de construction d'ensembles à partir de l'ensemble dénombrable des entiers (ou des expressions numériques que Carnap utilise comme substitut formel de l'ensemble des entiers). Les §§ 34a-i de la *Syntaxe logique* montrent plutôt qu'il est possible de définir un concept absolu et transcendant d'« énoncé mathématique vrai » ou de caractériser le système de tous les énoncés mathématiques vrais en un sens objectif qui ne se confonde pas avec le système de tous les énoncés démontrables (le système des mathématiques « objectives » selon les termes de Gödel *in* « Gibbs lecture », par opposition aux mathématiques « subjectives »), mais sans vraiment tirer au clair les ressources conceptuelles mises en œuvre dans cette définition. La préférence de Carnap pour le mot « analytique » (exprimée dans la lettre du 25 septembre : alors que Gödel lui fait remarquer qu'il s'agit au fond d'une définition de « vrai » mathématique, Carnap répond en trouvant le terme « tout à fait inapproprié » pour exprimer le concept construit) indique assez clairement que le parler syntaxique ou formel, avec ses restrictions, a été mis au service du programme « empiriste » : montrer que les mathématiques sont sans contenu (et en ce sens analytiques). Il est pourtant clair que le concept défini n'a rien de commun, sauf le nom dont Carnap l'a affublé, avec cette notion vague ; à moins, encore une fois, de confondre la spécification d'une classe d'énoncés par une définition mise sous forme de règles et l'idée que ces règles engendrent ou produisent cette propriété des énoncés qu'elles ont permis de caractériser.

Carnap a cependant rencontré la difficulté au point suivant : pour obtenir le théorème 34.i.21, il faut encore prouver que les énoncés démontrables du Langage II sont analytiques au sens du concept qu'on vient de définir – vrais (Carnap évite de le dire) pour toutes les valuations des variables. On le montre, comme il est habituel, en prouvant que les énoncés primitifs du langage sont analytiques et que les règles d'inférence préservent, comme on dit, l'analyticité (théorème 34.i.20). Mais comment peut-on prouver que les énoncés primitifs sont analytiques ? Puisque l'analyticité est définie en termes de règles de transformation à appliquer à un énoncé, il s'agit d'appliquer ces règles et de « vérifier » (ce qui peut exiger une infinité d'étapes) que l'application de ces règles finit par aboutir à « 0=0 ». Mais si l'on fait exactement le compte des « règles » utilisées dans la preuve, comme d'ailleurs Carnap le montre en détail dans les preuves d'analyticité du principe d'induction et de l'axiome du choix (ou plus exactement des énoncés primitifs du Langage II qui expriment les deux propositions), on s'aperçoit que chaque fois le principe en question est utilisé, dans le métalangage, pour prouver l'analyticité de l'énoncé formel correspondant du langage-objet (noté par Carnap au § 34h). On voit clairement ici en quel sens les règles ne peuvent être dites produire, expliquer, ou engendrer l'analyticité : même si la classe des énoncés analytiques a été spécifiée dans un langage de règles, pour montrer qu'un énoncé déterminé appartient à cette classe il faut utiliser dans la preuve l'équivalent intuitif de cet énoncé. Bref, si l'axiome du choix est analytique, c'est en vertu des règles plus l'axiome du choix. Autant dire qu'on n'a nullement montré que l'axiome du choix était vrai en vertu de règles, mais seulement que si l'on adopte comme règle d'inférence, par convention, l'axiome du choix, alors on peut prouver l'axiome du choix sous cette convention.

Carnap a tenté d'échapper à cette conclusion inintéressante, dans le même passage, en revenant à un point de vue explicitement conventionnaliste. On peut choisir d'admettre l'axiome du choix, éventuellement pour des raisons de commodité et de fécondité :

> La question de savoir si le principe du choix doit être admis dans la totalité du langage de la science (y compris toutes les recherches syntaxiques) comme étant logiquement valide ou non, n'est pas décidée par ce fait. C'est là une question de choix, comme toutes les questions concernant la forme de langage qu'on veut choisir (*cf.* le Principe de Tolérance)[1].

1. *S.L.L.*, p. 124.

Il me semble qu'on voit ici clairement comment deux programmes, très différents d'inspiration, s'enchevêtrent : l'un est ouvertement conventionnaliste, sous une forme habituelle – vous pouvez librement décider d'admettre l'axiome du choix et adopter cette convention consistera à le considérer comme « vrai ». Mais s'il n'était question que de cela, point n'est besoin d'aller imaginer, sous l'axiome du choix, des règles ou des conventions sous-jacentes dont il découlerait ; au reste, il ne peut être dérivé d'un système de règles que si celles-ci le contiennent déjà. En revanche, de l'autre inspiration provient l'idée de formuler à l'arrière-plan un système de règles : montrer que les énoncés mathématiques sont issus de ces règles, et en ce sens, sont sans contenu. La circularité qui se fait jour, en ce que ces règles présupposent les contenus dont elles étaient chargées de rendre compte, conduit alors à réactiver le programme conventionnaliste, qui permet d'annuler l'objection de cercle.

On voit mieux, à présent, quel est l'intérêt philosophique propice à toutes les confusions, du parler en termes de « règles ». Si « l'analytique » a pu devenir le « vrai par convention », c'est que la « règle » permet la transition insensible de l'idée de définitions formulées sur le mode formel à celle de conventions. Carnap avait l'habitude de présenter les définitions des concepts « formels » sous forme de règles, et même après que le résultat d'incomplétude de Gödel l'eut convaincu que de telles règles ne permettaient pas de capturer le concept recherché d'énoncé analytique, il a eu tendance à masquer le véritable état de choses en continuant à parler de « règles » dites « règles d'évaluation », alors même que ces nouvelles règles avaient un statut tout à fait différent des anciennes (elles ne constituent justement plus une procédure d'engendrement des énoncés, ce qu'on peut dire aussi en faisant remarquer qu'elles ne décrivent pas une procédure d'énumération effective). Néanmoins, l'essence de la syntaxe ne réside nullement dans cette allure de prescription grammaticale : on peut présenter (par exemple) la définition de « énoncé de S » autrement que sous forme d'une définition inductive, comme le montre la définition du prédicat arithmétique « x est (le nombre de Gödel d') un énoncé de S » (et Carnap le sait bien !). Mais l'usage de cette forme de définition contribue à passer de l'idée que la classe des énoncés analytiques est spécifiable en termes de règles, à l'idée que ces énoncés sont caractérisés par le fait de découler de règles. De plus, de la règle, qui n'est pas tenue d'expliciter le « contenu » qui la justifie, on passe facilement à l'idée de convention ; mais c'est un tour de passe-passe conceptuel ! Une règle, en tant que telle, indique des gestes que nous devons effectuer (ou ne pas accomplir) ; rien n'empêche que les enchaînements prescrits soient par ailleurs fondés dans quelque contenu conceptuel qui constitue, de manière sous-jacente, la norme de l'action ou de l'opération (on ferait bien ici de relire le Husserl des *Prolégomènes*). C'est en substance ce que Gödel fait remarquer contre Carnap dans les brouillons de son article (non publié), « Is mathematics syntax of language ? » : il se pourrait parfaitement qu'un « sens additionnel » nous donne accès à une réalité mathématique objective et que, faisant semblant de ne pas reconnaître une telle réalité, nous posions des conventions syntaxiques en nous arrangeant pour qu'elles rendent vrais exactement les énoncés qui peuvent être perçus comme vrais ou inférés à partir de ce supposé sens additionnel. La règle syntaxique peut fort bien dissimuler un « contenu » plutôt que prouver son absence.

Ajoutons le réel souci de Carnap de pacifier une fois pour toutes la philosophie et nous avons tous les ingrédients pour que se noue la confusion de « vrai par convention ». Le premier programme, issu de la réinterprétation empiriste de Wittgenstein, celui de montrer que les énoncés des mathématiques classiques étaient sans contenu, n'a jamais disparu. Il a même contribué à donner au conventionnalisme de Carnap sa figure particulière : aller chercher dans un système de conventions sous-jacentes la raison de telle propriété manifeste d'un ensemble d'énoncés. Et par ailleurs la représentation de l'analyticité par un système de règles conduit à admettre, le principe de tolérance aidant, qu'on peut bien avoir des concepts différents de l'analyticité relatifs aux systèmes de règles choisis pour l'explication. Et, en ce sens relatif de l'analyticité, on ne voit pas très bien pourquoi tous les énoncés ne pourraient pas, au bout du compte, être représentés comme « analytiques ». Cette conséquence, on va le voir, a été aussi et parfois assumée par Carnap.

2. *Syntaxe générale*

Par « conventionnalisme radical », j'entends le point de vue selon lequel la démarcation entre énoncés analytiques ou logiquement vrais et énoncés factuels ou synthétiques est elle-même une affaire de convention. Nous pouvons choisir un système de langage dont les règles sont telles que certains énoncés soient analytiques (en un sens à spécifier), d'autres synthétiques ; mais dans d'autres systèmes possibles les extensions de ces deux notions seront différentes. Il n'y a donc pas d'énoncés absolument ou en soi « analytiques », puisque chaque système de langage détermine la classe des énoncés qui ont cette propriété. Tout ce que peut faire la syntaxe générale, c'est définir une intension de ce concept (quel sens y a-t-il à dire qu'un énoncé est analytique relativement à un système ?), étant entendu que les classes d'énoncés ainsi définies ne représentent pas une propriété intrinsèque appartenant en propre aux énoncés. Tâchons donc d'oublier le vieux programme empiriste qui devait montrer qu'une classe objectivement déterminée d'énoncés (lesdits « logico-mathématiques ») était constituée d'énoncés dont la nature était tout à fait singulière ; tâchons même d'oublier le conventionnalisme habituel, pour qui la démarcation entre les énoncés qui renvoient à un donné et les énoncés qui reposent sur une convention est elle-même non conventionnelle.

Si ce projet est réalisable, on perçoit son intérêt relativement au caractère largement flottant, indécis et variable semble-t-il dans le temps de la distinction entre énoncés analytiques et énoncés synthétiques dans le langage ordinaire. On peut imaginer que ce caractère fluctuant corresponde à la présence latente, dans le langage ordinaire, de plusieurs « schèmes linguistiques » ou conceptuels qui coexistent implicitement ; la tâche de clarification de la syntaxe consiste justement à formuler, sous forme de systèmes de langages explicites, les différents points de vue enchevêtrés dans le langage ordinaire (et dans nos réflexions ordinaires sur le langage ordinaire).

Il doit d'abord être clair que ce programme fut *aussi* celui de Carnap :

> Nous allons montrer comment les concepts syntaxiques les plus importants peuvent être définis au moyen du terme « consé-

quence directe ». Au cours de ce procès il deviendra clair que les règles de transformation déterminent non seulement des concepts, comme « valide » et « contra-valide », mais aussi la distinction entre symboles logiques et descriptifs, entre variables et constantes et, en outre, entre règles de transformation logiques et extra-logiques (physiques) d'où provient la différence entre « valide » et « analytique »[1].

On ne saurait dire plus clairement qu'il n'y a, entre le logique et le descriptif (pour les symboles), et entre la vérité logique et les autres vérités (le valide, déterminé par les règles, mais non logique, et le « factuel », qui relève d'une autre source d'engendrement de vérités), que des différences internes et relatives à un système de langage. Pris à la lettre, ce programme annule évidemment la signification de l'autre programme, qui consisterait à montrer que le logico-mathématique est en soi et absolument analytique.

Certains textes montrent que Carnap a clairement saisi l'opposition d'inspiration des deux programmes. Discutant l'idée de Wittgenstein selon laquelle c'est la caractéristique des énoncés logiques que nous puissions reconnaître leur vérité à la forme même des énoncés en question, et que c'est la marque des énoncés factuels que nous ne le puissions pas, il commente :

> Cette affirmation, qui exprime bien la conception absolutiste du langage qui est celle de Wittgenstein, conception qui néglige le facteur conventionnel dans la construction des langages, n'est pas correcte. Il est certainement possible de reconnaître à sa forme seule si un énoncé est analytique ; mais seulement si les règles syntaxiques du langage sont données. Néanmoins, si ces règles sont données, la vérité ou la fausseté de certains énoncés synthétiques, ceux qui sont déterminés, peut aussi être reconnue à leur forme seule[2].

Comme le montre le fragment suivant, Carnap n'a pas reculé devant les conséquences extrêmes de son relativisme concernant le choix des langages : mettez n'importe quel énoncé, aussi « factuel » soit-il, parmi les règles de transformation, et cet énoncé sera *ipso facto* valide :

---

1. *S.L.L., op. cit.*, § 46.
2. *Ibid.*, § 52.

La première suggestion qui se présente est d'inclure parmi les énoncés primitifs ce qu'on appelle les lois de la nature, c'est-à-dire les énoncés universels de la physique (« physique » est à prendre ici au sens le plus large). Il est aussi possible d'aller encore plus loin et d'inclure non seulement les énoncés universels, mais aussi les énoncés concrets – tels que des énoncés d'observation empiriques. Dans le cas le plus extrême, nous pouvons aller jusqu'à étendre les règles de transformation de S de telle sorte que tout énoncé qui est momentanément reconnu (soit par un individu particulier, soit par la science en général) est valide dans S [1].

On peut remarquer assez ironiquement que cette suggestion extrême de Carnap anticipe les remarques de Quine dans « Truth by convention » selon lesquelles on peut toujours s'arranger pour rendre n'importe quelle portion de science empirique « vraie par convention », et ce de manière encore plus brutale que le processus décrit par Quine dans le même article, puisqu'il n'est même plus question de « circonscrire » d'abord quelques termes empiriques « primitifs » pour rendre ensuite médiatement « vrais par convention » les énoncés qu'on peut paraphraser à l'aide de ces termes primitifs. Seulement la portée des conclusions qu'en tire Quine – que le caractère indéfiniment extensible de ce processus montre qu'on n'a épinglé aucune caractéristique distinctive des vérités logico-mathématiques en les présentant comme engendrées par des conventions –, cette portée est annulée à présent dans le cadre du conventionnalisme radical. On répondra à Quine qu'il ne s'agissait pas d'établir une marque distinctive de certains énoncés, mais de fixer conventionnellement des démarcations arbitraires (dont tout ce qu'on peut dire est que certaines ressemblent plus à la pratique habituelle de la science, d'autres moins). Encore une fois, le nouveau programme est immunisé contre les objections adressées à la doctrine linguistique de la vérité logique.

Cela étant, il semble bien que la différence entre L-règles de transformation et P-règles (c'est-à-dire entre règles qui méritent en un certain sens le nom de « logiques » et les autres) appartienne à la syntaxe générale, autrement dit : 1) puisse être caractérisée en termes purement formels (ceci pour le côté « syn-

1. *Ibid.*, § 51.

taxe ») et 2) puisse être tracée pour des langages quelconques ou pour tout langage (ceci pour le côté « général »), sous réserve du moins qu'on puisse établir une distinction également générale entre signes logiques et signes descriptifs. En effet, soit *s* un énoncé conséquence (relativement aux règles de S) d'une classe *K* (finie ou infinie) d'énoncés ; *s* est L-conséquence (conséquence « logique » du point de vue de S) de *K ssi*, ou bien *s* et *K* sont logiques, c'est-à-dire composés de symboles logiques uniquement, ou bien *s* et *K* contiennent des symboles descriptifs, mais pour tout *s'* et *K'* obtenus par substitution aux symboles descriptifs d'autres symboles de la même catégorie (après réécriture des expressions définies en termes de primitifs), *s'* est conséquence de *K'* ; sinon, *s* est P-conséquence de *K* (définition du § 51). Carnap donne les deux exemples simples d'une « théorie » physique empirique formulée en français (ou en anglais) où valent les « lois » ordinaires de la logique ordinaire et de la physique d'observation ordinaire ; de l'énoncé :

> (1) ce corps est en fer

l'énoncé

> (2) ce corps est en métal

est conséquence logique (on suppose que le prédicat « métal » figure dans la définition de « fer »), mais l'énoncé

> (3) ce corps ne flotte pas dans l'eau

est seulement P-conséquence (on suppose que la « loi » le métal ne flotte pas dans l'eau est comptée au nombre des énoncés primitifs de ce fragment de théorie). La définition donne les résultats attendus sous la classification usuelle des mots en « logiques » et « descriptifs ». Le problème est donc de savoir si la syntaxe générale peut proposer une distinction elle-même générale entre signes logiques et descriptifs, entendant par là non plus une distinction qui retrouve la distinction usuelle entre mots logiques et extra-logiques (qui serait alors simplement autrement formulée, sur le mode formel), mais une distinction arbitraire, et relative au langage considéré. Dans ce cas, le terme « logique » serait plutôt un nom commun désignant des « logiques » différentes, mais qui auraient toutes quelque caractère commun de langage à langage.

La classe des signes logiques d'un langage est, semble-t-il, la plus grande classe de signes telle que : 1) il y a des énoncés construits avec ces signes seulement et 2) tout énoncé qui ne contient que ces signes est déterminé par les règles de transformation, c'est-à-dire soit valide, soit contra-valide (définition du § 50). Mais n'aboutit-on pas à la conséquence bizarre que dans un langage où tous les énoncés d'observation reconnus pour vrais sont admis *ipso facto* au nombre des règles de transformation, donc sont valides et partant déterminés, tous les signes peuvent être comptés comme logiques ? Non, sans doute, dans la mesure où à aucun moment on ne peut escompter que tous les énoncés atomiques (sans connecteur ni quantificateur, et dont on s'attend justement qu'ils soient composés de signes qualifiables de « descriptifs », prédicats et constantes d'individu) soient déterminés : Carnap le fait remarquer, un langage où nous admettrions tous les énoncés d'observation vrais parmi les règles serait « continuellement en expansion », et à chaque moment il y aurait encore des énoncés atomiques indéterminés. Jointes à cette dernière considération, les deux clauses réunies permettent d'isoler une classe de signes (classe éventuellement vide, pour les langages dits « logiques ») non logiques. Mais il est probable qu'on ne peut tomber sur la « bonne » classe de signes non logiques, c'est-à-dire sur des symboles de prédicat qui seront comptés pour tels (et qui permettront ultérieurement de distinguer L-règles et P-règles), que si les constantes d'individu sont comptées parmi les symboles logiques comme c'est en effet le cas avec les Langages I et II pris comme exemple, qui sont des langages de coordonnées, où des positions sont désignées par des symboles numériques (0, 0', 0", ...). Dans ce cas en effet, on peut imaginer que des symboles de prédicat soient exclus des signes logiques, parce que dans le cas contraire on aurait des énoncés atomiques formés exclusivement de signes logiques, et la clause 2) serait sans doute violée (en raison des considérations précédentes sur l'impossibilité de déterminer par des règles tous les énoncés atomiques). En revanche, si les constantes d'individu ne sont pas rangées parmi les signes logiques, les énoncés atomiques sont exclus des énoncés qui peuvent être construits avec des signes logiques seulement ; mais alors on ne voit pas pourquoi des symboles de prédicat quelconques, combinés avec des symboles classés usuellement comme logiques (connecteurs, quantificateurs et variables), ne pourraient pas être comptés comme logiques : il n'y a aucune raison de penser que des règles de transformation en nombre suffisamment grand et choisies *ad hoc* ne puissent rendre déterminés de tels énoncés, qui exprimeront nécessairement une certaine généralité. L'argument du caractère inépuisable des énoncés atomiques tombe en effet dans ce cas, puisque eux seuls font obstacle à l'idée d'une détermination exhaustive de leur classe par des règles de transformation ; mais aussi ils sont d'emblée exclus de notre considération. Cet argument a une certaine ressemblance avec un argument développé par Quine et qui aboutit à une conclusion analogue[1] : on ne peut éviter que des symboles de prédicat qu'on voudrait descriptifs ne soient rangés parmi les symboles logiques que grâce aux coordonnées numériques. J'avoue cependant mal saisir le fil du raisonnemment de Quine, en particulier parce qu'il semble prendre « déterminé », non au sens de Carnap (c'est-à-dire décidé par les règles), mais au sens beaucoup plus faible de « spécifiable syntaxiquement ». J'ai argué plus haut que ces deux expressions n'étaient pas forcément synonymes.

La considération suivante illustre également à quel point la vraisemblance de cette définition est dépendante de l'utilisation exclusive de langages de co-ordonnées. La clause 1) fait en effet dépendre l'existence d'une classe de signes logiques de l'existence d'une classe d'énoncés écrits avec ces signes seulement. Toutefois, si les constantes d'individu ne sont pas des expressions numériques désignant des positions, mais des « noms » renvoyant à quelque domaine d'objets, les variables peuvent-elles encore être comptées parmi les signes logiques ? C'est une question qu'à ma connaissance Carnap ne s'est pas posée à l'époque de la *Syntaxe logique*, mais qu'il a formulée explicitement en 1942 ; et la (bonne) réponse vers laquelle il incline alors est qu'une variable dont le parcours de valeurs est spécifié par un prédicat descriptif dans le métalangage devrait être comptée comme un signe descriptif[2]. Si tel est le cas, dans un langage de noms les variables ne doivent pas être comptées parmi les signes

---

1. Quine, « Carnap and logical truth », *op. cit.*
2. Carnap, *Introduction to Semantics*, 1942.

logiques, et il n'y a tout simplement pas d'énoncé écrit avec des signes logiques seulement. La clause 2) est donc trivialement satisfaite, puisqu'il n'y a pas d'énoncé logique ; mais elle échoue certainement à caractériser une classe de signes. La valeur de la définition est dans ce cas pour le moins douteuse, mais on ne peut pas non plus en tirer la conclusion que des symboles de prédicat pourraient passer de manière inattendue pour des signes logiques, et le raisonnement de la page précédente est invalidé.

Il n'est pas certain, cependant, que Carnap aurait vu dans cette conclusion une objection contre l'adéquation de sa définition : qu'un prédicat considéré comme descriptif dans un langage puisse être considéré comme logique dans une autre théorie, parce qu'une « loi générale » le détermine pour chaque individu du domaine (de même qu'un foncteur est « logique » si sa valeur est déterminée en tout point par la théorie), c'est là une conséquence explicitement assumée par Carnap en 1937, au § 50. Et en un sens, peu importe que la syntaxe générale soit capable de construire un concept général de la distinction logique/descriptif, ambition à laquelle Carnap semble avoir renoncé[1] : la logicité n'est peut-être affaire que d'homonymie, lorsqu'on passe d'un langage à un autre, sans que ce point constitue une objection (bien au contraire) au conventionnalisme radical.

3. Questions de sémantique

En dépit de ces considérations, Carnap n'a pas abandonné le premier programme, et en 1939 *Foundations of Logic and Mathematics* réactive la tentative de montrer que les énoncés logico-mathématiques forment une classe bien déterminée d'énoncés dont la vérité repose sur d'autres bases que la vérité des énoncés factuels. Ces lignes en témoignent :

> Nous allons devoir traiter la question de la nature des théorèmes logiques et mathématiques. Il deviendra clair qu'ils ne possèdent aucun contenu factuel. Si nous les appelons vrais, alors il est

1. *Ibid.*, §§ 13 et 39.

question d'un autre genre de vérité [*another kind of truth*], qui ne dépend pas des faits. [...] Mais quelle est la base de leur validité[1] ?

Cependant, l'équivoque condensée dans l'idée de « vrai par convention » permet au même texte de se réclamer par ailleurs du relativisme et du conventionnalisme radical : non seulement la construction des Calculs non interprétés est affaire de libre choix (ce qu'on peut accorder sans peine), mais la construction des Systèmes sémantiques, y compris dans leur partie proprement logique (les règles dites « L-sémantiques » qui fixent, à parler intuitivement, le sens des symboles logiques), est conforme au Principe de Tolérance :

Même ici, les conventions sont d'une importance fondamentale ; car la base sur laquelle la logique est construite, à savoir l'interprétation des signes logiques (par exemple, par une détermination des conditions de vérité), peut être librement choisie.

Il est important d'avoir conscience de la composante conventionnelle dans la construction d'un système de langage. [...] La tâche n'est pas de décider quelle est parmi les différents systèmes la « logique correcte », mais d'examiner leurs propriétés formelles[2]...

Il reste que, comme le suggère le titre de l'opuscule, l'inspiration dominante est de nouveau, semble-t-il, « fondationnaliste » : simplement, ce sera maintenant à la « sémantique », à laquelle Tarski a converti Carnap (dans la version de l'histoire que propose Carnap, et sous réserve d'inventaire), qu'il reviendra de clarifier la nature particulière de la vérité logico-mathématique.

Le but est donc de montrer que les énoncés mathématiques vrais sont « sans contenu factuel », « analytiques » (ce terme désigne ici, contrairement aux choix terminologiques de la *Syntaxe logique*, le concept ordinaire, l'*explicandum*), ou encore « L-vrais » (§ 7 et 19, en particulier les lignes suivantes : « Puisque les énoncés mathématiques, dans l'interprétation habituelle, sont L-déterminés, ils ne peuvent avoir de contenu

---

1. Carnap, *Foundations of Logic and Mathematics*, 1939.
2. *Ibid.*, § 12.

factuel »). Par ailleurs, un énoncé d'un système sémantique S est L-vrai s'« il est vrai d'une manière telle que les règles sémantiques de S suffisent à établir sa vérité » (*ibid.*, § 7). Je reviendrai ultérieurement sur le problème qui se cache dans cette formulation, mais admettons provisoirement l'idée que la vérité logique est cette vérité qui « découle » des règles sémantiques d'un système de langage.

L'administration de la « preuve » passe par deux étapes : 1) construction d'un Calcul « mathématique » ; 2) démonstration que son interprétation normale ou « attendue » est logique et L-déterminée.

Un Calcul C (ou système syntaxique) est la donnée de règles de formation qui définissent le concept de « formule de C » et de règles de déduction, qui définissent le concept « prouvable dans C » ou, comme dit curieusement Carnap, « C-vrai » (mais le mot « vrai », dans ce contexte, a-t-il encore un sens ?). Un Calcul « mathématique » est ainsi nommé dans la mesure où son interprétation habituelle (une interprétation d'un calcul est un système sémantique approprié à ce Calcul, c'est-à-dire qui détermine les conditions de vérité de toutes les formules du calcul) est justement mathématique : par exemple un système d'axiomes (formels) de Peano est un Calcul dont simplement la « base logique » est laissée implicite et qui est appelé « un système d'axiome de l'arithmétique parce que dans son interprétation habituelle, il est interprété comme une théorie des nombres naturels » (*ibid.*, § 17). Comme dans la *Syntaxe logique* on avait tenté de montrer la validité logique des mathématiques en prouvant l'analyticité des formules prouvables du Langage II, on va montrer à présent que l'arithmétique (pour fixer les choses) est analytique en montrant que les théorèmes du Calcul correspondant (les formules « C-vraies ») sont, d'une certaine manière, L-vrais (vrais en vertu des règles sémantiques d'un système).

Or cela ne va nullement de soi, si l'on regarde de près le fonctionnement des règles sémantiques. Supposons que dans un certain Calcul la formule

$$b \text{ est un } N$$

« exprime » le premier axiome de Peano. Un système séman-

tique où les règles de désignation stipulent que « *b* » désigne 0 et
« *N* » la classe des entiers finis permettra bien d'énoncer les
conditions de vérité de cette formule, par exemple sous la forme

« *b* est un *N* » est vrai *ssi* 0 est un nombre.

Un tel système sémantique constituera même une interprétation vraie du Calcul en question, au sens où un système
sémantique S est une interprétation vraie d'un Calcul C si toute
formule prouvable de C est vraie dans S. Mais en général ce
n'est pas S lui-même qui nous dit que telle formule est vraie :
Carnap le sait bien, « connaître les conditions de vérité d'un
énoncé est (dans la plupart des cas) bien moins que connaître sa
valeur de vérité[1] ». Il faut insister sur ce point, tant l'évidence
que 0 est un nombre peut nous aveugler sur la portée exacte des
règles sémantiques : elles donnent un sens aux formules d'un
système formel en déterminant leurs conditions de vérité, elles
ne se prononcent pas sur leur vérité. Nous sommes ici, *prima
facie*, dans la même situation qu'avec un système qui inter-
préterait « *b* est un *N* » par « le crayon de Pierre est noir ». Il
faudrait aller voir les faits pour aller plus loin : pourquoi ne pas
penser qu'il faut de même sortir des règles sémantiques et avoir
l'intuition d'un fait mathématique, pour savoir que 0 est un
nombre ?

Reprenons la terminologie de Carnap : ce qu'il faut montrer,
ce n'est pas simplement qu'il existe une interprétation vraie du
Calcul arithmétique, mais qu'il existe une interprétation
L-vraie, c'est-à-dire telle que les règles sémantiques suffisent à
montrer que l'interprétation est vraie, ce qui est une autre
manière de dire que les règles sémantiques suffisent à montrer
que les théorèmes du Calcul sont vrais dès qu'interprétés. Car
dans ce cas (moyennant une confusion volontaire entre les formules du calcul et les énoncés du système sémantique), tout
énoncé C-vrai (tout théorème) devient L-vrai.

Le détour (de style logiciste orthodoxe) est simplement le suivant : on se donne un Calcul d'ordre supérieur (si les variables
d'individu sont comptées comme d'ordre 0, contenant au moins
des variables de prédicats d'ordre 3), avec les axiomes et règles
d'inférence appropriées, et l'interprétation normale de ce Cal-

---

1. Carnap, *Introduction to Semantics, op. cit.*

cul, qui est une interprétation logique, c'est-à-dire telle que les formules de C, en tant qu'énoncés, ne contiennent que des signes logiques. En conséquence, l'interprétation est donnée par les règles dites « L-sémantiques » seulement, qui fixent le sens des constantes logiques. Le Calcul est alors enrichi de définitions (0, le successeur de m, la notion de cardinal fini), les signes définis ayant leur sens attendu en vertu de l'interprétation des signes primitifs *via* les chaînes de définitions.

Moyennant une corrélation entre le Calcul arithmétique et le Calcul d'ordre supérieur (« *b* » est corrélé au « 0 » défini, les variables numériques sont corrélées aux variables d'ordre trois, etc.), l'interprétation logique du Calcul logique devient une interprétation secondaire du Calcul arithmétique. Et l'on arrive au point crucial : a-t-on par ce biais montré que les formules C-vraies (les théorèmes) du Calcul arithmétique sont L-vraies en quelque façon, c'est-à-dire vraies en vertu des règles sémantiques qui président à l'interprétation du Calcul logique ? Voici le passage où Carnap semble affirmer que tel est bien le cas :

> Si nous assumons que l'interprétation normale du calcul logique est vraie, on montre que l'interprétation secondaire donnée du système de Peano est vraie en montrant que les corrélats des axiomes sont C-vrais. Et on peut en effet montrer que les [axiomes de Peano] sont prouvables dans le calcul fonctionnel d'ordre supérieur pourvu que des règles appropriées de transformation soient posées. Comme l'interprétation normale du calcul logique est logique et L-vraie, l'interprétation donnée du système de Peano est aussi logique et L-vraie[1].

Si ce qu'affirme Carnap est vrai, alors en effet on aura atteint le but annoncé : la validité des vérités arithmétiques repose sur les règles sémantiques d'un langage. Mais Carnap n'a nullement montré ce qu'il *fallait* établir ; on veut bien en effet que les axiomes du calcul arithmétique deviennent des théorèmes du calcul logique, c'est-à-dire des formules C-vraies de ce calcul – mais ce n'est pas le point. Ce qu'il fallait montrer, c'est que lesdites règles de transformation appropriées nécessaires à la dérivation des axiomes arithmétiques dans le calcul logique (pensons à un Axiome de l'Infini) sont elles-mêmes L-vraies, vraies

---

1. Carnap, *Foundations of Logic and Mathematics*, § 17.

en vertu des règles sémantiques de l'interprétation logique, ou encore que les règles sémantiques suffisent à prouver que l'interprétation est vraie (auquel cas on a bien une interprétation L-vraie, donc L-déterminée, et des énoncés sans « contenu factuel »). Mais il est exclu qu'à partir des seules règles sémantiques pour les connecteurs et le quantificateur universel on puisse montrer que l'axiome de l'infini est vrai. Carnap a sauté par-dessus la difficulté moyennant l'affirmation non justifiée qu'il y a une interprétation L-vraie pour la totalité des axiomes qui permettent de reconstruire l'arithmétique dans une logique d'ordre supérieur. Or on peut douter que des règles sémantiques suffisent à montrer la vérité de ces axiomes, à moins que le contenu de ces axiomes ne soit de quelque façon incorporé dans le système sémantique lui-même. Auquel cas nous nous retrouvons dans la situation où nous avait laissés la *Syntaxe logique* : il fallait se donner d'une main ce que nous retrouvions de l'autre.

Autant *Foundations* se rattache directement à la problématique de la nature des vérités mathématiques (comme la troisième partie de la *Syntaxe logique*), autant *Introduction to Semantics* (1942) renouvelle les thèmes conventionnalistes de la syntaxe générale, au point que cette fois le programme hérité du cercle de Vienne est totalement passé sous silence (ce point est peut-être lié au relatif désengagement de Carnap sur les questions de fondements des mathématiques, noté par certains commentateurs). La portée philosophique de l'ouvrage étant plutôt malaisée à cerner, je me contenterai de quelques remarques.

Carnap sait, on l'a vu, que la définition proposée en 1939 du logiquement vrai, selon laquelle est L-vrai un énoncé dont la vérité « découle » ou « s'ensuit » des règles sémantiques du système, est insuffisante. Mais la manière dont il diagnostique cette insuffisance est remarquable : en effet, ce n'est pas quelque circularité qui rend la définition inopérante et si, d'une certaine manière, Carnap ne tombe pas sous l'objection de Quine-Putnam (on ne peut définir le logiquement vrai comme ce qui est conséquence logique de règles ou de conventions), ce n'est pas au motif du contenu de l'objection. Simplement une telle « définition » est inutilisable tant que le concept de « conséquence logique » qu'elle met en œuvre en tant que concept spécifiant la logique du métalangage (ou plus exactement de la métathéorie sémantique) n'a pas été exactement construit. Une autre manière de dire la même chose est celle-ci : la proposition de définir « l'énoncé s est L-vrai (dans S) » par « l'énoncé (du métalangage) " s est vrai " est logiquement vrai dans le métalangage M » (formulation qui a l'avantage de montrer que le *definiens* proposé appartient au méta-métalangage MM) suppose un concept de L-vrai pour le métalangage, et est donc en attente d'une complète « formalisation » du métalangage, au cours duquel il serait à son tour reconstruit sous la forme d'un système sémantique. Rien, semble-t-il, ne s'opposerait à l'utilisation de cette définition si un tel concept de vérité logique pour le métalangage était disponible, rien dans tous les cas qui ressemble à une objection de circularité.

Or pour n'émettre de réserve à cette procédure que la non-formalisation de M (« L-vrai dans M » n'est pas encore exactement défini dans MM), il faut avoir renoncé à l'idée d'un concept absolu de vérité logique que précisément le terme exact « L-vrai » serait destiné à représenter, que ce soit syntaxiquement ou par des règles sémantiques, de telle manière que le même contenu soit finalement formalisé dans le *definiendum* et dans le *definiens*. Il faut avoir renoncé à l'absolutisme logique et avoir choisi son opposé, le relativisme, où il y a autant de logiques qu'on veut (en fait, l'héritage du programme viennois, le projet de montrer que le logiquement vrai est le vrai par convention, est inspiré par l'absolutisme logique). Et de nouveau nous voyons Carnap (sans que ce point soit explicitement soulevé en 1942) réinterpréter « vrai en vertu des règles sémantiques » de manière totalement relativiste : la logique du « en vertu » n'a nullement besoin d'être la même logique que celle qui est ainsi définie.

Mais n'aboutit-on pas ainsi fatalement à transformer toutes les vérités en conventions ? Si le logiquement vrai est le « vrai par convention », et s'il y a autant de logiquement vrai que de logiques, cela ne suppose-t-il pas qu'il y ait autant de « vérités » que de conventions qui décident de tenir pour vrais tels et tels énoncés ? Nous touchons là, me semble-t-il, un point très obscur de la théorie sémantique comme à la fois « théorie du vrai et théorie de la déduction logique », ou plus précisément de la

mise au service de la légitimation de la distinction : vérité fac-
tuelle-vérité logique d'un certain nombre de procédures inspi-
rées de la sémantique à la Tarski. Je n'exprimerai ici que des
doutes et des questions.

Le scrupule qu'on peut avoir à l'idée est le suivant : acceptons
encore une fois que le logiquement vrai est le vrai qui est tel en
vertu (quelle que soit la logique à l'œuvre dans le métalangage
pour donner sens à ce « en vertu de ») des règles sémantiques
d'un langage. Mais quel concept de vérité est à l'œuvre dans
cette proposition de définition ? Carnap le souligne à maintes
reprises, c'est dans un cadre de sémantique générale que nous
cherchons à définir les L-concepts comme L-vrai, L-implication,
L-équivalence, sur la base d'autres concepts sémantiques primitifs qui doivent donc également appartenir à la théorie générale.
Autrement dit, nous voulons définir « L-vrai dans S », où S est
une variable parcourant les langages artificiels (ou du moins certains langages, puisque le langage dans lequel est construite cette
définition doit être exclu sous peine d'antinomie). Si donc le
concept « vrai » est utilisé dans la définition générale de « L-
vrai », il doit lui aussi appartenir à la sémantique générale. Mais
peut-il y avoir un concept de vérité dans la sémantique générale ?

Si l'on pense à des procédures « à la Tarski », la réponse est
non, pour la raison simple que la définition du prédicat de
vérité relativement à un langage suppose que le métalangage utilisé à cette fin contienne, outre l'appareil logique général et les
concepts de la morphologie du langage-objet, de quoi exprimer
les mêmes notions et les mêmes assertions que le langage-objet.
On ne voit donc pas comment une procédure de même style
pourrait concerner des langages quelconques. Mais cette
remarque ne prouve pas grand-chose en ce qui concerne Carnap, dans la mesure où, à la différence de Tarski, il ne paraît
nullement lié par l'exigence de n'accepter aucun terme proprement sémantique comme terme primitif, c'est-à-dire par l'exigence d'une réduction de la sémantique à la théorie « morpholo-
gique » (ce terme, souligne Tarski, étant à prendre ici en un sens
suffisamment large) du langage-objet. À maintes reprises au
contraire, la sémantique apparaît chez Carnap comme une théorie à part entière opérant avec ses termes primitifs propres (en

1942, un concept de L-domaine [*L-range*] est pris explicitement comme terme sémantique primitif). Malgré l'homonymie entre « conception sémantique du vrai » et « concept sémantique du vrai », il ne faut pas se faire d'illusion sur ce point. Rien n'exclurait donc *a priori*, du point de vue de Carnap, qu'on opère en sémantique générale avec un concept primitif de « vrai ».

L'incertitude sur la présence d'un prédicat de vérité (primitif ou non) dans la sémantique générale est peut-être sans importance, puisque finalement Carnap renonce à utiliser la suggestion discutée (L-vrai signifiant vrai en vertu des règles) comme définition de la vérité logique, au motif qu'elle appartient non au métalangage, mais au méta-métalangage. Cependant, il ne renonce pas tout à fait à cette suggestion, qu'il conserve finalement en lui donnant le statut d'un *critère* d'adéquation matérielle pour toute définition d'un prédicat qui puisse prétendre avoir le sens attendu pour « L-vrai » : un prédicat sera un prédicat adéquat pour « L-vrai » *ssi* sa définition implique que les énoncés auxquels il s'applique soient « vrais » en vertu des règles sémantiques.

> Nous avons là non pas une définition pour « L-vrai dans S » dans la sémantique générale, mais seulement une définition d'adéquation qui peut servir comme standard pour l'examen de toute définition de la L-vérité proposée dans la sémantique générale ou dans une sémantique spéciale [1].

Laissons de côté la question de la sémantique générale pour nous concentrer sur la sémantique d'un langage déterminé ; quelle que soit la définition de « L-vrai » pour ce langage (qu'elle suppose un métalangage modal ou qu'elle utilise le concept primitif de « L-domaine »), il faut qu'elle passe le test d'adéquation. Et en particulier, pour qu'un énoncé soit L-vrai, il faut d'abord qu'il soit tout simplement *vrai* (il faut en outre que cette vérité découle des règles). Et vrai, ici, signifie bien sûr vrai au sens du concept de vérité défini dans le système sémantique considéré : cela veut dire que l'énoncé en question appartient à une certaine classe d'énoncés, puisque la définition du prédicat de vérité spécifie une certaine extension. Cela signifie-t-il plus ?

---

1. Carnap, *Introduction to Semantics, op. cit.*, § 16.

Cela signifie-t-il, en particulier, quelque conformité aux faits, parce que la définition du prédicat sémantique de vérité retiendrait quelque trait de l'idée classique, ordinaire ou « aristotélicienne », de vérité ?

Si tel est le cas, les énoncés logiquement vrais sont tout d'abord, en un sens ordinaire, ordinairement vrais ; le monde est bien tel qu'ils disent qu'il est (même s'il en était de même dans tous les mondes possibles, même s'il était nécessaire qu'il en soit ainsi ; il n'empêche, vrais dans tous les mondes, ils le sont en particulier dans ce monde-ci). Et l'on voit le problème, qui ne concerne pas la technique de la construction des systèmes sémantiques, mais l'interprétation philosophique de cette construction : ou bien le relativisme logique, acceptant autant de « logiquement vrai » qu'on veut, mais exigeant néanmoins le test d'adéquation, suppose un remaniement conventionnaliste de l'idée de vérité (mais alors il y a un élément de conventionnalité dans la plupart des énoncés tenus pour vrais et, une fois encore, ce n'est pas là un trait distinctif qui permettrait d'épingler la vérité « logique ») ; ou bien l'intervention du prédicat de vérité, héritier d'un sens classique de la vérité, a pour effet de limiter, voire d'annuler, les rêveries de pluralisme et de relativisme.

Ce n'est peut-être pas un vrai problème, si l'on pense que ladite « conception sémantique du vrai », en dépit des allégations de Tarski, est philosophiquement neutre sur la question de la nature de la vérité. En revanche, c'est un sérieux problème pour Carnap, qui pensait que le réquisit formulé dans la Convention T faisait de la théorie sémantique du vrai l'héritière de la conception classique de la vérité et donnait une forme exacte à l'idée de correspondance avec le fait[1]. La sémantique scientifique est légitimée par l'appel à un concept absolu de vérité (Carnap aurait pu faire remarquer, comme il le fait à propos des concepts « vérifié », « hautement confirmé », etc., que le concept « tenu conventionnellement pour vrai » était un concept pragmatique). Ce qu'on peut appeler le « réalisme sémantique » de Carnap est ainsi en opposition manifeste avec le conventionnalisme par ailleurs proclamé (et le relativisme logique qui en est solidaire). C'est au point que Carnap lui-

---

1. *Ibid.*, § 7.

même a exprimé quelque inquiétude sur la compatibilité de la théorie sémantique et du principe de tolérance, comme le montre le texte suivant, extrait d'une évaluation rétrospective de la *Syntaxe logique* :

> Le *Principe de Tolérance* (mieux nommé peut-être « principe de conventionnalité ») tel qu'expliqué au § 17 de la *Syntaxe* est encore maintenu. Il affirme que la construction d'un calcul et le choix de ses traits particuliers sont affaire de convention. D'un autre côté, la construction d'un système de logique, c'est-à-dire les définitions des L-concepts à l'intérieur d'un système sémantique donné, n'est pas une affaire de simple convention ; ici, le choix est de manière essentielle limité si les concepts doivent être adéquats (*cf.* plus haut, § 16)[1].

La référence l'indique, et on pouvait s'en douter, c'est le réquisit d'adéquation des L-concepts exigeant qu'ils soient appliqués à des énoncés vrais (même si leur vérité peut être déduite des règles seules) qui est évoqué comme facteur de limitation de l'arbitraire. Tout se passe comme si la théorie sémantique nous avait inclinés à revenir, insensiblement, à la première compréhension de « vrai par convention ». Il est donc moins étonnant que lors du débat avec Quine, dans les années cinquante-soixante, Carnap n'ait pas invoqué les thèmes strictement conventionnalistes à l'œuvre dans l'autre compréhension de « vrai par convention », pour annuler la portée des objections de Quine contre l'explication d'un concept absolu de l'analyticité.

En un sens, Carnap est tombé dans le piège que lui tendait Quine en soutenant la thèse paradoxale qu'aucun énoncé du langage naturel ne pouvait être sérieusement dit « analytique », pas même le fameux « tous les célibataires sont non-mariés », quand il a tenté de relever le défi par la construction de règles explicites de synonymie dans un langage artificiel, lesdits « pos-

---

1. *Ibid.*, § 39. Church a aussi exprimé son inquiétude sur la compatibilité du Principe de Tolérance et de la sémantique dans son compte rendu « Carnap's *Introduction to Semantics* », 1943.

tulats de signification ». Car bien sûr, la formulation de stipulations explicites dans un langage formel ne prouve rien quant au statut épistémologique intrinsèque de tels et tels énoncés dans le langage ordinaire (et même dans le langage ordinaire de la science) : on touche là aux limites de l'explication des concepts, qui est peut-être un instrument de clarification, mais certainement pas une « explication » au sens de l'analyse d'un mécanisme causal. D'une part, on peut faire remarquer qu'un énoncé comme « tous les célibataires sont non mariés », s'il comporte l'élément trivial d'arbitraire qui consiste à disposer d'un mot simple pour la signification complexe – « personne adulte n'ayant jamais été mariée » –, n'est justement pas conventionnel au sens de « faisant ou ayant fait l'objet d'une convention ». D'une certaine manière, cet énoncé n'est pas vrai *par* convention ni *par* définition, tout simplement parce que la langue ne laisse pas place ici à la moindre stipulation (à supposer qu'il y ait dans ce type d'exemples un enjeu théorique suffisamment important pour faire l'objet d'une convention). Putnam le fait remarquer : « Les énoncés analytiques dans un langage naturel ne sont pas ordinairement vrais par stipulation, sinon en un sens métaphorique [1]. » En revanche, si, comme le pense Putnam, on a là un exemple probant et incontestable de stricte analyticité (stricte mais scientifiquement inintéressante), le problème n'est pas de pouvoir, mais de devoir représenter ce fait dans tous les langages artificiels, si du moins ils prétendent à quelque adéquation avec un usage linguistique bien établi. Ce n'est donc pas que la présence de postulats de signification dans le langage artificiel prouverait le caractère conventionnel de ces énoncés, mais plutôt que la nécessité d'introduire de tels postulats dans tout langage artificiel adéquat refléterait le caractère réellement analytique de ces rares exemples, lié à une particularité de certains termes généraux comme « célibataire » : leur signification est *épuisée* dans les jugements analytiques qui les concernent. (Il y a plus, dans cette caractérisation proposée par Putnam, que dans l'idée que certains énoncés sont vrais « en vertu de la signification des termes qui les composent » ; l'axiome du choix est peut-être « analytique » en vertu du sens ou du concept classique de « classe » [Carnap était prêt à l'ad-

---

1. Putnam, « The analytic and the synthetic », 1962.

mettre en 1963], suggestion que Gödel lui-même considérait sérieusement, mais il est clair que le concept de classe n'est pas épuisé par l'axiome du choix, ni peut-être par la collection des axiomes d'une théorie des ensembles.)

Carnap a peut-être ressenti que la représentation de l'acceptation ferme d'un énoncé du langage ordinaire par un système de conventions explicites dans un langage construit ne prouvait rien, quand il s'est mis en peine de montrer qu'il y avait des concepts parfaitement respectables de synonymie, d'analyticité, etc., pragmatiques ; c'est-à-dire que les gens ordinaires, sans utiliser le jargon professionnel, devaient donner leur assentiment d'une manière tout à fait particulière à des énoncés comme « tous les célibataires sont non mariés ». C'est ce qu'il appelait la « thèse intensionnaliste » (en cas de confirmation), et non la possibilité de formuler des conventions dans le langage construit, qui établirait la nature réellement analytique de tels énoncés. Inversement, des énoncés généraux d'une théorie physique ou même des lois logiques dont le statut est incertain ou peut avoir été bouleversé par une révolution scientifique peuvent être représentés comme « analytiques », découlant nécessairement du système de règles relativement à un langage artificiel donné. Qu'un remaniement puisse les affecter même dans le cas où ils étaient tenus pour *a priori* ou nécessaires, cela peut motiver la construction d'un autre langage, où le concept d'« analytique » sera différent. Mais les questions *internes* d'analyticité (Carnap savait aussi cela) ne doivent pas être confondues avec les questions externes. Et cela, qu'on les tienne pour de vraies questions théoriques ou simplement pour affaire de convention.

Bibliographie

Addison (J. W.), « Some notes on the theory of models », *in* J. W. Addison, L. Henkin et A. Tarski (éds), *The Theory of Models*, Proceedings of the 1963 International Symposium at Berkeley, Amsterdam, North-Holland P.C., 1965.

Ayer (Alfred J.), « The *a priori* », *in Language, Truth and Logic*, Londres, 1936, reproduit *in* Benacerraf et Putnam (éds), *Philosophy of mathematics*, Cambridge University Press, 1964.

Benacerraf (Paul) et Putnam (Hilary, éds), *Philosophy of Mathematics. Selected Readings*, New Jersey, Prentice-Hall, 1964, 2ᵉ éd., Cambridge University Press, 1983.

Bouveresse (Jacques), « Carnap, le langage et la philosophie », *L'Âge de la Science, t. III*, 2, avril-juin 1970 ; reproduit *in La parole malheureuse*, Paris, Minuit, 1971.

Carnap (Rudolf), *Der logische Aufbau der Welt* ; trad. anglaise : *The Logical Structure of the World*, Londres, Routledge et Kegan, 1967.

–, « Die logizistische Grundlegung der Mathematik », *Erkenntnis 2* (1931) ; trad. anglaise : « The logicist foundations of mathematics », *Philosophy of Mathematics*, Londres, Benacerraf et Putnam, 1964 et 1983.

–, *Logische Syntax der Sprache*, Vienne, Springer Verlag, 1934.

–, « Existe-t-il des prémisses de la science qui soient incontrôlables ? », *Scientia*, septembre 1936.

–, *The Logical Syntax of Language*, Londres, Routledge et Kegan, 1937.

–, « Foundations of logic and mathematics », *International*

Encyclopaedia of Unified Science, t. I, 3, The University of Chicago Press, 1939.

–, *Introduction to Semantics*, Cambridge (Mass.), Harvard University Press, 1942 ; 2ᵉ éd. : *Studies in Semantics, t. I et II*, Cambridge (Mass.), Harvard University Press, 1961.

–, *Formalization of Logic*, Cambridge (Mass.), Harvard University Press, 1943 ; 2ᵉ éd. : *Studies in Semantics, t. I et II*, Cambridge (Mass.), Harvard University Press, 1961.

–, *Meaning and Necessity*, Chicago, University of Chicago Press, 1947 ; 2ᵉ éd. augmentée, University of Chicago Press, 1956 ; Midway Reprint edition, 1988.

–, « Empiricism, semantics and ontology », *Revue internationale de philosophie, 4,* 1950 ; reproduit dans la 2ᵉ éd. de *Meaning and Necessity,* 1956.

–, *Logical Foundations of Probability*, Chicago, University of Chicago Press, 1950.

–, *Studies in Semantics*, t. I et II (réédition en un seul ouvrage de *Introduction to Semantics* et *Formalization of Logic*), Cambridge (Mass.), Harvard University Press, 1961.

–, « Intellectual autobiography », *in* Paul A. Schilpp (éd.), *The Philosophy of Rudolf Carnap*, La Salle, Open Court, 1963.

Chang (C.C.) et Keisler (H.J.), *Model Theory*, Amsterdam, North-Holland P. C., 1973.

Chihara (Charles S.), *Ontology and the Vicious Circle Principle*, Cornell University Press, 1973.

–, « A diagnosis of the Liar and other semantical vicious-circle paradoxes », *in* Roberts (éd.), *Bertrand Russell Memorial Volume*, Londres, Allen et Unwin, 1979.

Church (Alonzo), compte rendu de Chwistek, « Überwindung des Begriffsrealismus » *(Studia philosophica, 2), Journal of Symbolic Logic, 2,* 1937.

–, Compte rendu de « Carnap's *Introduction to Semantics* », *The Philosophical Review,* 52, 1943.

–, *Introduction to Mathematical Logic*, Princeton, Princeton University Press, 1956.

–, « Comparison of Russell's resolution of the semantical antinomies with that of Tarski », *Journal of Symbolic Logic, 41,* 1976 ; reproduit dans Robert L. Martin (éd.), *Recent Essays on Truth and the Liar Paradox*, Oxford, Clarendon Press, 1984.

Chwistek (Leon), « Antynomje logiki formalnej », *Przeglad Filo-zoficzny, 24,* 1921 ; trad. anglaise : « Antinomies of formal logic », *in* Storrs McCall (éd.), *Polish Logic 1920-1939,* Oxford, Clarendon Press, 1967.

Copi (Irving M.), *The Theory of Logical Types,* Londres, Routledge et Kegan, 1971.

Couturat (Louis), *La Logique de Leibniz, d'après des documents inédits,* Paris, 1901 ; rééd. Hildesheim, Georg Olms Verlag, 1969.

Etchemendy (John), *The Concept of Logical Consequence,* Cambridge (Mass.), Harvard University Press, 1990.

Frege (Gottlob), « Über formale Theorien der Arithmetik », *Sitzungsberichte der Jenaischen Gesellschaft für Medizin und Naturwissenschaft* (1885) ; reproduit *in* I. Angelelli (éd.), *Gottlob Frege, Kleine Schriften,* Hildesheim, Georg Olms Verlag, 1990.

–, *Grundgesetze der Arithmetik,* t. I, Iéna, 1893 ; réimpression, Hildesheim, Georg Olms Verlag, 1962.

Friedman (Michael), « Logical truth and analyticity in Carnap's *Logical Syntax of Language* », *History and Philosophy of Modern Mathematics, 11,* 1988, « Minnesota Studies in the Philosophy of Science ».

Gödel (Kurt), « Über formal unentscheidbare Sätze der *Principia Mathematica* und verwandter Systeme I », *Monatshefte für Mathematik und Physik, 38,* 1931 ; reproduit (avec trad. anglaise en regard) *in* S. Feferman, J.W. Dawson, S.C. Kleene, G.H. Moore, R.M. Solovay et J. van Heijenoort (éds), *Collected Works,* t. I, Oxford University Press, 1986.

–, « Besprechung von Carnap " Die Antinomien und die Unvollständigkeit der Mathematik " », *Zentralblatt für Mathematik und ihre Grenzgebiete, 11,* 1935 ; reproduit (avec trad. anglaise) *in* Kurt Gödel, *Collected Works,* t. I, 1986.

–, « Russell's mathematical logic », *in The Philosophy of Bertrand Russell,* (Paul A. Schilpp ed) Chicago, Northwestern University, 1944 ; reproduit *in* S. Feferman, J.W. Dawson, S.C. Kleene, G.H. Moore, R.M. Solovay et J. van Heijenoort (éds), *Collected Works,* t. II, Oxford University Press, 1990.

Hao Wang, *From Mathematics to Philosophy,* Londres, Routledge et Kegan Paul, 1974.

–, *Reflections on Kurt Gödel*, Bradford Books, MIT Press, 1987.

Heijenoort (Jean van), « Logic as calculus and logic as language », *Boston Studies in the Philosophy of Sciences, 3*, 1967, reproduit *in* Jean Van Heijenoort, *Selected Essays*, Naples, Bibliopolis, 1985.

–, « Absolutism and relativism in logic », original anglais d'un article lu en espagnol au Tercer Coloquio nacional de filosofia, Puebla (Mexique), en 1979, publié dans *Selected Essays*, 1985.

Henkin (Leon), « Banishing the rule of substitution for functional variables », *Journal of Symbolic Logic, 18*, 1953.

Herbrand (Jacques), *Recherches sur la théorie de la démonstration* (thèse à l'université de Paris), *in* Jacques Herbrand, *Écrits logiques* (éd. par Jean Van Heijenoort), Paris, Presses universitaires de France, 1968.

Hermes (Hans), *Enumerability, Decidability, Computability* (trad. anglaise de *Aufzählbarkeit, Entscheidbarkeit, Berechnenbarkeit*, 1965), Heidelberg, Springer Verlag Berlin, 1965, 2ᵉ éd., 1969.

Hilbert (David), « Axiomatisches Denken », *Mathematische Annalen, 78*, 1918, trad. française « Pensée axiomatique », *in L'Enseignement mathématique, 20*, 1919-1920.

–, « Neubegründung der Mathematik. Erste Mitteilung », *Abhandlungen aus dem mathematischen Seminar der hamburgischen Universität, t. I*, 1922, reproduit *in* David Hilbert, *Gesammelte Abhandlungen*, t. III, Berlin, Julius Springer, 1935.

–, « Über das Unendliche », *Mathematische Annalen, 95*, 1926 ; trad. française par Jean Largeault : *Logique mathématique. Textes*, Paris, Armand Colin, 1972.

Hilbert (David) et Ackermann (Wilhelm), *Grundzüge der theoretischen Logik*, Berlin, Julius Springer, 1928 ; 2ᵉ éd. 1938 ; trad. anglaise : *Principles of Mathematical Logic* (éd. Robert E. Luce), New York, Chelsea Publishing Company, 1950.

Hintikka (Jaakko), « On the development of the model-theoretic viewpoint in logical theory », *Synthese, 77*, 1988.

Husserl (Edmund), *Logische Untersuchungen*, t. I (*Prolegomena zur reinen Logik*), Halle, Max Niemeyer Verlag, 1900-1901 ; trad. française (de la seconde édition remaniée, 1913) :

Recherches logiques, t. I : *Prolégomènes à la logique pure*, Paris, Presses universitaires de France, 1959.

–, *Formale und Transzendentale Logik, Versuch einer Kritik der logischen Vernunft*, Halle, Max Niemeyer Verlag, 1929 ; trad. française par Suzanne Bachelard : *Logique formelle et logique transcendantale*, Paris, Presses Universitaires de France, 1957.

Hylton (Peter), « Russell's substitutional theory », *Synthese, 45*, 1980.

–, *Russell, Idealism, and the Emergence of Analytic Philosophy*, Oxford, Clarendon Press, 1990.

Kant (Immanuel), *Kritik der reinen Vernunft*, Riga, 1781 et 1787 ; trad. française *Critique de la raison pure*, Paris, Alcan, 1905 ; rééd. Presses universitaires de France, 1965.

–, *Immanuel Kants Logik*, (éd. B.G. Jäsche), Könisberg, 1800 ; trad. française par L. Guillermitt : *Logique*, Paris, Vrin, 1970.

Kleene (Stephen Cole), « Compte rendu de Carnap, *The Logical Syntax of Language* », *Journal of Symbolic Logic, 4*, 1939.

–, *Introduction to Metamathematics*, Amsterdam, North-Holland Publishing Company, 1952.

König (Julius), « Über die Grundlagen der Mengenlehre und das Kontinuumproblem », *Mathematische Annalen, 61*, 1905 ; trad. française par J. Mosconi *in Logique et fondements des mathématiques. Anthologie (1850-1914)*, Paris, Payot, 1992.

Ladrière (Jean), *Les Limitations internes des formalismes*, Louvain, Nauwelaerts-Paris, Gauthier-Villars, 1957.

Martin (Roger), *Logique contemporaine et formalisation*, Paris, Presses universitaires de France, 1964.

Mehlberg (Henrik), « The present situation in the philosophy of mathematics », *Logic and Language, Studies Dedicated to Professor Rudolf Carnap on the Occasion of his Seventieth Birthday*, Dordrecht, Reidel Publishing Company, 1962.

Myhill (John), « A refutation of an unjustified attack on the axiom of reductibility », *in Bertrand Russell Memorial Volume* (Roberts éd.), Londres, Allen et Unwin, 1979.

Pears (David F. éd.), *Bertrand Russell : A Collection of Critical Essays*, New York, Doubleday, 1972.

Poincaré (Henri), « Les mathématiques et la logique », *Revue de métaphysique et de morale, 14,* 1906, p. 17-34, 294-317, 866-868 ; articles reproduits (avec quelques modifications) *in Science et méthode,* chapitre III, IV et V, Paris, Flammarion, 1908.

–, « La logique de l'infini », *Revue de métaphysique et de morale, 17,* 1909, p. 451-482 ; article reproduit *in Dernières Pensées,* chapitre IV, Paris, Flammarion, 1913.

Post (Emil L.), « Introduction to a general theory of elementary propositions », *American Journal of Mathematics, 43,* 1921 ; trad. française par Jean Largeault *in Logique mathématique. Textes,* Paris, Armand Colin, 1972.

Proust (Joëlle), *Questions de forme. Logique et proposition analytique de Kant à Carnap,* Paris, Fayard, 1986.

– et Heinzmann (Gerhard), « Carnap et Gödel : échange de lettres autour de la définition de l'analyticité. Introduction, traduction et notes », *Logique et analyse, 123-124,* septembre-décembre 1988.

Putnam (Hilary), « The analytic and the synthetic », 1962, *in Mind, Language and Reality, Philosophical Papers,* t. II, Cambridge University Press, 1975.

–, « Truth and necessity in mathematics », 1964, *in Mathematics, Matter and Method, Philosophical Papers,* t. I, Cambridge University Press, 1975.

–, « The thesis that mathematics is logic », *in* R. Schoenman (éd.), *Bertrand Russell, Philosopher of the Century,* Londres, Allen et Unwin, 1967 ; rééd. *in* Hilary Putnam, *Mathematics, Matter and Method, Philosophical Papers,* t. I, Cambridge University Press, 1975.

–, *Philosophy of Logic,* Londres, Allen et Unwin, 1971.

Quine (Willard van Orman), « Truth by convention », 1936, *in The Ways of Paradox and Other Essays,* Cambridge (Mass.), Harvard University Press, 1976 (2ᵉ éd.).

–, « Two Dogmas of empiricism », *Philosophical Review, 60,* 1951 ; reproduit *in From a Logical Point of View,* Harvard University Press, 1953, 2ᵉ éd., 1961.

–, *Word and Object,* The MIT Press, 1960 ; trad. française par P. Gochet : *Le mot et la chose,* Paris, Flammarion, 1977.

–, « Carnap and logical truth », 1962, *in The Ways of Paradox and Other Essays.*

–, *Set Theory and Its Logic*, Cambridge (Mass.), University Press, 1963, 2ᵉ éd., 1969.

Ramsey (Frank Plumpton), « The foundations of mathematics », *Proceedings of the London Mathematical Society, 2, 25*, 1925 ; reproduit *in Foundations, Essays in Philosophy, Logic, Mathematics and Economics* (D. H. Mellor éd.), Londres, Routledge et Kegan Paul, 1978.

Rouilhan (Philippe de), *Frege, les paradoxes de la représentation*, Paris, Minuit, 1988.

–, « Sur la formation de la notion de validité », *Folia philosophica*, Lodz, 7, 1990.

–, « De l'universalité de la logique », *L'Âge de la science, 4*, t. I, Paris, Odile Jacob, 1991.

–, « Russell and the vicious circle principle », *Philosophical Studies, 65*, 1992.

Russell (Bertrand), *A Critical Exposition of the Philosophy of Leibniz*, Londres, Cambridge University Press, 1900 ; trad. française : *La Philosophie de Leibniz*, Paris, Félix Alcan, 1908, rééd. Gordon et Breach, 1970.

–, *The Principles of Mathematics*, Londres, Cambridge University Press, 1903 ; 2ᵉ éd. avec une nouvelle introduction, Londres, Allen and Unwin, 1937.

–, « On fundamentals » (manuscrit non publié), Bertrand Russell Archives, McMaster University, Ontario, juin 1905.

–, « On Denoting », *Mind, 14*, 1905 ; reproduit *in Essays in Analysis*, 1973.

–, « On some difficulties in the theory of transfinite numbers and order types », *Proceedings of the London Mathematical Society, 2, 4*, 1906 ; reproduit *in Essays in Analysis*.

–, « On the substitutional theory of classes and relations », texte lu devant la London Mathematical Society en avril 1906, *in Essays in Analysis*.

–, « Les paradoxes de la logique », *Revue de métaphysique et de morale, 14*, 1906, version française de « On *Insolubilia* and their solution by symbolic logic », *in Essays in Analysis*.

–, « The regressive method of discovering the premises of mathematics », texte lu devant le Cambridge Mathematical Club en mars 1907, *in Essays in Analysis*.

–, « Mathematical logic as based on the theory of types », *Ame-*

rican *Journal of Mathematics, 30,* 1908, reproduit *in Logic and Knowledge,* 1956.

–, « La théorie des types logiques », *Revue de métaphysique et de morale, 18,* 1910, version française de « The theory of logical types », *in Essays in Analysis.*

–, *Our Knowledge of the External World,* Chicago-Londres, The Open Court Publishing Company, 1914 ; 2ᵉ éd., Londres, Allen et Unwin, 1926.

–, *Scientific Method in Philosophy,* Londres, Oxford University Press, 1914, reproduit *in Mysticism and Logic.*

–, *Mysticism and Logic and other Essays,* Longmans Green, 1918, rééd., Londres, Allen et Unwin, 1963.

–, « The philosophy of logical atomism », *The Monist, 28,* 1918, p. 495-527, *The Monist, 29,* 1919, p. 33-63, 190-222 et 344-380 ; reproduit *in Logic and Knowledge.*

–, *Introduction to Mathematical Philosophy,* Londres, Allen et Unwin, 1919 ; trad. française par F. Rivenc : *Introduction à la philosophie mathématique,* Paris, Payot, 1991.

–, « Introduction » au *Tractatus Logico-Philosophicus,* de Ludwig Wittgenstein, Londres, Kegan, Trench et Trubner, 1922, rééd., Londres, Routledge et Kegan Paul, 1961.

–, *An Inquiry into Meaning and Truth,* Londres, Allen et Unwin, 1940.

–, *Logic and Knowledge, Essays 1901-1950* (Robert C. Marsh éd.), Londres, Allen et Unwin, 1956.

–, *My Philosophical Development,* Londres, Allen et Unwin, 1959.

–, *Essays in Analysis* (Douglas Lackey éd.), Londres, Allen et Unwin, 1973.

Schilpp (Paul A. éd.), *The Philosophy of Bertand Russell,* Chicago, Northwestern University, 1944.

–, *The Philosophy of Rudolf Carnap,* La Salle, Open Court, 1963.

Soulez (Antonia éd.), *Manifeste du cercle de Vienne et autres écrits,* Paris, Presses universitaires de France, 1985.

Tarski (Alfred), « Der Wahrheitsbegriff in den formalisierten Sprachen », *Studia philosophica, I,* 1935 (tiré à part) et 1936 ; trad. anglaise : *Logic, Semantics, Metamathematics,* 1956 ; trad. française : *Logique, sémantique, métamathématique (1923-1944),* 1972.

–, *Logic, Semantics, Metamathematics : Papers from 1923 to 1938* (J. H. Woodger éd.), Oxford, Clarendon Press, 1956.

–, *Logique, sémantique, métamathématique, 1923-1944*, t. I (trad. sous la dir. de Gilles Granger), Paris, Armand Colin, 1972.

Whitehead (Alfred North) et Russell (Bertrand), *Principia Mathematica*, t. I, Cambridge University Press, 1910.

Wittgenstein (Ludwig), *Notebooks 1914-1916* (G.H. von Wright et G.E.M. Anscombe éd.), Oxford, Basil Blackwell, 1961, 2ᵉ éd., 1979 ; trad. française par G.G. Granger : *Carnets, 1914-1916*, Paris, Gallimard, 1971.

–, *Logisch-philosophische Abhandlung, in Annalen der Naturphilosophie, 14*, 1921 ; rééd. avec trad. anglaise en regard : *Tractatus Logico-Philosophicus*, Londres, Routledge et Kegan Paul, 1922 ; nouv. éd. avec une nouvelle traduction par D.F. Pears et B.F. McGuiness, Londres, Routledge et Kegan Paul, 1961.

Index notionum

Table des matières

Achevé d'imprimer le 23 août 1993
sur les presses de l'Imprimerie Hérissey à Évreux (Eure)
Dépôt légal : août 1993 – ISBN : 2-228-88689-0
N° d'imprimeur : 61455